アジア経営論

―― ダイナミックな市場環境と企業戦略 ――

陳 晋 著

ミネルヴァ書房

はしがき

　本書は，アジアにおける市場構造と企業経営の特質について，特に企業の経営投資環境と日本を含むアジア諸国の企業形態・成長戦略，アジア市場進出の状況を重点的に解説するものである。本書の分析は，主として日本，NIEs（韓国，台湾，香港，シンガポール），ASEAN 4（マレーシア，タイ，インドネシア，フィリピン），中国，インドなどのアジア諸国や地域の市場と企業に向けられている。

　戦後，日本の企業をはじめ，アジアの企業は製品の輸出先として主に欧米市場に依存してきた。しかし，21世紀に入り，特に2008年のアメリカのリーマンショックや2010年のヨーロッパの債務危機以降，欧米の先進国市場は停滞や縮小の状態に陥っている。一方，日本以外の東アジア諸国の市場は急速に拡大し，さらに韓国，台湾，中国，ASEAN，インドなどアジア企業の競争力も向上してきた。アジア市場はいままさに世界企業競争の主戦場になりつつあり，アジアの企業は世界市場の主役になっている。

　アジア諸国の経済成長と市場拡大にともない，日本の大手企業だけでなく，中小企業もアジア市場への進出を加速している。また，製造業の企業に限らず，銀行，旅行会社やスーパーなど，サービス業の企業も多数アジアに進出している。そのため，多くの日本人学生や日本で学んでいる各国（特にアジアから）の留学生は卒業後，日本企業に就職する場合アジア諸国に派遣され，新興国市場を開拓する仕事に就くことも多くなっている。こうした中，企業の方々や学生諸君のアジア市場状況や企業活動に対する関心は年々高まっている。

　だが，アジアの市場が急速に拡大し，アジア企業の競争力もますます向上している昨今にもかかわらず，アジア市場の動向，およびアジア企業の経営活動について総括的にまとめた概説書はあまり見られない。著者は大学でこれらに関係する講義を担当する際，適切な教科書を見つけられないことに苦心してい

た。中国の現地調査に同行させていただいた恩師，藤本隆宏東京大学教授に相談したところ，「自分で作ってみれば」との励ましのことばをいただいた。この一言がきっかけとなり，本書の執筆に取り組んだ。

　本書では，これまで学界で蓄積されてきた当該分野の広範囲にわたる知識を吸収・展開し，アジア市場の変化やアジア諸国企業の経営活動，および日本企業のアジア市場展開を新しい視点，枠組みでわかりやすく説明していく。本書は，全3部15章で構成され，第Ⅰ部の第1章～第5章はアジア市場拡大の過程と特徴，特に企業活動に関連するアジア市場の動向を観察する。つづいて第Ⅱ部の第6章～第13章は日本を含めて，アジア諸国それぞれの経営環境，企業の経営組織と成長戦略を分析し，最後の第Ⅲ部第14章と第15章では，アジア企業の組織特徴や競争力向上の原因をまとめて解明する。

　本書は立命館大学経営学部で行った「アジア経営論」の講義ノートが基礎となっている。当該授業に参加した学生諸君に対する6年連続のアンケート調査によってその意見を取り入れ，授業の内容を改善してきた。特に永井駿介君と趙越超君には，在学中の学生の立場，および就職後の社会人としての目線から授業内容や草稿全体をチェックしてもらい，有益なコメントをいただいた。ここであらためて謝意を表する。

　最後に刊行にあたって，ミネルヴァ書房編集部の梶谷修さんには，本書を読みやすいものにするために多くのアドバイスをいただいた。あわせて心から感謝の意を表する。

2014年夏
アメリカ西海岸バークレーにて

著　者

ア ジ ア 経 営 論
——ダイナミックな市場環境と企業戦略——

目　　次

はしがき

第Ⅰ部　アジアの経済復興と市場変化

第1章　アジアの経済復興と市場拡大 …………………………………3
　1　アジア経済の復興 ………………………………………………3
　2　世界の工場から世界の市場へ …………………………………5
　3　日本の最大の貿易相手と製品市場 ……………………………7
　4　アジア企業の規模と実力の増大 ………………………………10

第2章　アジアの経済成長と技術進歩 ………………………………14
　1　アジア経済高成長の要因 ………………………………………14
　2　アジアの産業転換と技術進歩 …………………………………20
　3　世界の工場の資源浪費と環境汚染 ……………………………23

第3章　アジアの貿易拡大と市場統合 ………………………………26
　1　欧米市場からアジア市場に ……………………………………26
　2　中国の台頭とアジア中間層市場の拡大 ………………………31
　3　アジアの経済連携と市場統合 …………………………………36

第4章　アジア諸国の産業政策と市場環境 …………………………42
　1　市場経済の導入と政府の役割 …………………………………42
　2　アジア諸国産業政策の変遷 ……………………………………45
　3　アジア市場環境と経営リスク …………………………………49

第5章　アジア新興国の市場変化と開拓戦略 ………………………56
　1　アジア新興国市場の変化 ………………………………………56
　2　アジア新興国市場での開拓戦略 ………………………………62
　3　ローカル企業と人材への再認識 ………………………………66

目　次

第Ⅱ部　アジアの産業発展と企業成長

第6章　日本的経営とグローバル化 …………………………………… 75
　1　経済成長と日本的経営の形成 ………………………………… 75
　2　日本型生産システムの確立と海外移転 ……………………… 78
　3　日本的経営とグローバル化 …………………………………… 82
　4　取引慣行と海外移植 …………………………………………… 85

第7章　日本企業のアジア進出 ………………………………………… 90
　1　戦後日本企業のアジア進出 …………………………………… 90
　2　プラザ合意後の日本企業のアジア進出 ……………………… 95
　3　アジア経済危機後の日本企業のアジア戦略調整 …………… 100
　4　世界金融危機以降の日本企業のアジア展開 ………………… 106

第8章　韓国財閥企業の成長と変革 …………………………………… 110
　1　重化学工業化と財閥企業 ……………………………………… 110
　2　財閥企業の組織特徴と技術進歩 ……………………………… 115
　3　財閥企業の成長戦略 …………………………………………… 120
　4　韓国企業の海外進出戦略 ……………………………………… 127

第9章　台湾企業の成長と企業形態 …………………………………… 129
　1　台湾の経済成長と技術進歩 …………………………………… 129
　2　台湾民間中小企業の成長 ……………………………………… 134
　3　製造業における上位民営企業の成長戦略 …………………… 138
　4　台湾企業の対中ビジネスモデルと戦略 ……………………… 144

第10章　香港・シンガポールの競争優位と企業戦略 ………………… 149
　1　香港・シンガポールの国際競争力 …………………………… 149

2　香港の産業集積と競争環境 …………………………………… 151
  3　香港企業の構成と経営戦略 …………………………………… 153
  4　シンガポールの産業成長と競争力育成 ……………………… 159
  5　シンガポールの企業構成と現地華人企業の成長 …………… 162

第11章　ASEANの市場統合と企業成長 ……………………… 168
  1　ASEANの経済成長と市場統合 ……………………………… 168
  2　ASEAN諸国企業の構成と特徴 ……………………………… 173
  3　華人系企業の組織構造と経営戦略 …………………………… 178

第12章　中国の市場変化と企業成長 …………………………… 186
  1　政府の産業政策と市場環境の変遷 …………………………… 186
  2　企業の能力向上と組織変革 …………………………………… 191
  3　製造業における上位企業の成長戦略 ………………………… 196
  4　中国企業の海外進出 …………………………………………… 201

第13章　インドの市場拡大と企業成長 ………………………… 204
  1　インドの産業成長と市場拡大 ………………………………… 204
  2　企業組織構造の変化 …………………………………………… 209
  3　財閥企業の家族経営と成長戦略 ……………………………… 214
  4　外資系企業のインド進出 ……………………………………… 219

第Ⅲ部　アジア企業の組織進化と競争力上昇

第14章　アジア企業の組織構造と多国籍化展開 ……………… 225
  1　アジア企業の経営スタイルと組織形態 ……………………… 225
  2　アジア企業の所有と経営 ……………………………………… 230
  3　アジア企業の多国籍化 ………………………………………… 234
  4　アジア企業のガバナンス改革 ………………………………… 237

第15章　アジア企業の技術進歩と競争力上昇……………………………240
　　1　競争力上昇と市場環境変化………………………………………240
　　2　製造業ビジネスモデル変化の追い風 …………………………243
　　3　アジア企業経営システムの進化…………………………………248
　　4　日本企業との互恵共存関係………………………………………253

あとがき……255
索　　引……257

Column 一覧 ─────────────
　世界金融危機（Global Financial Crisis）……12
　雁行型発展……18
　アジア通貨危機（Asian Financial Crisis）……19
　スマイル・カーブ（Smile Curve）……24
　FTA（Free Trade Agreement，自由貿易協定）・EPA（Economic Partnership
　　Agreement，経済連携協定）……35
　TPP（Trans-Pacific Partnership または Trans-Pacific Strategic Economic Part-
　　nership Agreement，環太平洋経済連携協定）……41
　チャイナ・プラス・ワン（中国＋1）……54
　新興国……61
　中間層……70
　トヨタ生産方式（Toyota Production System，TPS）……88
　プラザ合意……108
　OEM/ODM/EMS……147
　ブミプトラ政策とアリババ企業……181
　農民工……202
　カースト制度……221

第Ⅰ部

アジアの経済復興と市場変化

第1章
アジアの経済復興と市場拡大

　アジア諸国の経済が急速に成長し，世界経済成長の牽引役になっている今，アジア新興国は経済成長にともない世界の工場から世界の市場に変身しつつあり，日本の最も重要な貿易相手と製品市場にもなっている。同時に，アジアの企業は急速に成長し，その規模と実力は世界企業の上位にまで成長しつつある。また，日本企業はアジア企業との連携を強化しながらアジア市場成長の勢いに乗ろうとしている。このような現状を鑑み，本章では，アジア市場の復興と企業の成長を概観する。

　Keywords：経済の復興，世界の工場，世界の市場，利益源泉，アジアNIEs, ASEAN4, アジア企業

1　アジア経済の復興

　アジア開発銀行（Asian Development Bank, ADB）は2011年8月2日，2050年までのアジア経済の展望に関する報告書を発表した。それによると，中国やインドが順調に成長を続けた場合，世界総生産（世界各国GDPの総和）に占めるアジアの割合は2010年現在の27％から52％まで拡大する（図1-1参照）。その内，中国の割合は20％，インドは16％に達する。日本は2010年現在の約9％から3％程度に低下するが，旺盛なアジアの需要を取り込み，1人あたりGDP（Gross Domestic Product, 国内総生産）は3万ドルから8万ドルに増えると予測している。
　アジア経済は18世紀以前，すでに世界総生産の50％以上を占めていた。その後，17世紀のイギリスやオランダなど西欧諸国によるアジア海域進出と，18世紀の産業革命による経済勃興があった。それにともない，インドや東南アジア諸国での植民化政策が積極的に推進されたことで，GDPの割合は減少してい

第Ⅰ部　アジアの経済復興と市場変化

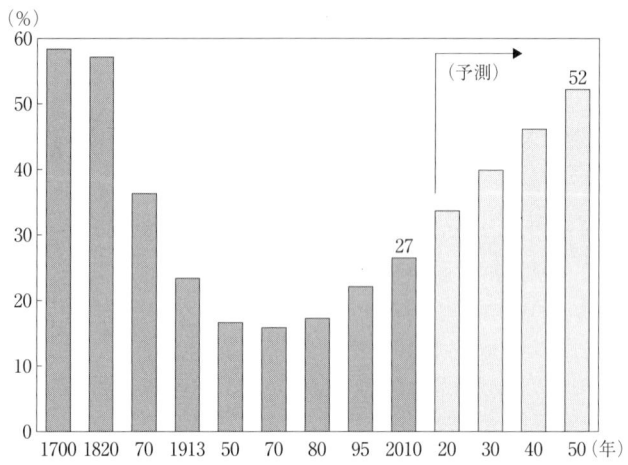

図1-1　世界総生産に占めるアジアの割合（1700〜2050年）
（出所）『日本経済新聞』2011年8月3日付を基に作成。

った。1840年のアヘン戦争以降には，中国も半植民地化されている。日本は明治維新を経て工業化を進めたが，1945年の第2次世界大戦敗戦で経済は大いに後退した。このような背景があり，1950年の時点でアジア経済の占める世界総生産の割合は20％以下となった。この頃，アジアと入れ替わるように，西欧諸国と4つのイギリス旧植民地であるアメリカ，カナダ，オーストリア，ニュージーランドの経済規模は世界総生産の50％以上を占めるようになった。その後も，50年代の朝鮮戦争や60年代のベトナム戦争の影響を受け，アジア経済全体の衰退は続いた。

　第2次世界大戦後，アジアの経済成長を牽引したのは日本である。1950年代中期から70年代の冒頭まで，日本は経済成長率が平均10％以上という高度成長期を迎えた。その後，70年代にはアジアNIEs（ニーズ，Newly Industrializing Economies，新興工業経済地域）といわれる韓国，台湾，香港，シンガポール，80年代にはASEAN（アセアン，Association of South East Asian Nations，東南アジア諸国連合）のマレーシア，インドネシア，タイ，フィリピン（いわゆるASEAN4），さらに中国の経済も急成長期に入った。1980〜95年の15年間の平均成長率を見ると，中国は11.1％となり，東アジア諸国も日本を除いて平均6.9％

に達した。アジア経済は世界総生産の20％を超え，成長の波に乗り始めている。現在ではインドやベトナムも高度成長の列に入り，世界におけるプレゼンスはさらに巨大化し，アジアが世界経済を牽引する力をもつに至った。今世紀の半ば頃には，アジア経済の規模が世界総生産に占める割合は50％以上と予想され，300年ほど前の産業革命以前に占めていた支配的な経済的地位を取り戻すことになる。

2　世界の工場から世界の市場へ

　アジアの発展は輸出を伸ばすことで達成されており，発展メカニズムの中核に位置しているのが「輸出志向工業化」（⇨第4章第2節「輸出志向工業化」参照）である。輸出で得た外貨は先進国からより高い技術を導入するための投資に使われ，再投資による生産が次の輸出を生むという循環が起きた。日本，中国（香港も含む），韓国，台湾，ASEANを含めた東アジア地域の生産ネットワークは世界で一番発展しており，世界の工場といわれている。

　工業化が始まった当時，所得水準が高くなかったアジア諸国にとって，製品の輸出が最も有効な外貨獲得手段となった。市場を提供してくれたのは，欧米諸国，特に世界一の経済大国のアメリカである（図1-2参照）。アジア諸国にとって，市場を提供した欧米が一方の重要なパートナーだとすれば，日本は資本と技術を提供したもう一方の重要なパートナーである。日本は市場と生産拠点の確保を目指し，アジア諸国に競争力を失いつつあった繊維などの労働集約産業，家電製品や電子部品の工場などを多数進出させた。投資を受け入れたアジア諸国は，外資がもち込んだ技術を習得するとともに，地場の技術者や管理者の育成を図り，輸出で得た外貨をより高度な部門への再投資に回した。

　そして，世界の工場といわれたアジアは成長するにしたがって，現在は世界の市場にもなってきている。途上国の課題であった貧困層が急速に減少し，いわゆる中間層（⇨第5章Column「中間層」参照）の人口増加が急速に進んでいるのである。

　また，サブプライムローン問題をきっかけとした2007年のアメリカの住宅バ

第 I 部　アジアの経済復興と市場変化

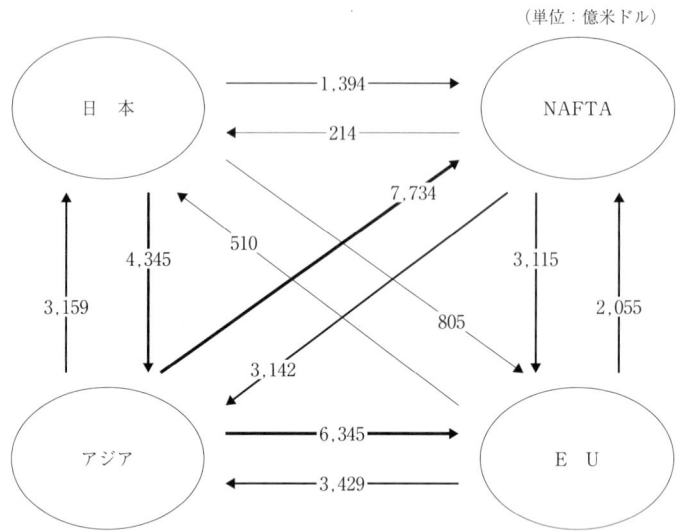

図 1 - 2　世界 4 極相互間の貿易額（2010年）
（出所）　IMF, Direction of Trade Statistics Yearbook を基に作成。

表 1 - 1　世界各地域の輸出入総額に占める対アジア輸出入額のシェア（1980〜2010年）

（単位：％）

地域別	日　本		NAFTA		E　U		世界全体	
年	輸　入	輸　出	輸　入	輸　出	輸　入	輸　出	輸　入	輸　出
1980	24.5	24.2	8.2	8.5	3.3	3.0	7.5	8.3
1985	26.1	23.6	10.2	8.3	3.4	4.0	9.4	10.3
1990	26.1	31.3	19.7	10.3	5.7	4.8	13.0	12.8
1995	36.9	43.6	22.6	12.8	7.5	7.1	17.8	18.7
2000	41.9	41.2	20.9	11.6	9.3	5.4	20.0	17.5
2006	43.8	47.4	25.9	13.2	10.7	10.7	23.9	19.8
2010	39.5	70.5	40.7	13.4	16.3	8.7	20.1	25.2

（注）　1：EU（European Union＝欧州連合，1991年12月に締結，1993年11月に設立）の1990年以前の数字は EEC（European Economic Community，欧州経済共同体）を引用した。
　　　2：NAFTA（ナフタ，North American Free Trade Agreement，北米自由貿易協定，1992年調印，1994年発効）の1990年以前の数字は米加墨の合計を引用。
　　　3：アジアの数字は日本以外の国の合計を引用。
（出所）　IMF, Direction of Trade Statistics Yearbook を基に作成。

ブル崩壊に端を発し，2013年現在に至るまで続いている国際的な金融危機（⇨本章 Column「世界金融危機」参照）により，欧米市場は急速に縮小し停滞している。これと対照的に，アジア市場は新興市場として拡大しつつある。**表1-1**に示したように，金融危機以降，欧米市場の輸入減少と比べて，世界に占めるアジアの輸入割合は輸出割合と逆転，アジアの輸入が大きく拡大しており，世界市場の主役になってきている。

3　日本の最大の貿易相手と製品市場

　アジア経済の成長に従い，日本のアジア経済への依存度は一段と高まっている（図1-3参照）。財務省が2011年1月27日に発表した2010年の貿易統計によると，輸出と輸入を合計した貿易総額のうちアジアの比率は51％となり，初めて5割を突破した。その内，中国が貿易総額の20.7％を占め，2010年も日本の最大の貿易相手国になった。一方，中国が最大の貿易相手国であるものの，貿易自由化を進める ASEAN 各国を域外への輸出拠点として活用する動きも広がってきている。2010年の輸出と輸入をあわせた貿易総額は128兆416億円である。前年に比べて21.2％増加し，世界金融危機の影響で低迷した2009年（33.9％減）と比べると日本の貿易は復調してきた。牽引役になっているのは高い経済成長が続くアジアの新興国（⇨第5章第1節の Column「新興国」参照）である。
　2010年に日本がアジアと行った貿易の総額は65兆3028億円で，前年から24.8％増加した。日本の貿易総額に占める比率は1.5ポイント高まり，比較可能な1979年以降で最高を記録した。アジアの比率はこれまでの10年で約10ポイント高まっている。対照的にアメリカの比率は12.7％と10年間ではば半分に低下した。ソニーや東芝など日本のメーカーは液晶テレビの需要増加に対応するために，低価格品を中心に中国の自社工場や生産を委託している電子機器の受託製造サービス（Electronics Manufacturing System, EMS ⇨ 第9章 Column「OEM/ODM/EMS」参照）の中国工場からの輸入を増やした。中国は生産拠点としてだけではなく，購買力の高まりとともに消費市場としての役割も増やしている。日本からの中国市場向け輸出は自動車が牽引役となった。

第Ⅰ部　アジアの経済復興と市場変化

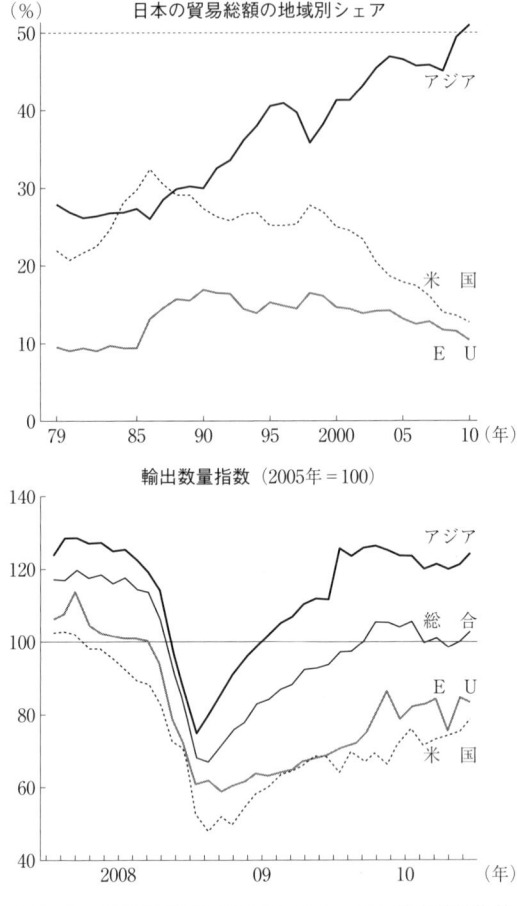

図1-3　日本の貿易総額の地域別シェアと輸出数量指数
（出所）『日本経済新聞』2011年1月28日付を基に作成。

　日本と中国以外のアジアとの貿易を通じたつながりも密接になっている。貿易総額の2010年からの増加率を見ると，ASEANが26.6％，韓国や台湾などアジアNIEsが24.5％で，中国の22.3％を上回っている。ASEANは中国・インドなどと自由貿易協定（Free Trade Agreement, FTA ⇨ 第3章第2節 Column「FTA・EPA」参照）を締結しており，日本企業は域外への輸出拠点として活用

8

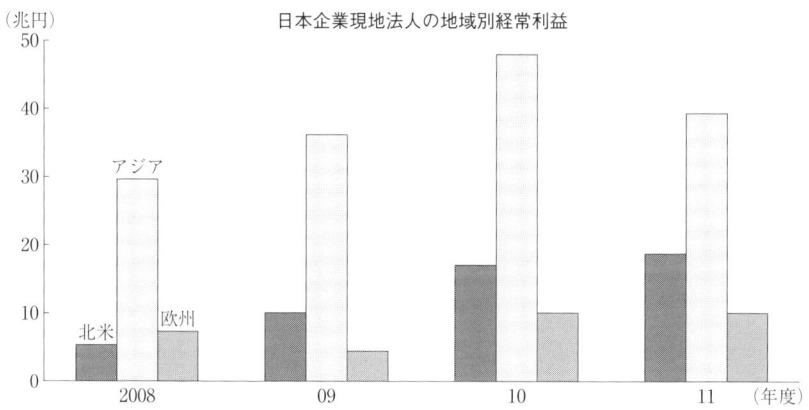

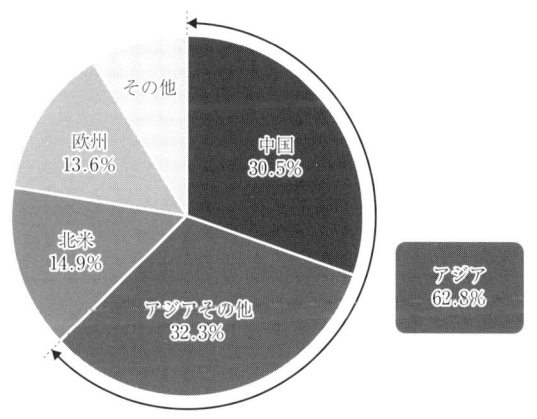

図1-4　日本企業の主要な利益源泉としてのアジア
（出所）『日本経済新聞』2013年5月8日付．経済産業省海外事業活動基本調査（調査回答企業）を基に作成。

している。例として，日産自動車はタイで日本を含む世界市場向けに小型車「マーチ」を生産している。新日本製鉄はインドネシアの容器用鋼板メーカーに35％出資し，その母材となる鋼板の供給を拡大した。JEEスチールもベトナムで建材や自動車部品用の鋼管メーカーに8％出資し，鋼管の母材となる鋼板の出荷を増やすことを狙っている。

　日本企業の海外での成長エンジンも欧米からアジア新興国へ移ってきた。経

済産業省の海外事業活動基本調査（図1-4参照）によれば，日本企業の海外進出先はアジアが圧倒的な比率を占め，アジアから稼ぐ経常利益も欧米より断然多くなっている。

4　アジア企業の規模と実力の増大

　米経済誌『フォーチュン』が2014年7月に発表した2014年版の世界企業500社番付（2013年売上高基準）によると，国別企業数で，中国が95社で首位アメリカの128社に近づいて，3位日本の57社との格差が拡大している。中国企業は前年の89社から6社増加したが，日本企業は前年の62社から5社減少した。アジアでは韓国が17社，インドが8社，台湾から4社，シンガポールとインドネシアが各2社，マレーシアとタイから各1社が入った。また企業別の全体順位でも中国は上位10社に3位の中国石油化工集団（シノペック），4位の中国石油天然ガス集団（CNPC）と7位の国家電網公司の3社がランクインしたが，日本企業は9位のトヨタ自動車1社にとどまった。

　世界企業の株式時価総額においてもアジア勢は躍進している。商品開発力の向上や自国経済の高成長をテコに収益を伸ばし，グローバル競争でもシェアを高める企業が増えた。株式時価総額は株価に発行済み株式数をかけた値で，企業の市場価値を示すものであるが，2010年末時点の世界の株式時価総額上位1000社（ドル換算ベース）を見ると，日本を除くアジアが211社を占め，2009年末から8社増えた。アメリカも7社増の306社である。財政問題などが重荷のヨーロッパは248社と20社減少した。日本は3社増の92社で，国別ではアメリカ，香港を含む中国（105社）に次ぐ世界3位を維持した。

　順位上昇が目立つのは韓国企業である。サムスン電子は1年間で時価総額が2割増加し，日本企業トップのトヨタ自動車にあと1兆円と迫ってきた。ソニーの3倍強で，電機分野では圧倒的な存在である。自動車では現代（ヒュンダイ）自動車が日本勢を追い上げている。また，インドの台頭も著しい。インドではIT（情報技術）サービス分野が強く，最大手のタタ・コンサルタンシー・サービシズは時価総額が4兆円強である。中国では携帯電話の中国移動（チャイナモバイ

ル）が世界ベストテンに入った。時価総額はNTTドコモの2・6倍に達する。市場がアジア企業を高く評価する背景には，各国経済の成長性に加え，高い収益力がある。自己資本に対してどれだけ効率的に利益を稼いだかを示す自己資本利益率（ROE）は，アジア主要国では平均15％。2011年3月期にようやく7％近くまで回復する日本は，明らかに見劣りする。

一方，2012年の「主要商品・サービスシェア調査」（表1-2参照）によれば，50品目の世界シェアではアメリカ企業が19品目と最も多く，日本企業が12品目（前年より1品目増）で続いた。韓国企業は8品目と前年よりも2品目増やした。リチウムイオン電池は韓国サムスンSDIがウォン安を背景に価格競争力を高め，パナソニックを逆転した。サムスングループは携帯電話端末などデジタル関連分野の計7品目で首位を占め，日本勢は薄型テレビやタブレ

表1-2　2012年の主要商品・サービスシェア調査

品　目	1　位	2　位
有力市場で販売増加		
自動車	トヨタ自動車（日） 11.7(1.7)	ゼネラル・モーターズ（米） 11.2(▲0.2)
太陽電池	インリー・グリーンエナジーホールディング（中） 7.2(1.2)	ファーストソーラー（米） 5.6(▲1.7)
風力発電機	GEウインド（米） 15.5(6.8)	ヴェスタス（デンマーク） 14.0(1.1)
洗濯機	ハイアール（中） 12.4(1.0)	ワールプール（米） 12.2(▲0.1)
製品の競争力高まる		
リチウムイオン電池	サムスンSDI（韓） 25.1(1.9)	パナソニック（日） 20.7(▲2.8)
携帯電話端末	サムスン電子（韓） 23.5(4.2)	ノキア（フィンランド） 19.3(▲5.0)
液晶パネル	LGディスプレー（韓） 24.6(2.5)	サムスン電子（韓） 20.1(▲2.6)
低迷市場での対応力		
原油輸送量	商船三井（日） 5.9(▲0.2)	フレドリクセングループ（ノルウェー） 5.5(▲0.8)
半導体製造装置	アプライドマテリアルズ（米） 14.4(1.5)	ASML（蘭） 12.8(▲2.1)
HDD	ウエスタン・デジタル（米） 44.6(14.1)	シーゲート・テクノロジー（米） 41.9(10.1)

（注）数字はシェア・％，小数点第2位を四捨五入。カッコ内は前年比増減ポイント。▲はマイナス
（出所）『日本経済新聞社』2013年7月1日付を基に作成。

第Ⅰ部　アジアの経済復興と市場変化

▶▶ **Column** ◀◀

世界金融危機（Global Financial Crisis）

　世界金融危機とは，サブプライムローン問題（サブプライム住宅ローン危機）をきっかけとした2007年のアメリカの住宅バブル崩壊に端を発し，2013年現在に至るまで続いている国際的な金融危機のことである。これを発端とした経済不況の世界的連鎖は世界同時不況とも呼ばれる。

　2008年9月29日にアメリカ合衆国下院が緊急経済安定化法案をいったん否決したのを機に，ニューヨーク証券取引市場のダウ平均株価は史上最大の777ドルの暴落を記録した。金融危機はヨーロッパを中心に各国に連鎖的に広がり，さらに10月6日から10日まではまさに暗黒の一週間とも呼べる株価の暴落が発生し，世界規模の恐慌への発展が危惧された。日本でも日経平均株価が暴落したほか，生命保険会社の大和生命保険が破綻した。

　ノーベル経済学賞受賞者のポール・クルーグマンは2009年1月に，生産，金融，消費の世界的な縮小状況について「これは実に第2次世界恐慌（Second Great Depression）の始まりのように思われる」と評した。また，国際通貨基金（IMF）のドミニク・ストロス・カーン専務理事（当時）は2009年2月に非公式のコメントとして「（日本を含む先進各国は）すでに恐慌の状態にある」と述べた。

ット（多機能携帯端末）などで軒並みシェアを落とした。また，中国企業は1増の6品目で，冷蔵庫など白物家電の主要3品目で首位を独占した。ヨーロッパ企業は4減の5品目にとどまった。

[推薦図書]

渡辺利夫編（2006）『アジア経済読本』（第3版）東洋経済新報社。
　　14の国と地域が網羅されており，アジア各国の歴史を振り返り，経済・政治の現状と今後の課題を俯瞰している。
馬田啓一・木村福成編著（2008）『検証・東アジアの地域主義と日本』文眞堂。
　　東アジアの地域主義の現状，進む方向と問題点，日本のFTA戦略が直面する課題などについて検証している。
平川均・石川幸一編著（2003）『新・東アジア経済論――グローバル化と模索する東アジア』（改訂版）ミネルヴァ書房。

アジア通貨危機をエポックとして，危機前を簡潔に総括し，危機後のアジア経済の展開と将来像を提示している。

第2章

アジアの経済成長と技術進歩

　本章では，アジア諸国の経済・産業・企業の雁行型発展，相互依存と企業成長の連鎖を説明する。はじめにアジア経済の成長要因やダイナミズムの波及，および日本からNIEs，そしてASEAN諸国，中国へと連続して起こった産業成長の流れを観察する。続いて，アジア諸国の産業転換と技術進歩のパターン，すなわち先行国から後発国への直接投資に農村の余剰労働力が製造業など第2次産業に吸収されたことを解明する。最後に，世界の工場としてアジアの資源浪費と環境汚染問題を概観していく。

　Keywords：高度成長，外部要因，内部要因，ダイナミズムの波及，雁行型発展，産業転換，直接投資

1　アジア経済高成長の要因

1　高成長の内外要因

　世界銀行のデータによると，東アジア・太平洋地域の年平均経済成長率は1980～1990年まで8.0％，1990～2001年まで7.5％と，ラテンアメリカ・カリブ（同1.7％，3.1％）やサブサハラ・アフリカ（同1.7％，2.6％）などを大きく上回った。1997年以降はアジア危機に見舞われて成長にブレーキがかかったが，それにもかかわらず，東アジアの国々が社会のまとまりを保ちながら高度成長を持続させてきたのは否定しがたい事実である。

　東アジアの高成長を可能にした外部要因は，グローバル経済への統合を徐々に強めることにより，グローバル化の利益すなわち「貿易の利益」と「資本移動の利益」を受けたことであった。それを可能にした内部要因として，①国内に成長を可能にした基礎的諸条件が存在したこと，②適切な開発戦略が採用さ

れたこと、③域内相互依存の高まりによって成長ダイナミズムが域内に波及したこと、などがあげられる。

　まず国内の基礎的諸条件である。これには高い投資率、貯蓄率、教育水準がある。投資が経済成長に貢献するのは、投資それ自体が需要を形成すると同時に、国内の供給能力を高めることによる。設備投資が生産能力を拡大させるのに対して、道路や港湾、電力などのインフラ投資は民間の経済活動を支える役割を果たす。さらに、教育分野への投資は人的能力を開発することを通じて、生産能力拡大に結びつく。つまり投資は成長を支える原動力なのである。

　高い投資率を支えたのが高い貯蓄率である。高度成長経済は、所得の6〜7割を消費し、残りの3〜4割を貯蓄にまわすのが典型的な姿である。東アジアの高成長国も例外ではない。高レベルの貯蓄と投資を実現してきたのは、節倹を尊ぶ社会、政治の安定、物価や為替レートの安定、庶民の小額貯金を集める金融システムなどいくつかの原因が考えられる。また、高蓄積が高成長を支える一方で、逆に高成長が高蓄積を可能にするという方向のフィードバックも存在するであろう。

　もう一つ、東アジアの高成長国に見られる2番目の要因は、輸出の戦略的重要性である。輸出は単に国内で余ったものを売るとか、輸入品を買う外貨を稼ぐとかいった消極的な役割を持つだけではない。東アジアでは、全体の輸出を伸ばしながらその品目構成を一次産品（小麦・綿花・錫・石油など自然の中で採取され、加工されていない産出品）から工業製品へ、工業製品の中でもローテクからハイテクへと高度化させていくことが発展戦略の中心にすえられ、さまざまな政策がそのために動員されてきた。企業の成功基準は、自社製品が（手厚く保護された）国内で売れるというだけではなく、外国との熾烈な競争に打ち勝つことができるという点に求められた。先進国入りをめざす国にとって、「国際競争力の向上」と「海外市場の拡大」は国民的課題であり、工業化の試金石なのである。

2 成長ダイナミズムの波及

　3番目の要因は、相互依存の高まりを通じて、成長ダイナミズムが域内に波

及したことである。この成長ダイナミズムの波及はインダストリアリズム（工業化）が各国に連鎖的に波及する過程であり，「産業の雁行型発展」（⇨本節 2 Column「雁行型発展」参照）として説明されている。

産業発展の観点から開発途上国のインダストリアリズムの流れを整理すると，導入，輸入代替，輸出，成熟，逆輸入の5段階に分けられる。導入期には国内需要のほぼすべてが輸入によってみたされる。その後外国からの技術導入によって国内生産が開始され，それが国内需要を充足し，やがて輸入を上回る段階が輸入代替期である。輸入代替期には幼稚産業を保護するために高関税政策がとられた。学習と改善を通じてコストおよび品質面で外国製品を上回るようになると，輸出段階に入る。この段階は国内需要の伸びが鈍化するものの，輸出の伸長によって国内生産が拡大する。

国内生産コスト，特に労働コスト上昇により輸出が鈍化するのが成熟期である。経済発展とともに労働力が相対的に稀少となる一方，資本蓄積が進み，製品（ハイエンド）が比較優位をもつようになる。国内生産で競争力が低下した産業において後発国（現地生産を含む）からの輸入が増加するのが逆輸入段階である。

こうしたインダストリアリズムの流れは基本的に，日本からNIEs，NIEsからASEAN諸国，そして中国，ベトナムへと波及した。先進国で比較優位を失った産業から後発国への直接投資が開始される。雁行型発展において外国直接投資が果たす役割は大きい。台湾や韓国ではプラザ合意後の円高を背景に日本からの直接投資が増加したが（⇨第7章末Column「プラザ合意」参照），その後韓国や台湾などでも賃金ならびに対米ドルレートの上昇が生じ，比較劣位化した労働集約産業がASEAN諸国へとシフトした（図2-1参照）。

製品のライフサイクルで見ると，研究開発が製品の競争力を決定する段階では先進国が優位性をもち，技術が標準化して大量生産段階になると後発国が比較優位をもつ。技術が標準化される段階は，後発国がこの「後発性の利益」を受けながら工業化を進める絶好の時期である。このことは，テレビ，半導体，液晶表示装置などの例から確認できる。大型の液晶表示装置はかつて日本企業が圧倒的なシェアを持っていたが，現在では韓国や台湾企業にとって代わられ，

第 2 章　アジアの経済成長と技術進歩

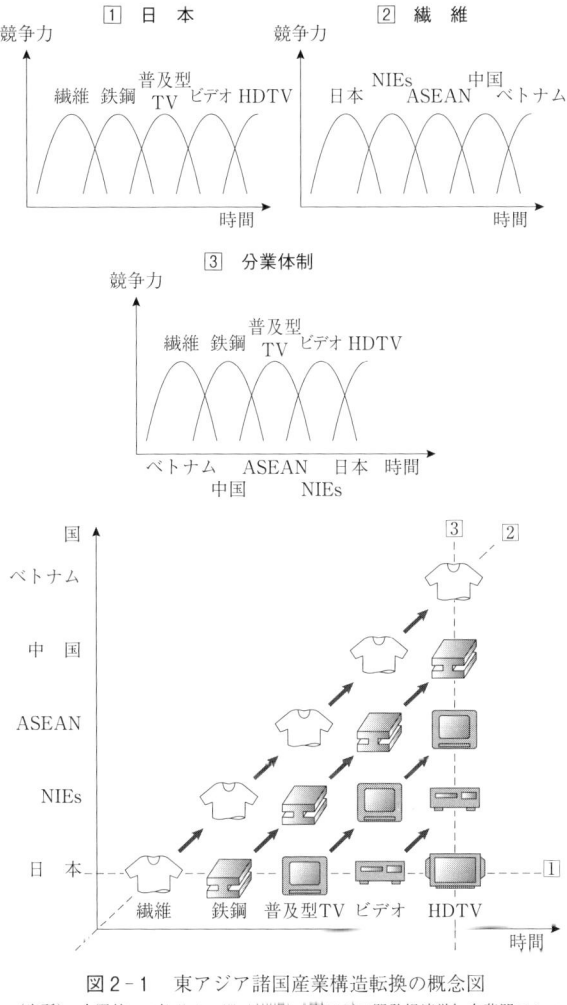

図 2-1　東アジア諸国産業構造転換の概念図
(出所)　大野健一・桜井宏二郎 (1997)『東アジア開発経済学』有斐閣アルマ,
　　　19頁を基に作成。

日本企業は携帯電話用の小型で解像度の高い分野で優位性をもつという具合である。

第Ⅰ部　アジアの経済復興と市場変化

▶▶ Column ◀◀

雁行型発展

　工業化には発展段階があり，労働集約的な軽工業部門から，装置産業である重化学工業，そして技術集約的なハイテク産業へと順を追って進む。日本が先導役になり，NIEs，ASEAN 諸国が順に「離陸」したように，この変化が東アジア域内で国ごとに順送りに生じたことを，雁の一群が飛ぶ様子に見立てて，この名がついた。一橋大学の赤松要教授（当時）の命名による。しかし，最近では，2 番手の国・地域が日本よりも先を行く，あるいは 3 番手の国・地域の企業が一番先頭に立つ。さらには後尾に位置していた中国が日本と並ぶか日本より先頭に立つという例が出始めている。また，アジア後発国の多国籍企業の中に，特定の製品，事業，技術などで，日本企業と並ぶか，日本企業を上回る企業もある。すなわち，全体的にはまだ雁行形態論が当てはまるが，部分的には雁行形態に乱れが生じ，曲芸飛行的なパターンが生まれている。これが，アジア企業における新しい動きである。

3　アジア通貨危機と経済復興

　アジア通貨危機（⇨本節 Column「アジア通貨危機」参照）は，1997 年 6 月にタイバーツの暴落で始まり，すぐにアジア全域に波及した。この危機は，それまで順調な発展を遂げてきた東アジア経済に内包されていた問題点を浮き彫りにした。危機の前，クルーグマンは「まぼろしのアジア経済」（クルーグマンほか，1995）において，東アジアの経済成長は資本と労働の投入量の増大によるもので，技術進歩による度合いは小さく，資本と労働の投入量の増加には限界があるため高成長は持続不可能だと指摘した。

　また，経済危機前は，多くの国で投資が貯蓄を凌駕する状態が続いていた。投資が貯蓄を上回る分だけ経常収支は赤字となる。大量の資本が海外から国内に流入したことによって国内では過剰流動性が発生し，資金が不動産や株式市場に流れて経済はバブル化した。そしてバブルの崩壊とともにその大量の資金は一挙に国外に流出し，通貨の急落となったのである。経常収支赤字と通貨危機に直接つながった要因は，大量の短期資本が流入したこと，ならびに東アジア諸国が事実上のドルペッグ制（自国の貨幣相場を米ドルと連動させる固定相場制）が採用されていたことである。固定相場制は為替リスクを低下させ，海外から

▶▶ Column ◀◀

アジア通貨危機（Asian Financial Crisis）

　1997年6月末よりタイを中心に始まった，アジア各国の急激な通貨下落（減価）現象である。この通貨下落はアメリカのヘッジファンドを主とした機関投資家による通貨の空売りによって惹起され，東アジア，東南アジアの各国経済に大きな悪影響を及ぼした。狭義にはアジア各国通貨の暴落のみを指すが，広義にはこれによって起こった金融危機（アジア金融危機）を含む経済危機を指す。タイ，インドネシア，韓国はその経済に大きな打撃を受け，IMF管理に入った。マレーシア，フィリピン，香港もある程度の打撃を被った。中国と台湾は直接の影響はなかったものの，前述の国々と関連して影響を受けた。日本に関しては融資の焦げ付きが多発し，緊縮財政とタイミングが重なった結果，1997年と1998年における金融危機の引き金の一つとなり，1998年9月の政策金利引き下げ，10月7～8日の円急騰（2日間で20円の急騰），10月23日の長銀国有化，12月13日の日債銀国有化へとつながる一連の金融不安の遠因となった。また，新興国における通貨不安はアジア地域に留まらず，1998年8月17日からのロシア財政危機，1999年1月ブラジル通貨危機など同様の混乱をまねいた。

の資金流入を促進した。さらに，東アジア諸国の国内金融システムの脆弱性にも問題があった。

　経済危機後，タイ，韓国，インドネシアでは未曾有の経済危機に陥る一方，投資の落ち込みによって国内の貯蓄・投資バランスが是正され，経常収支は黒字に転換した。これらの諸国では IMF（International Monetary Fund，国際通貨基金）支援のもとで経済の構造改革が行われ，金融機関の審査能力やリスク管理の改善，金融機関に対する監督体制の見直しが進んだ。

　また，各国とも対外志向型の発展戦略を維持しつつ，イノベーション向上のための人的資本の開発や研究開発体制の強化，内需の拡大など，より国内の資源を活用した成長をめざしている。「知識基盤経済（Knowledge-based Economy）」は各国の共通語となった。東アジアの今後の方向はイノベーション主導の成長にあり，研究開発投資の強化，イノベーションを支える産業クラスターの形成，東アジアの地域統合と世界市場との結びつきの強化などが提唱されて

いる。

2 アジアの産業転換と技術進歩

1 第1次産業から第2次産業への転換

　経済発展に伴って労働力構成比が第1次産業（農・林・漁・鉱業）から第2次産業（第1次産業で生産した原材料を加工する産業）へ，第2次産業から第3次産業（第1次にも第2次にも入らないサービス業）へと移動していく。東アジアの高度経済成長期においても，第1次産業から第2次産業への顕著な労働力移動が見られた。第1次産業である農業などの余剰労働力が大都市およびその周辺部に移動し，繊維や雑貨など軽工業部門，建設部門など第2次産業の労働力として吸収された。農村は，都市部に食糧の安定供給を続ける一方，軽工業生産品の主要な購買層となった。

　一次産品（特に農産物）は，第2次世界大戦後の独立から長期にわたり，東南アジア諸国の主要輸出品となって外貨を稼いだ。こうして稼いだ外貨は，自動車や家電など耐久消費財などの輸入代金に充当されることになる。インドネシアの石油やマレーシアのスズなど鉱業・エネルギーも含め，ASEAN各国とも全輸出の70％を占める特定の輸出品があり，こうした特定輸出品への過度の依存は，1980年代前半の一次産品価格暴落で弱みとなって露呈してしまうが，これを契機に輸出志向の工業化に目覚める。これに対し，農業や鉱物資源に恵まれないアジアNIEsは，早期に輸入代替工業化から輸出志向工業化への転換を果たし，あるいは輸入代替を経ずに輸出志向の工業化へと踏み出すことになる（⇨第4章第2節の「輸入代替工業化」と「輸出志向工業化」参照）。

　製造業発展の初期段階においては，各国・地域とも投下資本が少なく，豊富な低賃金労働力が利用でき，価格競争力を発揮できる縫製・アパレル産業は，50年代の香港から始まり，60年代までに韓国や台湾のアジアNIEs勢が，70年代になるとタイやインドネシアなどASEAN諸国も競争に参入した。90年代になると中国，21世紀に入るとベトナム，ミャンマーが低い賃金を武器に台頭し，アパレル生産国になっている。

繊維で蓄積された資本や生産技術，輸出で稼いだ外貨は，次の段階の製造業へと再投資される。香港では，玩具，時計，プラスチックなど軽工業が引き続き中心になるが，韓国や台湾では，紡績・化学繊維など繊維川上産業（消費者段階から遠いところに位置する素材メーカー），セメント，鉄鋼，石油化学などの素材産業，オートバイ，自動車，家電などの耐久消費財，機械や造船などの重工業，電機・電子，薬品など技術集約・ハイテク産業が出現した。ASEAN4（マレーシア，タイ，インドネシア，フィリピン）では，70年代から自動車や家電など耐久消費財における輸入代替，食品加工業やアパレルなどの軽工業品での輸出競争への参入し，80年代の後半から本格的に輸出の多角化，とりわけ製造品の輸出拡大を志向するようになる。中国ではWTO（World Trade Organization，世界貿易機関）加盟（2001年）前後，外資系製造企業の直接投資や現地生産・海外輸出が急速に拡大してきた。

2　直接投資の連鎖

　東アジアの産業構造転換連鎖の原動力は直接投資である。直接投資とは「相手国における経営支配あるいは経営参加を目的とした国際資本移動」と定義される。具体的には，先進国企業の現地子会社や合弁企業（joint venture）の設立，新工場の建設，営業所・支店の設置，既存企業の買収，現地企業への出資ないし株式取得などが含まれる。直接投資は，資産運用を目的とし，所有権や経営権の移転を伴わない間接投資（外債購入や銀行の対外貸付など）と区別される概念である。

　東アジアで特に重要な直接投資は，先行国から後発国へと向かう，新たな工場建設をともなう資本の流れである。このタイプの直接投資は，単なる資金のみならず，技術・経営ノウハウ・海外市場，市場メカニズムといった情報パッケージを後発国にもたらしてくれる。さらに現地人採用による雇用増加も期待できる。また先行国ではもはや不採算になった産業が後発国に移転する手段でもある。これが，直接投資が出資国と受入国双方の経済構造転換の原動力となる理由である。

　いままで日本企業が東アジアへ進出する動機は，低コスト追求が支配的であ

った。最近まで，日本を除く東アジアはまだ経済規模が小さく，現地市場の魅力は欧米と比べてそれほど大きいものではなかった（ただし21世紀に入ってから，中国を筆頭として，東アジアは巨大市場に成長しつつある）。日本企業の対アジア進出は，主として新たな国際分業体制の構築をめざすものであり，すなわち，もはや日本国内では不採算になってしまった産業を，よりコストの低い東アジアへと移転させるものであった。

ただし，賃金の低さはすべての業種にとって同様に魅力的なわけではない。大量の労働投入が必要な食品加工，電子部品組立，委託加工の縫製などは賃金差は極めて重要だが，自動車・機械といったタイプの製造業においては，総コストに占める労賃のウェイトは１～２割程度とそれほど高くはなく，賃金の低さだけでは必ずしも競争力は生まれない。また，NIEsでは賃金は徐々に先進国水準になりつつある。さらに所得水準でNIEsに続くマレーシアやタイ，中国でも賃金はかなり高くなってきた。これらの国々では，日本と同様，自国ではもはや非効率となった産業を後発国に移転することが課題となっている。

３　輸出型製造業の産業構造問題

アジアNIEsやASEAN，中国の中で輸出型製造業について，産業構造上の問題がよく指摘される。輸出用生産にとって鍵となる重要な部品や半製品を国内で調達できず，輸入に依存していることである。韓国では，生産量世界一のDRAM（ディーラム，Dynamic Random Access Memory，コンピュータなどに使用される半導体メモリの１種），最大の輸出品目となった半導体，さらに自動車部品，工作機械，電子関連部品などで，輸入が輸出を上回っている。台湾では，パソコン周辺機器などでプラスとなっている一方，鉄鋼，非鉄金属，肥料，乗用車，光学機器など，輸出能力のない内需型産業で大きなマイナス幅を示している。

自ら調達できない輸出用製品の高度な生産設備や部品・半製品は，欧米先進国からの輸入に依存せざるをえないが，品質，納期，技術者付アフターサービスなど，あらゆる面で行き届いた日本製への依存度も高まってしまった。そのため，NIEs諸国は対日本の貿易赤字も大きい。香港やシンガポールは，自動

車や家電など耐久消費財の輸入もあり，香港では中国絡みの委託加工生産用生産設備や原材料もあるが，韓国と台湾は対日貿易赤字そのものが輸出生産のための必要コストになったものである。それは国内で調達できないというより，厳しい世界市場で競争を勝ち抜くために，より優秀な部品を求めていかなければいけないという面もある。

ASEAN4は，1997年7月以降のアジア通貨危機において，産業構造の脆弱さを露呈してしまった。通貨価値の下落で本来なら輸出競争力が強化されるところ，銀行の対外信用低下により原材料を輸入することができず，輸出機会を逃してしまった面もあるが，もっとも，自国で原材料を調達できないことが，そもそもの問題点である。

ASEANと中国は，70年代以降完成品の輸入を禁止するなど，国内産業保護・育成の姿勢を鮮明とした。家電や自動車など完成品輸出ができなくなった日本や欧米の大手企業は，アジア市場を確保するため加工組立工業による進出を開始する。いったん進出すれば，部品や半製品への低い輸入関税率により，高い関税率の完成品に対して競争力を維持することができた。進出した外資は，進出先の政府から部品の国産化比率の引き上げを要求されるが，現地の企業からは要求を満たす部品を調達できず，かといって少量生産のため系列の部品企業の進出を要求しにくいため，国産化率の上昇は緩やかなものに止まった。

80年代後半からの投資ブーム以降は，日本，台湾，韓国などの輸出志向型の投資が押し寄せるが，それ以前に進出した輸入代替型加工組立製造拠点は，オートバイや普及型家電製品が輸出へと転じるようにもなった。しかし，各国政府が最も重視した自動車は主要部品の国産化が進まず，90年代以降完成車輸入禁止は徐々に解除されたものの，依然として高い関税による保護が必要で，輸出産業に転ずるには程遠いものであった。

3　世界の工場の資源浪費と環境汚染

アジアは「世界の工場」といわれているように，現在も日米欧など先進国の多国籍企業の生産基地になっている。第1章の図1-2に示されたように，生

第Ⅰ部　アジアの経済復興と市場変化

▶▶ *Column* ◀◀

スマイル・カーブ（Smile Curve）

電子産業などの収益構造を表す言葉の１つで，製品の組み立て・製造工程の利益率が低いことを表現しようとする場合によく利用される。例えば，製品企画やその製品の構成要素である部品の開発・製造，あるいは製品を製造した後のサービスなどによる付加価値が大きく，機器の組み立てなどの製造工程では大きな価値は加わらないと仮定する。この場合，横軸に製品開発から販売／サービスに至る工程，縦軸に付加価値をとって図示すると，両側が持ち上がった曲線を描く。人が笑ったときの口のような形なので，「スマイル・カーブ」と呼ばれる。スマイル・カーブは，台湾宏碁（エイサー）社の創始者である施振栄(シシンエイ)会長がパソコンの各製造過程での付加価値の特徴を述べたのが始まりとされている。

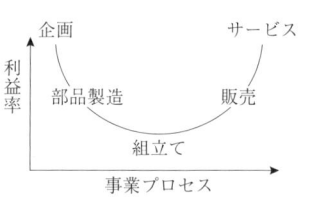

図2-2　スマイル・カーブの概念図

産技術や原材料・部品を輸入し，完成品を全世界に輸出している。さらに詳しく多国籍メーカーの各製造過程，すなわち製品開発，部品製造，完成品組立，販売，アフターサービスなどの全活動を観察すると，その中間の部分，すなわち利益があまり生じない製品の組立工程（⇨上記のColumn「スマイル・カーブ」参照）が主にアジアで行われていることがわかる。

　1980年代の後半から，アジア諸国は安い労働力や土地の供給により多国籍企業投資の誘致を競っていたが，労働者権利や自然環境への考慮は少なく，関係法律も健全ではない。また，大半の現地企業では安い労働力コストに依存し，現場の改善はあまり行われていない。生産規模は絶えず拡大していたが，資源・原材料の浪費がひどく，廃棄物の処理もずさんなため，技術の進歩はあまり見られない。加えて，近年，これらの国々では出稼ぎ労働者の減少や労働者賃金の上昇により，労働力コストが急速にアップしている。労働集約型産業の競争力が低下し，生産性向上などの生産現場の効率改善が急務になっている。

　なかでも最も注目すべきことは，アジアでの単純生産規模拡大と同時に，環境汚染，特に空気，水，土壌など人間の生存に直接関わる領域の汚染がますま

すひどくなっている点である。例えば，北京を中心とする中国華北地域で頻繁に発生したスモッグなどの深刻な大気汚染は，中国の東北地域，さらに上海中心地の華東地域，広州中心の華南地域に拡大し，韓国，台湾，日本にまで迫っている。民衆は政府に対して汚染減少，環境保護，省エネの対策をますます厳しく要求しており，政府も関係法律や規制の制定を急いでいる。

アジアでは賃金上昇と環境汚染が進んでおり，投資拡大，エネルギー（粗末）消費増加，人海戦術，生産規模拡大という伝統的な成長モデルはすでに行き詰まり，限界に来ている。これからのアジア企業はアジア自身の市場拡大に従い，単純生産の拡大よりも産業の高度化，生産方法の転換と技術進歩などが求められている。一方長年，アジア製の廉価製品と競争するため，日本企業は多大な省エネと生産性アップに努力を払い，大きな成果を上げてきた。その省エネ技術やノウハウのアジアへの輸出が，今後の日本企業の新しい商機になるだろう。

[推薦図書]

大野健一・桜井宏二郎（1997）『東アジア開発経済学』有斐閣アルマ。
　　東アジアのダイナミックな経済発展を投資や貿易の国際的リンケージを軸に，開発経済学を駆使して政府と市場，社会開発などの重要論点を解明している。

高木雅一（2001）『東アジア論入門』大学教育出版。
　　本書は，研究者と教育者としての著者の経験に基づき作成された，社会人のビジネスや生活における東アジアの一般教養書である。

P. クルーグマンほか（1995）『アジア成功への課題——フォーリン・アフェアーズ・アンソロジー』中央公論社。
　　中国の経済成長，アジア NIEs の動向，太平洋コミュニティの可能性，朝鮮半島の軍事緊張の行方を分析している。

第3章
アジアの貿易拡大と市場統合

　本章では，アジア市場の成長，拡大と統合をその国際貿易関係から概観する。はじめに関連する国と地域輸出入の中身や貿易額から，日本，東アジア，北米からなる太平洋トライアングルの形成と変化を観察する。続いて，中国を中心とするアジア市場の成長と拡大により日本を含むアジア諸国間の取引が拡大し，アメリカとの取引を低下させた貿易構造変化を説明する。最後に，アジア市場統合，特にAFTAやTPPの特徴と進展，および日中韓FTAの可能性を観察していく。

Keywords：太平洋トライアングル，冷戦，一般特恵関税制度，プラザ合意，垂直分業関係，地域連携，市場統合，AFTA，TPP

1　欧米市場からアジア市場に

1　太平洋トライアングル

　第2次世界大戦以降の長い間，東アジア諸国の工業化が加速する鍵となったのは，欧米，特にアメリカ市場に対する輸出の拡大である。国内・域内市場の小さいNIEsはもちろんのこと，人口の多いタイ，インドネシア，中国でも国内には大きな所得格差があり，製造品を購入できる所得層は限られていたため，生産規模の維持・拡大のため，勢い海外に市場を求めるようになる。

　東アジア諸国は日本から中間財や資本財を輸入し，それを豊富な低賃金労働力を用い加工してアメリカに輸出するというパターンで工業化を進め，「後発性の利益」を享受しつつ経済成長を達成したのである。つまり，日本から「技術，資本」を導入し，自らの低賃金と結びつけ，「比較優位」を創出し，アメリカに輸出するという「太平洋トライアングル」の発展パターンにより展開さ

第3章　アジアの貿易拡大と市場統合

図3-1　太平洋トライアングル（2006年の貿易額）

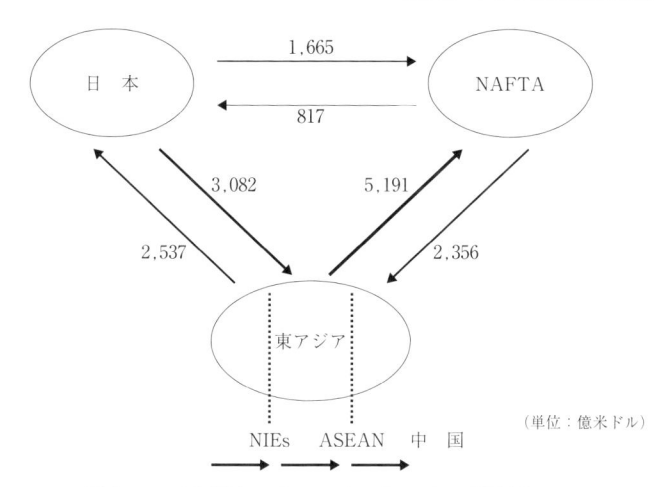

日本 →1,665→ NAFTA
日本 ←817← NAFTA
東アジア →3,082→ 日本
日本 →2,537→ 東アジア
東アジア →5,191→ NAFTA
NAFTA →2,356→ 東アジア

東アジア： NIEs　ASEAN　中国

（単位：億米ドル）

（出所）IMF, *Direction of Trade Statistics Yearbook* を基に作成。

れた（図3-1参照）。

　東アジア諸国の発展プロセスは，アメリカの輸入増加が「成長のエンジン」の役割を演じ，日本が中間財や技術を提供するという中間的役割を担い，アジア諸国は対米依存の輸出を通じて発展してきたといえる。しかし，この構図はアメリカの貿易赤字と日本の黒字を恒常的に生み出し，アメリカの輸入拡大による「成長のエンジン」の役割は大きく低下していく。それはアジア NIEs をはじめアジア諸国への通貨切り上げと特恵措置（⇨本節 2 「一般特恵関税制度」解説参照）の廃止という圧力となって現れた。これらの国々は，国内生産のさらなる合理化，もしくは海外の低労働力の国への生産設備のシフトによって比較優位の維持を図っている。

　したがってプラザ合意以前に東アジアの工業化を支えてきたのは，アメリカを最終的なアブソーバーとする米・日・アジア NIEs から成る「太平洋トライアングル」であった。それが，1990年代後半から貿易と投資の流れが変わり，アジア諸国を中心とする「太平洋トライアングル」にシフトしつつある。この背景としては，アジアが巨大な消費市場になると同時に，中国と ASEAN 間の貿易が急増している点が重要である。

2 太平洋トライアングル形成の背景

　図3-1に見られたように，太平洋トライアングル貿易関係により，アジア諸国は対米輸出比重が上昇した。その代わりに対米輸入比重が低下し，対日輸入比重が逆に上昇した。対日輸出比重も低下したので，結局，アジア諸国は輸出対米依存，輸入対日依存という重層的構造の中にはめ込まれている。この点がアジア経済成長を見る場合，重要なポイントの1つになる。対米輸出に見られるアジア諸国の驚異的な伸びに関して，アメリカと日本の演じた役割が注目される。こうした状況が許されたのも，最大の貿易取引相手であるアメリカがソ連との冷戦における東アジア同盟国戦略もあって，発展途上国の東アジアを寛容に扱ったためである。

　第2次世界大戦後の長い間，アメリカは自国の市場開放により，ドルの垂れ流し（貿易赤字の恒常化）政策を続けてきた。アジア諸国はその政策にうまく乗り，対米輸出を伸ばし，それによって得た米ドル外貨をもって日本からの原材料・技術の輸入を可能とした。アメリカの市場開放政策の中で特に注目されるのが，一般特恵関税制度（Generalized System of Preference, GSP）である。一般特恵関税は先進国が開発途上国から輸入を行う際に関税率を引き下げるもので，開発途上国の支援を目的とする国際的な制度である。その関税減免による価格の低下から生まれる需要拡大が，アジア諸国からの輸入全体の増大をもたらした。そして，アジア諸国特恵品が相対的に競争上有利になり，輸入先が先進国からアジアにシフトした。さらに，特恵利益が誘因となって先進国からアジアに直接投資や技術移転が行われ，それによってアジアの産業発展が促進された。

　一方，日本はアジアに対して，工業中間成品（部品・化学中間材料）と技術を提供し，アジア諸国はそれをもって労働力を投入し製品にして対米輸出を行う。したがって，アジア諸国は対米輸出を増やせば増やすほど，日本からの輸入がそれに随伴して増えてくる仕組みになっている。日本の中間的役割は，この仕組みにおいて看取でき，工業製品の供給基地としての役割が高かった。アジア諸国は，日本から譲られた旧来の多エネ技術体系（1次エネルギー集約的技術体系）を土台とし，低賃金を武器に対米輸出へ乗り出したのである。

アジア諸国の輸出急増は，単に量的拡大ではなく，商品構成という質的変化であった。いわゆる「重厚長大」（重化学工業製品）から「軽薄短小」（ハイテク製品）にウェートが移ってきた。また市場構造面においても，80年代から対アメリカ依存（輸出）を固めつつも，対日輸出に拡大が見られるようになった。

3 日本の対米貿易縮小と対東アジア貿易拡大

東アジアが貿易規模を拡大させた結果，世界の輸出に占めるシェアは1970年の4.4％からほぼ一貫して上昇を辿り，1983年に10.3％と初めて1割を超え，1987年以降アメリカのシェアを凌駕している。輸入でも，東アジアのシェアは上昇を続け，1970年の5.1％から輸出に先行して1981年に10.0％と2桁となり，アジア通貨危機が発生する前年の1996年には19.2％になっている。1991年以降では，東アジアの世界輸入においてもアメリカのシェアを凌駕している。

日本企業の東アジアへの大量進出を受けて，日本からの投資関連中間財輸出と日本の「逆輸入」が増大し，この2つのチャネルを通じて，日本と東アジアの経済関係は一段と密接となっている。並行して，進出した日本企業による域内での調達と販売を通じて，域内貿易比率が上昇するとともに，地域単位で有機的関係を深めた。

日本の総輸出に占める東アジアのシェアは1996年の42.8％をピークに低下していったが，反転してその後2003年には45.0％となり，2010年には70.5％となった。日本の輸出先として，東アジアは1990年代以前時々第1位となることもあったが，1992年以降は一貫して第1位を占めている。輸入でも，1980年までにアメリカを抜き，その後東アジアは最大の輸入先となっている。さらに，日本の製品輸入では，東アジアのシェアは1991年以降最大であるばかりでなく，あらゆる財のレベルで東アジアが半分以上を占めている。

日本の貿易において，東アジアのシェアが上昇するにともない，対米貿易シェアは低下している。輸出では1985年にピークとなった37.2％を記録したのち1990年まで低下を続け，1995～97年の27％台を経て，2003年には24.6％へ一段と低下した。一方，日本の対米輸入シェアは1980年代後半から1990年までほぼ22％と安定していたが，その後低下し20％を割り，2003年には15.1％と過去最

低となる。他方，アメリカの対日貿易シェアは，輸出入とも1990年代中頃から低下傾向を見せた。つまり，日米ともに輸出入のいずれにおいても，相互に相対的依存度を低下させる過程に突入したということである。

4 東アジア域内相互貿易の拡大

　一般に，域内諸国での貿易関係が緊密であるほど，まず域内貿易比率が高くなる傾向が観察される。日本を除く，2006年時点における東アジアの域内貿易比率は，1980年時点と比べると，輸出で23.8％から43.5％に，輸入は18.3％から44.6％へと高まった。日本を含むと，域内輸出入比率はそれぞれ45.2％から52.0％，38.8％から57.7％へと一段と高まっている（表3-1と表3-2参照）。日本は直接投資に誘発された貿易を通じて，東アジアとの経済的一体化を深めてきた。東アジアは経済的強靱性を有してきているはずである。

　東アジア地域の工業化の進展にともない，域内貿易構造も大きく変化した。日本だけが主要工業国だった頃は，日本が工業製品を輸出し，他国がエネルギー・原材料を輸出するという「垂直貿易」が典型的であった。このような垂直貿易が現在まったく消滅したわけではないが，東アジア貿易に占める割合は着実に減少しつつある。東アジアで現在主流となった貿易構造は，工業製品同士を輸出しあうという「水平貿易」である。これは先進国間によく見られる貿易傾向だが，東アジアでも着実に進んでいる。

　水平貿易にはいくつかのパターンがある。第1に，日本が機械を輸出しミャンマーが繊維製品を輸出するといった，異業種間の工業製品の相互貿易である。第2に，日本が高級乗用車を生産し，タイが低価格小型乗用車を生産するといった，同一業種内の「製品分業」である。第3に，東南アジアで日本製部品を用いたハイエンド機器を組み立て，日本に逆に輸出するといった，同一製品の生産プロセスにおける「工程間分業」である。こうした分業を同一企業の親会社と海外子会社の間で行えば，それは同時に「企業内貿易」と呼ばれる。

第3章　アジアの貿易拡大と市場統合

表3-1　東アジアの相手地域別輸出依存度（1980〜2006年）
(単位：%)

年	東アジア（うち中国）	日本（拡大アジア）	NAFTA	EU	世界
1980	23.8（ 1.6）	21.4（45.2）	17.7	15.7	100.0
1985	28.4（ 5.1）	18.1（46.5）	24.9	12.1	100.0
1990	33.3（ 5.1）	14.4（47.7）	23.9	16.6	100.0
1995	40.0（ 8.3）	12.9（52.9）	21.1	14.7	100.0
2000	39.1（ 8.7）	11.8（50.9）	23.1	17.7	100.0
2006	43.5（12.4）	8.5（52.0）	18.8	17.6	100.0

(出所)　IMF, Direction of Trade Statistics Yearbook を基に作成。

表3-2　東アジアの相手地域別輸入依存度（1980〜2006年）
(単位：%)

年	東アジア（うち中国）	日本（拡大アジア）	NAFTA	EU	世界
1980	18.3（ 4.8）	20.5（38.8）	16.9	13.4	100.0
1985	22.7（ 5.7）	23.6（46.3）	15.6	14.3	100.0
1990	30.5（ 7.6）	20.9（51.4）	16.6	15.3	100.0
1995	35.0（ 6.0）	21.6（56.6）	15.1	14.5	100.0
2000	38.0（11.1）	17.6（55.6）	13.4	10.6	100.0
2006	44.6（12.9）	13.1（57.7）	9.2	9.9	100.0

(出所)　IMF, Direction of Trade Statistics Yearbook を基に作成。

2　中国の台頭とアジア中間層市場の拡大

1　中国の躍進と高まるプレゼンス

　世界経済と世界貿易における中国のプレゼンスは上昇の一途をたどっている。1979年の改革開放後，大量の外資投資を導入した中国は「世界の成長センター」と称され，これまで2桁に近い経済成長率を30年以上の長期にわたって維持し，2010年のGDP規模は日本を超え，アメリカに次いで，世界2位となった。中国の貿易規模が世界10位になったのは，輸出が1997年，輸入が1999年であった。その後毎年順位をあげ，2012年には輸出と輸入を合わせたものの貿易総額でアメリカを抜いて世界一になったという躍進ぶりを見せた（図3-2の上図参照）。

　中国は余勢を駆って世界のグローバルパワーをめざすべく，さらなる輸出の拡大を図っている。それには表裏一体である市場および輸出を支える仕組みが

第I部　アジアの経済復興と市場変化

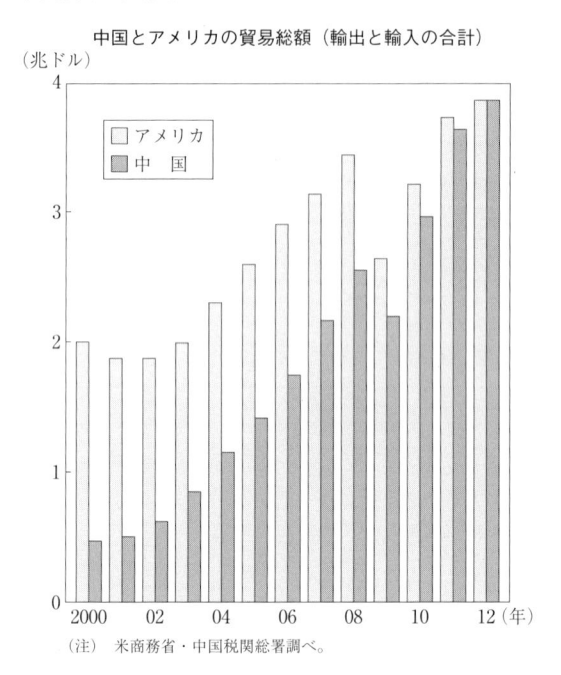

中国とアメリカの貿易総額（輸出と輸入の合計）

中国の貿易相手国・地域は広がりを見せる（中国税関総署調べ）

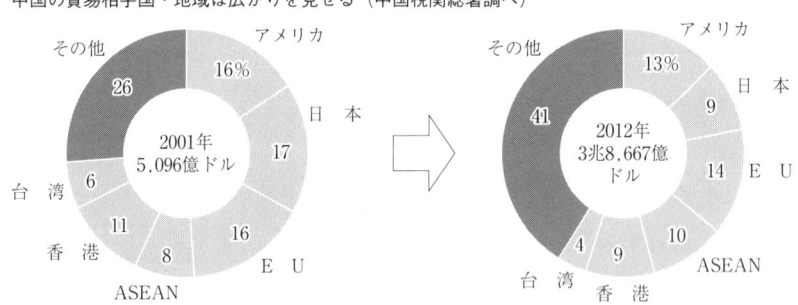

図3-2　中国モノの貿易総額がアメリカを抜き世界一に（2012年）
（出所）『日本経済新聞』2013年2月10日付を基に作成。

必要である。そこで，中国は急速に工業化を推進し，機械はもとよりその中核であるIT関連財の世界有数の輸出国となった。また，IT関連財を中心に機械を継続的に輸出するには，部品をはじめとする中間財や資本財を必要とする。

その最大の調達先が東アジアである。これに呼応して日本をはじめ他の東アジア諸国の中国向け輸出を誘発し，中国は同域内の市場としての「磁場」の役割を果たし，プレゼンスを不断に高めている。

WTO加盟（2001年）をきっかけに，急拡大した中国貿易額の中身は大きく変わった。当初，貿易を牽引したのは，輸入した原材料を中国で加工・組み立てて製品として輸出する「加工貿易」だった。靴や繊維，家具，家電など労働集約型の工場を呼び込み，世界市場に供給した。その後，国内産業のすそ野が次第に広がり，材料や部品を国内で調達する動きが加速した。輸出製品には通信機器や建機，自動車など付加価値の高い製品も増えた。中でも自動車は2012年，初めて輸出が100万台を突破した。

貿易相手の多様化も拡大を後押しした（図3-2の下図参照）。2001年時点では日米欧が貿易総額の半分近くを占めたが，2012年には3分の1超まで低下した。ヨーロッパ向け輸出などが低迷する状況で，東南アジアや南米など新興国向けの需要は旺盛である。特に，2010年に自由貿易協定（FTA ⇨ 本節 Column「FTA・EPA」参照）を本格発効した ASEAN とは，2012年の貿易総額が前年に比べて10％強増え，すでに日本を上回る貿易相手となった。

2 　中国の台頭が太平洋トライアングルに及ぼした影響

中国が太平洋貿易の主役になりつつあるのは「太平洋成長のトライアングル」に「太平洋IT三角貿易」とも称すべき新たなる機能を付加したことによる。特に1990年代以降の世界的な IT 化の波に乗り，東アジアは IT 財の生産・輸出基地となっている。一国ベースでは中国が世界最大の輸出国であり，一方アメリカは世界最大の輸入国であり，その最大の調達先は中国である。そうした中，世界経済はもとより世界貿易，さらにアジア太平洋地域貿易のすべてにおいて，プレゼンスを高めているのが中国である。

中国の台頭は日本の貿易を大きく東アジアにシフトさせると同時に，アメリカとの取引を相対的に低下させるという貿易構造変化を誘発した。一方，日本は東アジアへの依存度を強めているのに対し，東アジアは日本への貿易依存度を低下させている。現在進行中である両者間の貿易構造変化は非対称になって

いる。グループ別に見ても，ASEANとNIEsの対日輸出入シェアはともに低下している。この国々のシェア低下は，対アメリカ貿易の低下原因と同様に，東アジア域内で「磁場」の役割を果たしている中国との輸出入シェアの拡大が原因であると考えられる。

中国の相対的な経済規模が拡大している限り，生産拠点としても市場としても中国を無視することはまったくできず，そこでビジネスチャンスをつかもうとした場合，中国の近辺に位置する日本やNIEs，ASEAN諸国は圧倒的に有利である。中国と良好な関係を築くことは重要なことである。しかし一方で，中国は何らかの段階で政治改革に踏み込むことが不可避であり，大国主義と愛国主義が一緒になってどんな場面で噴出するか，そういう不確実性が高い状況でもある。

一方，アジア太平洋地域全体には，東アジアの部分を除いて，太平洋をまたがる生産ネットワークはできていない。アメリカ経済とコネクションはもちろんあるが，そこからラテンアメリカに生産ネットワークがつながっているかというと，それはまったくつながっていない。そういう意味でアジア太平洋の経済実態は弱い。東アジアの経済とアジア太平洋の経済ではそういう意味で違いが生じる。つまり，生産ネットワークにおいては東アジア地域が世界で一番発展しているといえる。

3 アジアの雇用創出と市場の拡大

東アジアでは生産部門中心の成長にともない，国民所得の上昇が起きてきている。現在までの十数年間は，発展途上地域であれば世界中どこでも経済成長をしているが，アフリカでは明らかに資源を中心とした経済成長だった。それに対して東アジアは，国よって度合いは異なるが，基本的には製造業とその周りのサービス産業などによる生産部門が中心の経済成長であった。生産部門が先導する経済成長は，雇用が創出されることを意味する。つまり，所得の相対的に低い人たちが雇われて，その人たちの所得が上昇しているのである。

結果，途上国の課題であった貧困層が急速に減少し，いわゆる中間層（⇨第5章Column「中間層」参照）の人口が急速に増えることが起きてきている。これは東アジアの素晴らしい成功の1つである。

> > Column < <

FTA（Free Trade Agreement，自由貿易協定）・EPA（Economic Partnership Agreement，経済連携協定）

　ともに物品の関税，その他の制限的な通商規則，サービス貿易等の障壁など，通商上の障壁を取り除く自由貿易地域の結成を目的とした，複数の国と地域の経済連携を強化する取り組みを指す。地域経済統合の形態の中では，緩やかなものとされている。2国間協定が多いが，北米自由貿易協定等の多国間協定もある。

　関税撤廃など貿易自由化を進めるFTAに対し，EPAは貿易自由化のほか，より幅広い協力関係の構築をめざす。知的財産権の保護や人の自由移動などを含むのが一般的である。日本政府は農業分野の関税撤廃をできるだけ回避するため，関税分野以外の協力を多く盛り込むようにしてきた。だが，交渉に時間がかかり，相手国からは貿易の果実が少ないとの批判も出ていた。

　所得水準がどの程度変わっていくかに関して，1995～2008年のトレンドを見てみると，2020年には，マレーシア，中国，タイも1人あたり所得が1万ドルを超える，つまり先進国レベルにまで達すると見られる。そして，インドネシア，フィリピン，ベトナム，インドまでが，3000ドル以上になり，カンボジア，ラオス，ミャンマーでさえ1000ドルを超えることになる。

　そうなると政策課題も変化していく。それまでは労働集約的な製造業，いわゆる非熟練労働でとにかく働いてお金をもらえばよかったが，所得が上がってくると段々と知識集約型の産業に移らなければならず，産業移転が必要となる。そこで人的資源の需要変化が生じてくる。同時に，教育熱の高まりや大学進学率の上昇が起こる。そうなると，大学は産業の需要に合わせた人材教育を提供することができるかどうかが重要な課題になってくる。産業移転や教育行政といった点が経済成長によって議論されるようになるのである。

　加えて社会保障制度も課題となってくる。ある程度低い発展段階では，田舎から都市に出てきて工場で働いて仕送りする，というパターンが見られる。その場合，経済危機などで不況になっても，基本的には田舎に帰ってしまえば何とか生きていける。しかし，都市に出てきたまま帰らない人たちが徐々に増えてくる。労働集約的な産業ではなくなってくると，景気のアップダウンの中で，

失業保険の制度が必要になってくる。また年金制度をどうするかも問題になってくる。

こうした社会保障を何かの形で、政府が公的に提供しないといけない。例えば、中国はこれに真剣な取り込みを見せている。2010年現在、公的な社会保障制度でカバーされている人口は16%であるが、その多くは公務員と退役軍人、国有企業の従業員で、それ以外の人はまったくカバーされておらず、中国政府はその16%を2020年までに80%へ引き上げると明言している。多くの課題を抱えながらも、東アジアの多くの国は経済成長にともなう国家レベルの上昇に取り組み、中進国から先進国へのステップへ入ろうとしている。

3　アジアの経済連携と市場統合

1　アジア地域連携の活発化

市場統合に触れる上で、経済活動における多角的・無差別的な自由主義を世界的に広めるという考え方をグローバリズムとし、地理的に近接する国々が地域発展のために協力するという考え方を地域主義とする。現在はグローバリズムと地域主義が同時進行しており、国際貿易体制における地域連携の動きが活発化している。ヨーロッパにはEU（欧州連合）、北米にはNAFTA（北米自由貿易協定）、南米では、MERCOSUR（南米南部共同市場）、東南アジアにはAFTA（ASEAN自由貿易地域）、環太平洋地域の国々からなるAPEC（アジア太平洋経済協力会議）が生まれた。

地域連携はなぜ活発化しているのだろうか。その背景として以下の要因がある。第1は、企業活動のボーダーレス化にともなって、近隣諸国との経済的な結びつきが強まっていることである。第2の要因は、多数国の利害が絡むWTO交渉に紛争処理の効果が期待されないため、より小規模な地域的取り決めの方が問題解決に便利であるという認識が生まれたことである。そして、第3の要因は、発展途上国が貿易・投資自由化の重要性を理解するようになったことである。

東アジアでは、包括的なFTAをつくっていく大きな経済統合を考える時に、

ASEANが中心になる。東南アジアは，周りにインドや中国，日本などはるかに大きな経済があって，ASEAN自体は相対的に経済規模が小さい。しかし彼らは一所懸命になって地域のFTAづくりの核になろうと努力してきた。東アジアでは，ASEANと日中韓を中心に，最近はインドも入ってきて，生産ネットワークが出来上がっている。それが，1つの経済実態，経済の塊を形づくっている。アジアでは，ASEANを中心としたFTAが構築されようとしている。

[2] ASEAN自由貿易地域（AFTA）の進展

　冷戦構造や地域紛争などの政治的状況を背景に，1967年8月，タイ，シンガポール，フィリピン，マレーシア，インドネシアの5カ国が「バンコク宣言」に署名することにより，ASEAN（東南アジア諸国連合）が誕生した。この後，1984年ブルネイ，1995年ベトナム，1997年ミャンマーとラオス，1999年カンボジアが加盟し，ASEAN10となった。70年代後半からは，ASEANの経済への関心は高まった。80年代後半に入り，ASEAN諸国は自由化や外資の受入を積極的に推進し，日本から巨額の直接投資が流入すると，輸出と投資の拡大により急速な成長を実現した。

　1990年代に入ると，先進国の直接投資が中国や東欧などの新興諸国にシフトするという危機感から，域内の貿易自由化の気運が高まった。1993年1月からASEANの自由貿易協定，いわゆるAFTA（ASEAN Free Trade Area）がスタートした。AFTAの中核をなす決定は，段階的に域内関税を引き下げるという共通効果特恵関税（CEPT）である。1999年までにASEAN後発4カ国の加盟およびASEAN物品貿易協定（ATIGA）の締結，2010年1月のASEAN先発加盟国のAFTA発効などによって法的・制度的な経済統合を大幅に前進させた。

　現在，ASEAN経済共同体の基盤を築き上げるのは域内関税の引き下げであるが，その中心的な役割を果たしたのはATIGAである。ATIGAは2007年11月に採択されたASEAN経済共同体（AEC）ブループリントの中で，物品貿易の自由化を実現するための措置の一つであり，CEPTを抜本的に改定した協定である。これに基づいて，2010年1月から，ASEAN先発加盟国では，7881品目（タリフライン）が0関税となり，自由化対象品目（IL）の99.1%が0関税

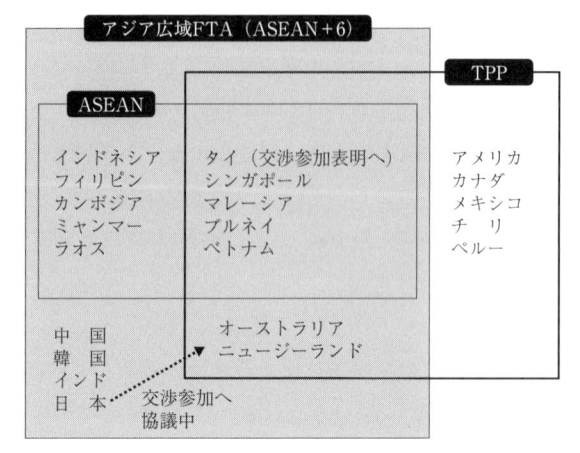

第Ⅰ部　アジアの経済復興と市場変化

```
┌─────────────────────────────────────────────┐
│  アジア広域FTA（ASEAN＋6）                    │
│              ┌──────────────────┬─── TPP ───┐│
│   ┌─ ASEAN ──┼──────────────────┤           ││
│   │インドネシア│タイ（交渉参加表明へ）│アメリカ   ││
│   │フィリピン │シンガポール       │カナダ    ││
│   │カンボジア │マレーシア         │メキシコ  ││
│   │ミャンマー │ブルネイ           │チ　リ    ││
│   │ラオス    │ベトナム           │ペルー    ││
│   └──────────┼──────────────────┤           ││
│    中 国     │                  │           ││
│    韓 国     │オーストラリア     │           ││
│    インド    │ニュージーランド   │           ││
│    日 本…→  │                  │           ││
│         交渉参加へ                          ││
│         協議中                              ││
└─────────────────────────────────────────────┘
```

図 3-3　アジア太平洋地域経済連携加盟・交渉の枠組
（出所）『日本経済新聞』2012年11月15日付を基に作成。

となり，センシティブ品目（SL）の0～5％への関税削減と高度センシティブ品目（HSL）の関税削減も実現した。そのため，ASEAN 先発加盟国の平均関税率は2009年の0.75％から0.05％に低下した。ASEAN 後発加盟国の関税撤廃は2015年から始まるが，2010年1月時点での AFTA 平均関税率は2009年の3.0％から2.6％に低下した。

　ASEAN における域内 FTA の発効と同時に，域外との FTA 締結も進展している。「ASEAN＋6」（図3-3参照）について見ると，2010年現在，FTA の締結は完成したが，対象範囲，自由化レベル，ルールなどは一様ではない。そのうち，ASEAN／日本と ASEAN／豪州（オーストラリアとニュージーランド）は包括的な経済連携協定（EPA ⇨第2節 Column「FTA・EPA」参照）であり，ASEAN／中国・韓国・インドは基本的には物品貿易を中心としている。自由化レベルについて見ると，ASEAN／豪州のレベルが最も高いのに対して，ASEAN／インドが最も低く，ASEAN／中日韓はその中間に位置する。

3　環太平洋経済連携協定（TPP）と東アジア

　TPP（⇨本章 Column「TPP」参照）はシンガポールとニュージーランドの

FTA（ANZSCEP）をベースにして，後にチリ，ブルネイも参加して2006年5月に発効したEPAである。発効当初は経済規模が小さいのでほとんど注目されなかったが，2009年にアメリカの参加で注目を集めた。アメリカのTPP参加のねらいは，東アジアへの関与強化，この地域の市場開放，アメリカ企業のこれらの市場へのアクセスチャンス増大などである。そのために，高水準かつ包括的な自由貿易ルールを制定し，それをアジア・太平洋の多くの国々に広げようとしている。

TPPは20条の項目から構成され，非常に高度かつ包括的な自由貿易協定である。締約国はアメリカを除いて，開放的な小国および貿易，外国投資への依存度の高い国により構成されている。TPPは基本的にシンガポールやニュージーランドなどこれまでの2国間FTAをベースとしているが，100％の自由化をめざして，センシティブ品目の除外や再協議を認めない方針を定めている。また，内容に関しては，FTAの基本的な構成要素である物品・サービスの貿易協定だけでなく，非関税分野（投資，競争，知財，政府調達など）のルールづくりの他，新しい分野（環境，労働，横断的な課題など）の内容も含まれている。

TPPの将来の鍵を握っているのは，市場規模が大きく経済が活発に動いている東アジアである。図3-3で見られたように，ASEANはTPPについていこうというグループと，すぐには入れないと思っているグループの二つに分かれている。日中韓が参加するかどうかはあくまでも，その将来性を決める鍵となっている。韓国はすでにアメリカとFTAを締結しているので，現段階では参加する可能性は小さい。これに対して，日本では「推進派」と「慎重・否定派」との間で激しく議論を行っているが，2013年3月に政府は「TPP交渉参加に向けて関係国との協議に入る」と表明している。

中国はTPPに対し，アメリカの東アジアへの関与が強まるのではないかという懸念をもっている一方，世界主要国からなる高水準のEPAとして強い関心をもっている。しかし，現段階ではTPPの参加メンバーはアメリカを除いて，そのすべての国は中国とFTA協定を締結しており，TPPの進展は中国の輸出入貿易に及ぼす影響はほとんどないという判断から，中国は短期的に参加する可能性が低く，その進展状況を観察する姿勢を取っている。

表3-3 アジア太平洋の主要経済圏の世界における位置 (2009年)

	人口 (100万人)	GDP (10億ドル)	輸入額 (10億ドル)
APEC	3,951.5 (57.2)	36,807.3 (63.4)	5,753.4 (46.5)
TPP	815.4 (11.8)	16,967.1 (29.2)	2,176.3 (17.6)
ASEAN	596.3 (8.6)	1,852.5 (3.2)	736.5 (5.9)
中日韓	1,517.8 (22.0)	12,344.3 (21.3)	1,740.8 (14.1)
中日韓台湾	1,548.3 (22.4)	12,999.9 (22.4)	2,262.5 (18.3)
世界	6,909 (100.0)	58,068.6 (100.0)	12,364.3 (100.0)

(資料) 『世界経済のタネ帳』(http://ecodb.net/area/A/), 総務省統計局『世界の統計』2011年版より作成。
(出所) 坂田幹男・唱新 (2012)『東アジアの地域経済連携と日本』晃洋書房, 31頁を基に作成。

4　日中韓FTAの現状と課題

　日中韓は地理的距離が近く, 経済的補完関係が強いことより, 1つの自然的な経済圏が形成されている。表3-3に示されているように, ASEANは地域統合が進んでいるが, 人口, 経済規模, 世界からの輸入額などから見て, 東アジアでの存在感は小さいといわざるをえない。これに対し, 日中韓経済圏は人口で世界の22.0%, GDPで21.3%, 輸入額で14.1%を占めており, 特に台湾と香港を入れれば世界輸入額に占めるシェアは18.3%となり, TPPを超える巨大な市場圏となる。しかし, 現在では日中韓FTAは共同研究の段階に止まっている。

　日中韓FTAが進展していないと考えられる阻害要因の第1は, 複雑な国際関係である。これは主に日中関係に表れている。安全保障面では日米安保同盟に依存する日本と中国の間には, 共通した政治基盤を欠いており, イデオロギーおよび政治体制の相違, 歴史問題, 朝鮮半島問題, 東シナ海での領土問題などの重大な国際問題をめぐって意見の食い違いがある。それゆえ, 日本はアメリカ抜きの日中FTAに慎重に取り組んできたのである。

　第2は, 関税引き下げの障壁である。これは主に日韓FTA交渉に表れている。韓国側の貿易赤字が最大の懸念要因となっている。特に日本側の平均関税率が低く, 韓国側の平均関税率が高いことから, 韓国側は日韓FTAを締結すると, 貿易赤字がさらに拡大し, 韓国の中小企業は大きな被害を受けるのではないかと懸念している。

　第3は, 政治的要因である。これは日中韓3カ国の共通問題である。日韓で

▶▶ Column ◀◀

TPP（Trans-Pacific Partnership または Trans-Pacific Strategic Economic Partnership Agreement，環太平洋経済連携協定）

　2005年6月3日にシンガポール，ブルネイ，チリ，ニュージーランドの4カ国間で調印し，2006年5月28日に発効した経済協力の枠組みである。ほぼ例外のない関税撤廃など高い水準の自由化を掲げたのが特徴である。現在は原加盟4カ国に日本，アメリカ，オーストラリア，マレーシア，ベトナム，ペルー，カナダ，メキシコなど8カ国が加わり，2014年中の妥結をめざした交渉を進めている。分野は知的財産や政府調達など幅広く，アジア太平洋地域の貿易・投資ルールを決める枠組みに発展する可能性がある。タイやフィリピン，中国などもその動向に関心を寄せる。

は竹島問題，日中では尖閣諸島問題など，領土問題を巡る国民感情の悪化は日中韓関係を一層複雑化させた。

　結局のところ，世界最大の市場を有する中国と世界最先端の技術をもつ日本における政治体制の違い，政治上の相互不信，国際安全保障上の相互警戒，アメリカのプレゼンスなどにより，北東アジアでは複雑な国際関係が絡み合って，アメリカ抜きの日中韓自由貿易協定は到底考えられないという状況に陥っている。

[推薦図書]

青木健（2005）『変貌する太平洋成長のトライアングル』日本評論社。
　　急成長する東アジアの輸出など，日米東アジアの三者間に進行していた貿易上の構造変化を促進する重要な動因を解明している。
向山英彦（2005）『東アジア経済統合への途』日本評論社。
　　いろいろな困難に直面しながらも経済統合への途上にある東アジア諸国の相互依存関係，経済連携，産業リンケージなどを描いている。
坂田幹男・唱新（2012）『東アジアの地域経済連携と日本』晃洋書房。
　　東アジアの成長を，日本にとって重要な選択肢，国内経済や地方経済に取り込む課題などの観点から，共同研究の成果をとりまとめている。

第4章
アジア諸国の産業政策と市場環境

　本章では，アジア諸国の政治環境と産業政策，および市場リスクを観察する。まず，アジア諸国の開発独裁体制および政府と国有企業・財閥企業との関係を説明する。次に，東アジア諸国の産業政策の変遷（主に輸入代替政策と輸出志向政策）および市場のグローバル化に向けた市場の自由化を紹介する。最後に，アジア市場における政治リスク，法務リスクや文化衝突などの経営リスクとその回避策を検討する。なお，日中関係の悪化にかんがみ，日本企業がとった「チャイナ・プラス・ワン」戦略も補足として紹介する。

　Keywords：権威主義開発体制，国有企業，公営企業，輸入代替工業化，輸出志向工業化，アジア市場環境，政治リスク，法務リスク，文化の差異，チャイナ・プラス・ワン

1　市場経済の導入と政府の役割

1　市場経済との相性問題
　アジア諸国の工業化過程には，欧米諸国には見られない問題が発生する。なぜなら，所得を高めるために欧米から導入される先進技術や市場経済が，そもそも既存のアジア社会に存在しなかったものであり，これらの外来要素がその社会に根付くかどうかが保証されていないからである。また，たとえそれらが受け入れられるとしても，非欧米社会はその過程において大きな変容を強いられる。
　しかも問題をより複雑にするのは，持ち込まれる側に対して市場経済が極めて要求の強いシステムであって，それはどんな社会にも適合するというわけで

はないという点である。市場経済が順調に発展するためには，所有権，契約概念，経済的自由，企業組織，企業家精神，賃金労働者，新技術の受容，金融システム，会計制度，情報公開などが整備されていることが前提となる。

ここに，個性的な既存社会と新たに持ち込まれる市場経済の「相性」という問題が生じる。たしかにある社会では，比較的軽微な調整によって市場経済を受け入れることができるかもしれない。例えば明治期の日本は，江戸時代の伝統工業，商業資本，金融システム，交通網，教育，勤労観などの発達・普及のおかげで，西洋の技術や制度を急速に導入することができた。しかし別の社会では，在来要素と外来要素が著しく不適合だったためにいつまでたっても市場経済が根付かず，社会の停滞と不安定のみを引き起こす可能性もありうる。

2 アジアの「開発独裁」体制

市場経済を生み出す力は途上国の社会に内蔵されていないので，アジア諸国政府は市場経済を生み出すために，外来の異物を強引に持ち込む，という行動を起こさなければならないのである。市場経済は民間企業を生産主体としながら，資源動員，生産分業，流通，貿易，技術革新などを全社会的規模で促進するような仕組みである。その発展には，法と秩序の維持，産業政策，貧困の軽減，財政金融，外資誘致，環境保護といった施策が必要となってくる。

アジア諸国にとっての経済開発は国家単位で行われる大事業なので，その政府は社会を統合し，市場経済を育成し，その過程で発生する不安定さを回避するための政策を適切に打ち出さなければならない。

東アジアによく見られるタイプの政治経済体制は「権威主義開発体制」，あるいは「開発独裁」である。権威主義開発体制とは「強力な軍・政治エリートが開発を至上目標として設定し，有能な官僚テクノクラート群に開発政策の立案・実施にあたらせ，開発の成功をもって自らの支配の正統性の根拠とするシステム」を指す。開発政策の中心は長期発展戦略を実施するための産業政策である。

しかしながら，権威主義開発体制はあらゆる社会が時代を超えてめざすべき理想システムといったようなものでは決してない。欧米への急速なキャッチア

ップという歴史上重要な段階を迎えた後発国にとって，その大変革をうまく乗り切るために採用する一時的だが極めて強力な政治体制である。

3　政府と国営・国有・公企業

　東アジアでは，経済発展や企業経営において政府の存在が重要な要因となっている。一般的に経営学では営利目的の法人組織が研究の対象となり，個人や公的部門は対象となりにくいが，東アジアでは政府も十分研究対象となりうる。それは，民間企業の経営に影響を与えやすいということだけではなく，政府自身も企業的な活動をかつて行っていた，あるいは現在も行っているからである。先進国に比べると国営・公企業が大企業にしめる比重（売上高もしくは総資産額）が高く，その産業基盤も公益事業に限らず多岐にわたっている。

　例えば，シンガポール政府は自らを「シンガポール・コーポレーション」と呼び，国が栄え国民が富むことを企業つまり国家の戦略としている。イギリス統治下の香港政庁が香港におけるイギリス五大資本の1つに数えられたように，収益力の高い「企業」であった。強力な重工業路線を推進した韓国の独裁政権や，大陸反攻を悲願として経済力を蓄えた台湾の国民党政権も，企業経営に直接乗り出した政府と考えることができる。

　ASEAN4も多くの国有企業群を有し経済活動に直接関与した。これら国有企業は，政府による特選事業権や政府支配下の銀行による融資など有利な条件は与えられたが，全般的には経営に関する戦略と手腕を欠き，非効率や赤字体質に陥り政府の重荷となってしまった。

　共産党政権となって社会主義計画経済を採用し国有部門が生産活動を担った中国とベトナムは，計画経済の弊害と国有部門の非効率により経済が立ち行かなくなり，中国が「改革・開放」，ベトナムが「ドイモイ（刷新）」へと政策転換し，計画経済を断念して市場経済手法を採用した。しかし，生産の中心である国有企業については，長年非効率を続けたことによる赤字体質からの脱却は容易ではなく，今後とも改革を断行する上で，法整備など政府の支援や関与が不可欠である。

4 公営・国有・財閥企業への優遇政策

　東アジア工業化の初期段階では，権威主義的な政府のもと工業化機能によらない資源配分が行われたということもあり，社会主義に近い体制であった。韓国の独裁政権が国家の発展戦略はすべて政府が策定し，実働部隊としての財閥に参入業種を指定し，同じく支配下にある銀行を通じて物価上昇率を下回る優遇金利での貸し出しを行った。競争を制限したことや優遇金利を適用したことにより，財閥は通常では得られない利益を得たわけである。

　台湾では，国民党企業や公営企業に，独占事業権と輸入品締め出しという利益が与えられたが，輸出を担った中小企業についてはまったく利益は与えられなかった。香港では，民間への公的な直接支援制度はなく，競争力を失った繊維など軽工業は，広東省に移転することで活路を見出した。

　輸入代替工業化期が長かったASEAN4では，優遇政策の影響が顕著な形で発生していた。これは，1つには産業保護・育成政策における輸入禁止や高い関税によるものであるが，もう1つには東南アジア諸国全体の経済問題，すなわち原住民と華人との経済格差の是正から発生するものである。典型例としては，マレーシアのブミプトラ政策（⇨第11章 Column「ブミプトラ政策とアリババ企業」参照）があげられる。

　各国の優遇政策が東アジアに与えた最も深刻な影響は，政治と経済との癒着である。利益の存在は，逆に不利益の存在も意味する。韓国では中小企業の弱さ，財閥との二重構造が深刻な問題となっている。東南アジアや中国に見られる自動車産業保護政策は，競争力のない国内産業（国有企業）に対する利益となるが，その利益分は自動車の価格へと上乗せされ，消費者は不利益を被ることになる。

2　アジア諸国産業政策の変遷

1 主な工業化政策と日本の産業育成

　低開発国が工業化を図る場合，とるべき戦略としては次の2つが考えられる。すなわち，①輸入していた工業製品を国内で生産する方法（輸入代替工業化），

②国内で生産した工業製品を輸出する方法（外向きの工業化：輸出志向工業化）である。

　輸入代替工業化（自国技術を高める）政策は，産業の形成期から成長期を通じて外国からの製品輸入を関税障壁や非関税障壁によって阻止し，その間外国企業から技術移入や基幹部品の提供を受けることで，自国産業を保護・育成する政策である。一方で，繊維，自動車，電子，機械など産業の周辺にはさまざまな原材料や部品をつくるサポーティング・インダストリーが必要になるが，多くの東アジア諸国では，まだ十分育っていない。東アジア諸国では，サポーティング・インダストリーを育成するために，外資企業に対して「ローカル・コンテント」（現地化比率）の達成を要求している。

　輸出志向工業化（外貨の獲得）政策は，自国製品の輸出拡大を通じて工業化を達成する施策である。輸出振興の場合，輸入代替と同様に政府がさまざまな支援策を採用する。輸出に有利な為替レートの維持，輸出品が使用する原材料・機械設備の輸入税の減免や払い戻し制度，輸出企業への税制上の恩恵，低金利の融資，電力や水道料金の優遇措置，輸出工業団地（輸出加工区）の設置などがそれである。海外市場情報の収集や官民での情報の共有，質の高い労働力の育成，効率的な行政機構の整備などは，輸出志向工業化を助ける政策や制度といえる。

　日本では1950年代半ばから1970年頃までの高度成長期，海外からの貿易自由化圧力が強まる中で，輸入保護や税制などにより戦略的に重要産業を育成しようとする政策がとられるとともに，設備投資調整や企業合弁などが行われた。1970年頃から80年代半ば頃までの安定成長期においては，石油ショックへの対応，産業構造の一層の高度化の必要性，そして，増大する貿易赤字を背景に，不況業種の構造調整対策，研究開発投資の支援，および貿易摩擦対策が主たる産業政策となった。80年代後半以降においては，とりわけ貿易摩擦への対策が政策上の重要な関心事となった。

2　NIEs諸国の産業政策

　国内市場が狭いNIEsでは，ASEAN諸国と比べると輸入代替期間は短く，

早めに（60年代から）輸出志向工業化に転換された。この背景には一次産品の輸出力がなく，外貨を獲得するために工業品の輸出が必要であったという事情がある。輸出志向戦略は，保護主義による非効率化を招きやすい輸入代替戦略と異なり，国際競争を通じて企業や産業の効率化や資源配分の効率化に貢献し，また対象となる市場が拡大することから規模の経済を追求できる。NIEs における輸出の増大は，輸出を支援する政策のもとで，資本蓄積，生産性の向上，技術水準の向上などに結び付き，経済発展の原動力となった。

第1段階は，1960～70年代にかけての労働集約的輸出産業中心の発展段階であり，繊維・衣類，雑貨，労働集約的な電気・電子機器の産業が発展した。これは日米の工業先進地域の産業高度化で比較劣位化した産業が直接投資によって当該地域で生産を行ったり，当該地域の国内企業に下請け生産させたりすることで実現した。

第2段階としては，70年代の世界的な不況下で NIEs が大きな注目を集める契機となった重化学工業化の段階である。この時期，特に韓国や台湾は相次いで鉄鋼や造船，石油化学工業の育成策をとった。それは80年代に入って成功を収めている。

第3段階は，ハイテク産業の発展段階である。1980年代後半になると，アジア NIEs では電子機器産業や精密機械産業が急速に発展する。半導体を中心とする電子技術の急速な発展が同産業を世界的に激しい競争関係に導き，技術集約的・資本集約的な生産工程がシンガポールや台湾などに移転することになる。かつては，アメリカで生産されたウェハーが東アジアに空輸され組み立てられた後，最終テスト工程を通すためにアメリカに逆輸入されていた。しかし，80年代後半以降，主に NIEs を中心とする東アジアでそうした工程も行われることになる。アジア NIEs 各国政府も情報技術産業国家をめざして，先端産業促進政策を展開し，先端的産業が興ったのである。

例えば台湾では，1980年に輸出加工区を設置した経験に倣って科学技術園区が設置された。1984年には投資奨励法が改正され，R&D（Research and Development，企業の研究・開発業務および部門）投資に税制上，財政上の優遇措置が講じられて以降，急激な発展を遂げてきた。シンガポールは1986年には自国を世

界のビジネスセンターとするトータル・ビジネスセンター構想を打ち上げ，地域経営本部（OHQ ⇨第10章第4節の「地域経営本部」参照）をシンガポールに置く企業の誘致を制度化するが，この頃から情報技術力の強化に乗り出している。

3　ASEAN諸国の産業政策

　ASEAN諸国で採用された工業化戦略は，当初は輸入代替工業化であったが，後に輸出志向工業化に転換された。ASEAN諸国の輸入代替工業化がNIEsに比べて長期化した背景としては，一次産品の輸出が可能で外貨不足の問題が深刻でなかったこと，ナショナリズムが強かったこと，市場規模が比較的大きかったことなどの要因があげられる。輸出志向工業化戦略への転換の契機となったのは，第2次オイルショックの影響による80年代前半の不況と一次産品価格の低迷である。各国は，厳しい経済状況を打開するために，輸出振興，対外開放政策，規制緩和，などの一連の構造改革に着手した。

　1960年代の輸入代替工業化への取り組み段階では，家電・自動車などの耐久消費財生産を中心とした輸入代替工業化が本格化する。それまで輸入していた製品を国産で代替するという意味で，工業製品は国内市場向けに生産された。この工業化政策は，もちろん東南アジア各国の政府自身が選択した道だが，当時の冷戦体制下では，アメリカによる「共産主義封じ込め」戦略の意を受けた世界銀行・IMFの方針の主導下にあった。

　70，80年代の輸出志向工業化への取り組み政策は，「輸入代替」で生産された耐久消費財が狭い国内販路・市場の壁にぶち当たったことにより始まった。国内での工業製品組み立てに必要だが，国産化できない資本財・中間財の輸入が増え，貿易赤字となったため，これを輸出向け工業化で打開する必要が生じたのが原因である。繊維や一次産品加工製品などの輸入代替工業がそのまま輸出工業に転化する場合もあったが，競争力のない原料下流部門や高級技術部門などの輸入代替工業化は合理化や業種転換を迫られる場合もあった。しかし，関係する業界の既得権益勢力は強く，また産業構造高度化のための国産化（特に鉄鋼・石油化学など原材料部門）も必要であり，実際には，「輸出志向」と「輸入代替」の方向は併行していた。

4　中国の産業政策とアジア貿易自由化

　1949年の建国当時，中国の工業基盤は極めて弱かった。政府によって重工業，特に鉄鋼・石炭・電力などの原材料産業やエネルギー産業の発展が優先され，消費財工業の発展を抑制する政策がとられた。

　長年の重工業優先政策は，中国の農業生産停滞や生活水準の停滞・悪化を招いていたが，70年代の末から，中国の産業政策は重工業優先から軽工業などの消費財優先へと転換し始めた。先進国との技術格差を解消するため，政府は対外開放政策を推し進めた。同時に中国企業は先進国から技術を導入し，積極的に市場のニーズに応え始めた。80年代半ばに起きた消費財を中心とする生産ラインの導入ブームに対して，中央政府は国際収支の危機から高関税で国内市場を保護し，導入された製品の国産化を促進していく方針を打ち出した。

　90年代半ばからWTOへの加盟に備え，政府は産業・企業に対する監督部門や規制内容をしだいに縮小して撤廃し，内外企業を競争させる政策に転換していった。中国は2001年末にWTO加盟が承認され，それにともない関税障壁を引き下げ，市場開放を進めるとともに国内企業の優遇政策を撤廃し始めた。同時に，政府は輸出の拡大や中国企業の海外進出などの政策を提唱している。

　現在の国際経済環境は，日本やNIESが工業化した時代とはかなり異なってきている。その最も重要な変化は，各国に自由貿易・対外開放が義務付けられていることである。先進国はもちろんのこと，後発国にとっても，あからさまな輸入保護や投資規制は許されなくなっている。それを示すように現在の東アジアには，自由貿易を推進する組織（WTO，APEC，AFTA，TPP）が重層的に存在している。

3　アジア市場環境と経営リスク

1　直接投資と政治リスク

　アジアの新興市場やフロンティア市場は引き続き魅力的なものとなっている。しかし指導力の移行は，この地域の主要市場において複雑性を増す要因ともなる。地域としては明るい成長見通しがあるものの，多くの企業にとって厳しい

環境が続き，組織としての計画の一つひとつにおいて上位を狙うことはリスクが高いと思われる。中国やインド，インドネシアといった市場の魅力は引き続き大きいが，直接投資の資金は潜在的な可能性を求めて，ミャンマーなどの市場に引き寄せられる傾向が強まっている。

中国では，2012年に新しいリーダー（習近平〈シュウキンペイ〉）が誕生している。主要経済指標が上向きに転じたものの，単なる循環的なものではない構造的な景気減速に直面している。これからの成長率は7％を超えることも考えられるが，これも新しい指導者による抜本的な構造改革への取り組みがあった場合の仮定である。これまでのような投資マネーに後押しされた二桁成長の時代は再来しない。また，日中関係は尖閣諸島問題で悪化し，中国国内で日本製品の不買運動が行われ，日本企業の現地経営を直撃している。

2014年にインド（5月）とインドネシア（7月）では主要な選挙が行われているため，これに関連した政治活動やポピュリズムにより，分断化された分散システムを持つこれら国家における投資リスクは増加していくものと思われる。インドネシアは上昇の気配はあるものの，鉱業セクターが複雑性を増しているため投資マネーが流入しづらい状況となっており，インフラや規制の状況が足かせとなっている。汚職については，民間団体と当局の両側による監視が強化されつつある。

投資家の間では，ミャンマーで大きな改革があった近年，数々の外国人が偵察のためにヤンゴンやネピドーに集結したことが話題となった。このため，極めて低い水準から発展し始めた事業環境の展開が不明瞭になる可能性があり，また政治改革と経済改革を同時に行うため計り知れない困難が予想される。成功するか否かは，単にリーダーに指導を任せるのではなく，この不安な過程を乗り切るための組織を構築できるかどうかにかかっている。

2　法務リスクと経営環境

アジア途上国の外資政策やそれに関わる法律は曖昧であり，突然変更されて外国企業が損害を被るような事態もしばしば発生する。これらの問題は，権力とコネが主要な支配原理であり，法律や契約が必ずしも文面通りに守られない

第4章　アジア諸国の産業政策と市場環境

表4-1　アジア市場投資の法務リスク

アジア新興国の経済関係法令の主な特色

	外資の直接投資規制	競争法（独禁法）	知的財産権法	労働法
中　国	規模の大小にかかわらず認可が必要。産業を奨励・制限・許可・禁止に分類	企業結合審査が長期化。本格的にカルテル摘発へ	法律整備は進むが，模倣品・海賊版が氾濫。摘発が遅れる	08年に労働契約法施行。労働争議が増加
インド	特定分野で外資による投資禁止や制限	全面施行。カルテル，支配的地位の乱用の摘発が活発化	模倣品問題が徐々に表面化	労働者保護が比較的厚い。経済発展に伴い緩和傾向
タ　イ	外国人は指定業種の会社の株式を50％以上保有できない	合併・買収に関する届出の要件が未整備	模倣品が氾濫。アメリカが知財権の保護が不十分な国に指定	2013年1月，最低賃金を全国一律で大幅引き上げ。ストなど増加
インドネシア	閉鎖分野や出資比率制限のある業種がある	当局が十分な法的根拠に基づかず調査を開始することもある	手続きの電子化が遅れ，商標の二重登録などが多い	労働者保護に厚い。退職時は退職金，慰労金，権利補償金の支払い義務
ベトナム	業種により制限。分野・金額により参入の難易度が異なる	シェア50％超となる合併などは原則禁止	模倣品が非常に多い。一部の分野以外は取り締まりが後手に	2013年5月に新労働法施行。手当・休暇を拡充，整理解雇が合法化へ
ミャンマー	昨年11月に新外国投資法が成立。本年1月に細則が成立	未整備	著作権法以外は未整備	労働組織法を制定。スト権も容認

（出所）『日本経済新聞』2013年2月18日付を基に作成。

社会構造に深く関わっている。また，日本政府の尖閣諸島国有化に伴う中国リスクの上昇を背景に，日本企業は中国以外のアジア新興国への投資に注目している（⇨本章 Column「チャイナ・プラス・ワン（中国＋1）」参照）。しかし，そのためには，日本との関係が安定しているアジア新興国でも多様な法務リスクの現状を点検する必要がある（表4-1参照）。

　第1のリスクは各国の経済関係法の整備状況が実に多様だという点にある。法律インフラが最も充実しているのはインドだが，訴訟が多いなどの理由により一審判決まで4〜5年と審理には時間がかかる。中国，ベトナム，インドネシアは外資導入をめざし，2000年代に投資規制，独禁法，知財法などを整備し

た。しかし法の細部に不備もあり，行政担当者の解釈が異なるなど運用にも問題が出ている。タイやマレーシア・インドネシアでは2013年から本格的な最低賃金制度を導入しているなど，労働者保護政策が目立っている。法整備が最も遅れているミャンマーでは，特許法などの知財法，独禁法は未整備である。

　第2のリスクは，各国経済が発展し，法令の朝令暮改や地元の権利意識向上が目立つことである。2億4000万人の人口と中間所得層拡大が市場として魅力のインドネシアでは，近年，突然の法令変更で企業が混乱する例が頻発している。2012年5月，従来は1つだった一般輸入免許を21に分け，輸入できる製品を1社1分野に限る規定が公布された。製品を一括輸入してきた日本企業にとっては寝耳に水で，三菱商事，住友商事，花王などが参加する商工団体は「業務に支障が出る」と同国に改善を申し入れている。

　第3のリスクは，贈収賄やカルテルといった違法問題が生じやすい現地の土壌と，グローバルな規制への目配りが欠かせない点である。例えばタイの関税法は，税関が違法行為を摘発した際の報奨金の支払い基準を定めている。税関長には，密輸品や虚偽申告に科された罰金の55％までを，外部の情報提供者や税関職員に配分することが認められる。独占禁止法関係も要注意である。欧米当局は新興国で発生するカルテルの摘発を狙っており，新興国では同業者が飲食する風習が根強く，カルテルの土壌があることなどから，経営者は幅広い法務リスクへの対応を意識する必要がある。

3　現地文化と経営衝突

　異なる文化背景から育ってきた人間の考え方，感じ方，行動は同じではない。文化の違いに対する無知は重大な誤りにつながりかねない。アジアビジネスを成功させるためには，文化の差異に敏感に対応しなければならない。

　外資系企業の直接投資はアジアの発展途上国に新たな雇用機会を提供し新技術の吸収を可能にするが，一方で外国企業の経営方針と現地の労働者の間に摩擦が生ずることも多い。例えば，賃金の不払いや，厳格な労働規律を要求する外国人マネージャーが「怠惰な」労働者を虐待する，外国人が経営を独占し現地人が昇進できない，現地の宗教や慣習に理解を示さない，などである。こう

第4章　アジア諸国の産業政策と市場環境

した労使問題は，異文化に対する尊重と寛容をもって双方が対処しなければ解決できない。

　ダム，道路，工業団地などの建設においては，住民立ち退きや環境破壊が深刻な問題となり，開発プロジェクト自体が批判の対象となることがある。また先進国よりも緩やかな環境基準のもとで，公害の垂れ流しをする企業もまったくないとはいえない。さらに，短期経済利益の追求は森林，水資源，生態系などの破壊につながる。これらはアジアの発展途上国自身の開発における優先順序の問題ではあるが，実際の建設に携わる外国企業や開発期間も責任の一端を負うことは間違いないであろう。

　またアジアの発展途上国で外国企業があまりに目立つようになると，自国経済が多国籍企業によって支配されているという危機感が生まれ，排外的ナショナリズムを刺激することになる。アジアの発展途上国政府と進出企業には国民感情に十分配慮した政策と行動が望まれている。

　例えば，1970年代から東南アジア，2000年以後中国で起きた反日運動は，工業化が生み出した社会変動と階級構成の激変につながるといえる。現実に豊かな企業家や商人，高級官吏，高級技術者と，貧困な労働者，出稼ぎ労働者や農民との所得格差が拡大しており，工業化の担い手でありながらも，アジア社会に入り込んだ異分子である日本企業（中国と東南アジアで多く存在する韓国企業と台湾企業も含む）と日本的経営が，工業化の不満の標的とされる可能性が高まっている。

4　アジア経営現地化の加速

　近年の中国市場リスクに対応するため，中国から完全に撤退する，あるいはチャイナ・プラス・ワン（中国＋1）といわれる選択肢があげられるが，それは主に中国以外に輸出するアパレル，雑貨などローテク・労働集約型製品の生産である。しかも，タイのバンコク，インドネシアのジャカルタ，ベトナムのハノイなど東南アジア主要都市の最低賃金は中国に近づいてきており（『日本経済新聞』2012年11月25日付），現地のインフラ整備や法務リスクの問題もあり，有力な投資先が限られている。

第Ⅰ部　アジアの経済復興と市場変化

▶▶ *Column* ◀◀

チャイナ・プラス・ワン（中国＋1）

　チャイナリスクを回避するためのリスクマネジメントの手法の1つに「チャイナ・プラス・ワン（China plus one）」，あるいは「中国プラス1」がある。これは中国向けの投資やビジネスを行いつつも，あえて中国一国に集中させず，平行して他の国においても一定規模の投資や商取引を展開し，リスクの分散化と低減を図る企業動向である。

　チャイナリスクとは，中国（中華人民共和国）の抱えるカントリーリスクである。つまり，中国国内で外国企業が経済活動を行う際，もしくは中国人を雇い入れる際のリスク（不確実性），特にダウンサイドリスク（下方，損失のリスク）だけを取り出したものである。

　中国は，膨大な人口と安い人件費によって世界中の製造業の製造拠点に成長し，「世界の工場」の異名をもつに至った。その後，中国国内の賃金水準は上昇して，コスト削減のメリットは薄れ，逆に食品衛生の問題や知的財産の流出，人民元の切り上げといった各種リスクの存在が顕在化しつつある。

　近年，カンボジアやタイ，ベトナム，あるいは最近になって民主化されたミャンマーなどのASEAN諸国を対象とする分散投資の動きが進みつつあるとされる。これらの国の多くは，中国よりも賃金水準が低い。また，単なる生産地ではなく，同時に消費地として見直す動きも進んでいる。

　日本企業は中国市場でリスクを避けてしたたかに勝つために，中国の国内企業や他の多国籍企業と連携しながら，中国社会と共生共存の関係を構築すべきである。また，中国市場からの信頼を獲得し，中国における企業イメージの向上を図ることも余儀なくされた。この流れの中，日本の製造業は「完成品の欧米向け輸出モデル」から「産業財（工作機械，基幹部品，原材料）のアジア向け輸出」に転換している。さらに，中国の内需は今後も拡大が見込めるため，日本企業は人員削減ではなく工場の自動化投資や現場の生産効率の引き上げでコスト削減を急ぐべきである。

　日本企業の対アジア投資とアジアでの現地生産は，コスト削減，現地販売，生産体制の構築を目的としているが，低賃金を活用する生産機能が特に重視さ

れている。それによって，在アジア日系企業は高収益を維持し，おもに低賃金がコスト削減に貢献していた。在アジア日系企業の現地化はある程度の進展も見られたが，在アジア欧米や韓国・台湾企業よりも遅れている。モノの現地化についても，現地の部材調達の比率がなお低い。ヒトの現地化については，経営幹部への現地人材登用が遅れている。カネの現地化に関しては，資金調達面でなお日本に依存している。

在アジア現地法人と日本本社との関係を見ると，生産，技術，販売と調達などの面においては密接である。アジアでの現地生産は日本の国内生産にもさまざまな影響を及ぼし，変化をもたらした。今後アジアではAFTA（ASEAN自由貿易地域）の形成などにより，域内市場がさらに拡大していくと考えられる。コスト削減と現地・域内市場へのアクセス強化のために，現地向けの研究開発と商品開発を強化することはもちろん，現地で製品を開発し部材を調達し，製品のブランドも現地化する必要がある。さらに現地の事情に精通する現地の経営人材を，日系企業の経営幹部として積極的に登用することも不可欠だろう。

[推薦図書]

Sonia El Kahal（2004）*Business in Asia Pacific : Text and Cases,* Oxford University Press.
　　アジア通貨危機以降の多国籍企業事例を観察しながら，地域経営，意思決定，競争戦略などアジアの国際ビジネスを解説している。

川端基夫（2005）『アジア市場のコンテキスト［東南アジア編］』新評社，川端基夫（2006）『アジア市場のコンテキスト［東アジア編］』新評社。
　　アジアの人々はなぜ"買う"のか。企業のグローバル化と対峙して，さまざまな攻防を繰り広げるアジア市場の論理を読み解いている。

第5章
アジア新興国の市場変化と開拓戦略

　　世界金融危機以降，アジア新興国は堅調な経済成長を果たしており，富裕層に続いて，中間層の消費市場も急速に拡大している。本章では，アジア市場のビジネスを立体的・多面的・動態的に把握するために，その質的な変化に着目し，メーカーの製品や産業構造・市場構造の多様性を解明することを主たる目標とする。アジア新興国市場の最新動向と多国籍企業戦略の変化，特にアジア新興国の中間消費層の分析を行い，日本企業のアジア市場開拓に新しい視点を提供したい。

　　Keywords：アジア新興国，BRICs，富裕層市場，中間層市場，消費奨励
　　　　　　政策，新興国市場戦略のジレンマ，ローカル企業，産業財，
　　　　　　人材現地化，部品現地調達

1　アジア新興国市場の変化

1　世界の工場から世界市場へ

　アメリカのリーマン・ショックに端を発した金融危機以降，欧米先進国は財政危機や失業に喘ぎ，日本の国内経済は円高，デフレ等の構造不況による市場の縮小から脱却できていない。そのような状況の中，中国をはじめとするアジア新興国（⇨本章第1節 Column「新興国」参照）は堅調な経済成長を果たしており，富裕層に続いて，中間層の消費市場も急速に拡大している。米大手経営コンサルティングの A. T. カーニーがまとめた「2011年度海外直接投資先信頼度」調査では，上位2位を中国，インドのアジア新興国が独占した（表5-1参照）。

　成長著しいアジア市場に対し日本企業は，3.11東日本大震災（2011年）の影

響（工場破壊，倉庫流失，部品供給網途切れ，電力不足，放射性物質汚染など）もあり，大企業だけではなく中小企業を含めアジア進出にさらなる加速を見せている。社長100人へのアンケートで2012年の主な経営課題を聞いたところ，「新興国など海外事業の拡大」をあげた経営者が

表5-1　2011年度直接投資先の信頼度

1(1)	中　国	7(24)	シンガポール
2(3)	インド	8(10)	イギリス
3(4)	ブラジル	9(20)	インドネシア
4(2)	アメリカ	10(21)	マレーシア
5(5)	ドイツ		⋮
6(7)	オーストラリア	21(圏外)	日　本

(注)　カッコ内は10年度調査の順位。
(出所)　『日本経済新聞』2011年12月8日付を基に作成。

70.8％と最も多く，中国への設備投資にも積極的（5割近く）で，アジア新興国市場を中心に攻勢を強める構えである（『日本経済新聞』2011年12月27日付）。

　アジアの発展は，輸出を伸ばすことで達成されており，発展メカニズムの中核に位置しているのが輸出志向工業化である。輸出で稼いだ外貨を先進国からより高い技術を導入するための投資に使用し，再投資による生産が次の輸出を生むという循環である。この循環のもと，生産ネットワークは日本，中国（香港も含め），韓国，台湾，ASEANを含めた東アジア地域が世界で一番発展していたため，世界の工場といわれていた。

　しかし，中国をはじめ，最近まで世界の工場といわれた東アジア諸国は経済成長にしたがって，現在「世界の市場」にもなってきている。東アジアでも携帯電話やテレビ，冷蔵庫，オートバイ，さらに自動車を持っている人たちが爆発的に増えている。特に世界金融危機により急速に縮小し停滞していた欧米市場と対照的に，アジア市場は新興市場として拡大しつつある。

2　中間消費層の拡大

　アジアでは途上国の課題であった貧困層が急速に減少し，いわゆる中間層（⇨本章Column「中間層」参照）の人口が急速に増える現象が起きている。すなわち，単に平均所得が上っていくだけではなく，中間所得層が爆発的に増えているのである。世界銀行の推計によると，中国では1995年に人口の54％が貧困層（1日あたり1.25米ドル以下）であったが，2005年には16％まで減っている。

第Ⅰ部　アジアの経済復興と市場変化

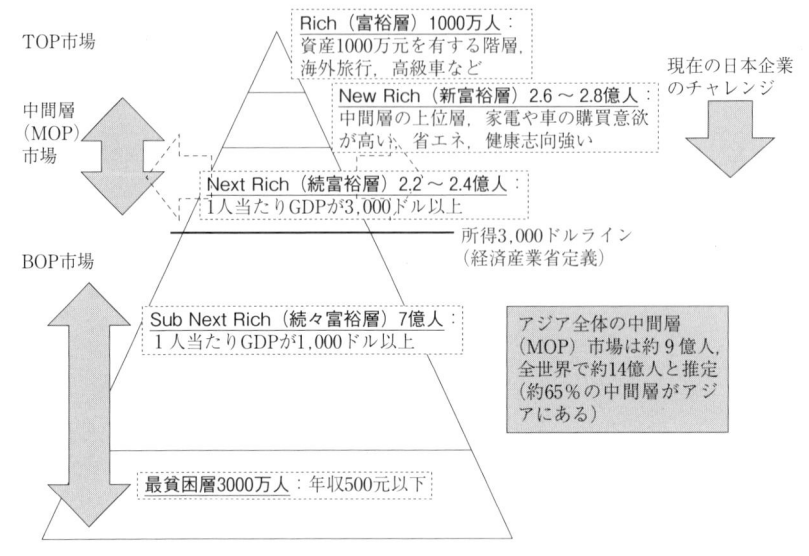

図5-1　中国市場のピラミッド3層構造

（出所）　天野倫文（2009）「新興国市場戦略の分析視角――経営資源を中心とする関係理論の考察」『JBIC国際調査室報』3, 69-87頁を基に作成。

対して中間層（2ドル～8ドル）は，26％から57％まで増えている。東南アジアは中国よりスローペースではあるが，基本的には同じことが起きている。ASEAN（シンガポール，ブルネイ，ミャンマーを除く）の推計を見ると貧困層は36％（1994～96年）から19％（2004～2006年）に減り，その数は1億人を切るまでになった。一方中間層は，33％から50％に増加している。インドの中間層拡大はまだ途上で，10年か15年遅れで少しずつ変わってきているところである。

また，経済産業省『2009年版ものづくり白書』によると，BRICs（ブラジル，ロシア，インド，中国）の中間層市場は，2002年の2.5億人から2007年に6.3億人（うち中国2.7億人，インド1.4億人）に増加しているという。BRICs以外に，アジアにはVIP（ベトナム，インドネシア，フィリピン）という新興国群も存在し，その中間所得層も急成長している。

図5-1は，中国市場のピラミッド構造と，BOP（Base of the Pyramid＝貧困層）市場，MOP（Middle of the Pyramid＝中間層）市場，ならびにTOP（TOP of the Pyramid＝富裕層）市場の 3 層との大まかな対応関係である。MOP 市場は 1 人あたり GDP が平均3000ドル以上の続富裕層と年収がそれより上の新富裕層が対象となり，日本企業が市場浸透の対象としている中間層市場がこれにあたる。中国では，続富裕層が2.2〜2.4億人，新富裕層が2.6〜2.8億人いるといわれている。なお，アジア全体の中間層市場は約 9 億人で，全世界の約65％を占めているといわれている。

3 政府の内需拡大と消費奨励政策

　欧米発の世界経済危機に対応するため，アジア諸国政府は景気のてこ入れや投資事業の認可を急加速し始めた。リーマンショック以降，先進国の経済が低迷すると中国からの輸出も縮小することを予測し，中国政府は 4 兆元（約60兆円）投資の経済対策（2008年11月〜2010年12月に実施）を打ち出した。主に交通・農村インフラ，震災復興，安価住宅建設，イノベーション，環境，医療・衛生・文化・教育などの分野に投入し，就職機会の拡大など内陸・農村の振興をさらに促進した。

　4 兆元投資の経済対策により，中国経済は速やかな V 字回復を実現した。また，農村部の 1 人あたり所得や支出は都市部と 3 倍の差があるものの，農村部の GDP 成長率は都市部を超えるものとなった。内陸部や農村部の成長が加速したことで，沿海部と内陸部，都市部と農村部の成長スピードが逆転し，乗用車や家電製品などの販売は大都市から中小都市へ，沿海発達地域から西部開発地域へ行けば行くほど伸び率が高くなる，という現象が起きている。

　また，ヨーロッパの金融危機に対応するため，中国政府は2012年 5 月に大規模投資や工場建設などの投資認可を加速する方針を表明した。さらに，中国人民銀行（中央銀行）は直ちに預金準備率を引き下げて金融緩和を強化している。政府も省エネ家電の補助への財政投入を決め，投資加速も打ち出した。12年の投資計画を 6 月末までにまとめ，融資増予算執行を早め，融資増で企業の設備投資を促すとしている。政府が認可した110件余りの中では 4 年間も差し止められていた広東省の製鉄プロジェクトも認可された。風力発電建設，海外での投資など認可を受けた事業内容は多岐にわたる。

④ 新興国市場開拓に関する研究

　日本などの先進国企業が，成長著しい新興国市場を相手にビジネスを展開する際にまず課題となるのは，これまで本国で培ってきた製品やビジネスモデルが所得水準などから見れば下位の新興国市場において必ずしもそのまま受け入れられるわけではないという点である。これに関して伝統的な多国籍企業論では，先進国の本国側の優位性が強調され，本国から経営資源などの優位性の源泉が移転するとされてきた。

　これに対して，ハーバード大学のクリステンセン教授は，持続的技術と破壊的技術という2つの概念を導入し分析している（Christensen, 1997）。リーダー企業は既存顧客との関係を重視して，メインストリームの製品パフォーマンスを改善するため持続的技術への開発投資は積極的に行うが，メインストリームの製品パフォーマンスを一時的にではあるが低下させる破壊的技術への投資は行いにくい。むしろ，メインストリームの顧客関係との制約が少ない新興企業が，破壊的イノベーションに積極的に対応するインセンティブをもつと指摘している。

　従来，多くの先進国企業にとって，後発の途上国市場は先進国市場の補完的市場という位置づけにあり，先進国市場で築き上げた製品ラインからローエンド（価格，性能などが最も廉価なもの）のものを選択したり，それらを低機能化して持ち込むなどしてきたが，それらは現地市場の市場特性をもとに企画されたわけではなく，販売や生産，調達の方法も，上位市場で構築したものを，多少の修正を加えて持ち込むに留まることが多かった。こうした製品やビジネスモデルは，途上国市場では一部の上位市場に受け入れられるものの，全体の市場シェアは伸び悩んできた。

　特に深刻な問題は，先進国の先発企業が自国市場で競争優位を築くために開発競争で鎬を削り差別化競争を展開すればするほど，新興国の中間層市場への対応に十分な経営資源を割くことができず，成長市場でシェアを獲得することが困難になるという点である。その結果，先発企業は当初市場で競争優位を築いたとしても，瞬く間に後発国企業に市場シェアを逆転されてしまうという事態が起きてしまう。こうした現象は，先進国企業にとっての「新興国市場戦

第5章　アジア新興国の市場変化と開拓戦略

▶▶ *Column* ◀◀

新興国

　新興国とは昔は貧しかったが，今は豊かになりつつあり，経済，政治，軍事の分野で成長が著しい国である。新興国に対して日本，アメリカ，イギリス，フランス，ドイツ，イタリアなどは先進国と呼ばれているが，どの国もかつては新興国だった時代があった。日本は欧米列強の仲間入りを果たした20世紀初頭に新興国といわれた。近年では中国，インド，ブラジル，ロシアなどが新興国といわれており，この4国の頭文字からBRICsと呼ばれている。BRICsに次いで成長が期待される国としてNEXT11がある。NEXT11はイラン，インドネシア，エジプト，韓国，トルコ，ナイジェリア，バングラデシュ，パキスタン，フィリピン，ベトナム，メキシコからなる。NEXT11以外に，VISTAという呼び方もある。VISTAはベトナム，インドネシア，南アフリカ共和国，トルコ，アルゼンチンの5カ国で，BRICsの成長を支える5つの条件（①豊かな天然資源，②労働力の増加，③外資の導入，④政情の安定，⑤購買力のある中間層の台頭）のうち，4つまで有している国が選ばれている。

　経済成長などにともなう全体的な所得水準の向上により，新興国では購買力や消費意欲が高まっており，その消費の拡大が，内需を活性化させ，国の成長に寄与していると見られる。なかでも，消費意欲が特に旺盛とされている中間層の拡大は，経済をさらに活性化させると考えられることから，中間層の拡大は新興国経済の今後の発展における重要な要素になっているといえる。国際通貨基金（IMF）の推計した経済発展段階に応じた分類によると，世界の新興・途上国の合計国内総生産（GDP）が2013年にも先進国・地域のGDPを初めて抜く見通しとなった。物価水準を調整し為替変動を取り除いた購買力平価基準で比べると2012年にほぼ並び，新興・途上国の高成長を踏まえると2013年には逆転している。

略のジレンマ」（図5-2参照）と言いうる。

　日本などの先進国企業が新興国市場を開拓する際，技術力だけでは決して成功できず，その市場をよく理解することが重要である。その上で，技術，製造，販売を統一したビジネスモデルでつなげていくことが求められる。例として，新興国市場では日本製品の「過剰品質」問題がしばしば指摘される。つまり，日本製品は現地市場で求められる品質レベルよりも高すぎる品質を提供してお

第Ⅰ部　アジアの経済復興と市場変化

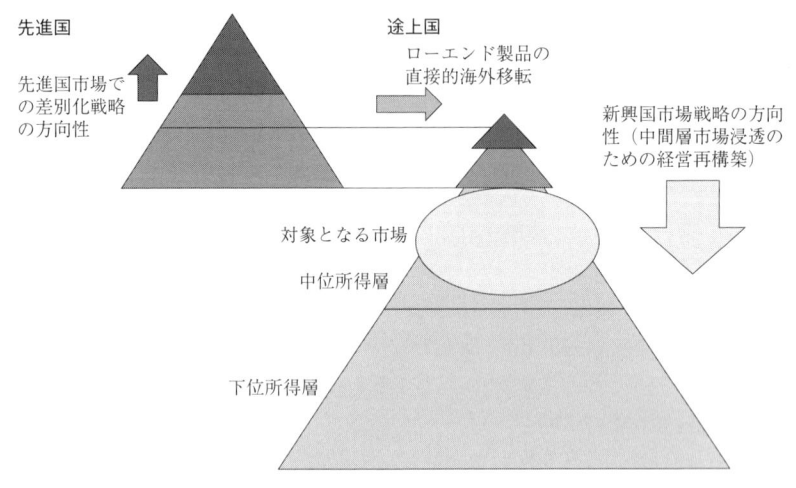

図5-2　新興国市場戦略のジレンマ
(出所)　同図5-1，天野（2009）を基に作成。

り，それが高すぎる価格の原因となっているという問題である。

2　アジア新興国市場での開拓戦略

1　リッチ層（富裕層）への戦略対応

　アジア新興国経済の急成長にともない，その富裕層も急速に拡大している。その人々は短期間に成金となった金持ちが多く，富を衒う（誇る）傾向が強い。金持ちの身分を示すために，先進国と同レベルの所得層よりお金を惜しまず，高級ブランド品などにつぎ込んでいる。ベンツやBMWなどの高級車のアジア・中国市場における販売量は年々増加しており，極端な例としては，日本で1個100円の日本産富士りんごを北京の日系スーパーにおいて2000円で販売しても，毎日完売するといったほどである（2010年筆者の現地調査による）。この富裕層に対して，日本企業は自分がもっている高品質（高機能）に基づく価値を顧客に対してもっと訴求すべきである。

　アジア富裕層の好みに合わせて商品を開発すると同時に，自社ブランドのイメージアップも不可欠である。例えば，ダイキンは1990年代の後半から中国市

場で他社との差別化を図るため、室内機を天井に埋め込んで室外機とつなげるカセットタイプのエアコンの製造・販売を開始した。徹底的に中国市場のマーケティングを行い、中国の現状に合わせて製品の性能改善や商品再設計を進めた。また顧客の購買意欲をかき立て、需要を掘り起こすために、潜在的ユーザーに対して自社製品の先進性と高級感を積極的に宣伝する直属の営業部隊、SE（セールスエンジニア）を編成した。SEは、新しい開発地域の高級マンション、レストラン、ショッピング・センターや図書館に行き、まず提案活動を行う。営業活動を通じて一つひとつ提案し、ユーザーの要求を聞き取り、設計部門がユーザーの要求に応えていく。また、定期的にユーザーを集めてセミナーを開き、ダイキン製品の性能、特徴などを説明する。こうして、上海周辺の市場では「ダイキンエアコンは空調のベンツだ」というイメージがつくられた。

TOTOは中国で販売する商品の5割を占める衛生陶器に加えて、水栓金具や浴室の商材も増やして、富裕層の需要を取り込んでいる。大型ショールームを2013年3月期に、2011年3月期時点での11カ所から5割増の17カ所程度に増やすほか、建材店などに商品を納入する販売代理店を2014年春までに2割増の500社に計画を立てた。現在は北京や上海、深圳など主要都市にショールームを開設しており、今後は内陸部の中規模都市にも展開する。中国では顧客が自分で建材を購入するのが一般的なため、小売店への納入経路を広げ消費者への訴求力を高める。このような販路拡大の結果、温水洗浄便座「ウォシュレット」の2011年3月期の販売量は2007年3月期の2倍に増え、2012年3月期には2・8倍に拡大している。

２ 中間層の上位層（新富裕層）への戦略対応

中国、インドなどアジアの中間所得層は2008年で9億人近くと、日本の人口のほぼ7倍に達している。しかも、アジアの経済成長にともない、その数は急速に拡大している。日本に比べると所得水準は低いが、買い替えが主体の先進国に代わり世界消費の牽引役に育ってきた。中間所得層は富裕層のような高級ブランド品への執着はないが、決して安かろう悪かろうの商品には満足できない。この市場に対応するため日本勢は新興国で開発・生産の現地化を加速し、

市場開拓で先駆けてすでに高いシェアを握る韓国，台湾や中国企業に対抗している。そこで，製品開発の現地化を進め，現地市場で必要とされる機能と不必要な機能を選別することが急務である。

韓国系の現代自動車は，2000年代中期以降の中国自動車市場変化に対応して，従来の中型車中心の車種政策を小型車中心へといち早くシフトし，中国市場向けの新型車開発に力を入れてきた。2008年4月に発表された「エラントラ悦動」（排気量1.6L）は，中国市場のために中国人の好みに合わせて設計し，ホイール・ベースを多少伸ばし，車体を拡大し，ボディタイプも一新した。販売価格を外資系他社の同型車より大幅に安い9.98万元に設定し，高いコスト・パフォーマンスで人気車種になり，2009年には中国市場のセダン販売量で上位4位に入った。

日産自動車は派手好きの中国人が好む，立派に見えるような高級感を内外装で出すように意識している。また，自分の車に友だちを乗せて自慢したい中国ユーザーの特徴に合わせて，小型車「ティーダ」や小型セダンの「シルフィ」も後部座席が広々としており，排気量が小さくても外見は大きく見えるように設計し，中国で大ヒットしている。販路も上海や広州など沿海部の大都市だけではなく，2級都市3級都市と呼ばれる地方都市で出店を加速している。

パナソニックはアジアなど新興国市場向け専用家電の開発・販売に乗り出し，2012年度までに，現地の生活様式や商習慣に合わせて機能を絞り込んだ家電20品目以上を相次ぎ投入している。中間所得層の急増に対応し，価格を既存商品に比べ2〜5割程度安くした普及価格帯商品で攻勢をかける。中国では杭州のR&Dセンターと上海の生活総合研究センター，営業部により，市場調査専任のローカルスタッフを組織化し，中国人ユーザー（例えば主婦）の目線に立った現地家庭の市場調査や商品企画の提案を実施している。ソニーや東芝などほかの電機大手もアジア新興国で事業拡大を急いでおり，日米欧向け商品を軸に世界市場を開拓してきた従来戦略の転換が進んでいる。

3　中間層の下位層（続富裕層）市場への戦略対応

中間層の下位層には家電や自動車など日本商品に対する知識の少ない者が多

く，平均収入は中間層の上位層より低いので，求める商品の価格帯も上位層より低いと考えられる。すなわち，中間層の下位層消費者は性能も重視するが，価格を最重要視した購入になりがちだといえる。日本企業は中国など新興国市場を開拓する時に，製品の価格が高すぎる，製品の良さが理解されない，製品の仕様が現地のニーズからずれていると，しばしば指摘される。それゆえに，この層の顧客に求められる「適正品質（機能）」に基づき，低価格製品を開発することが必要である。

　韓国系企業のサムスン電子（携帯電話事業）は「品質はメーカー側が単独で決めるものではなく，顧客が選ぶもの」という考え方に立つ。グローバルに展開しているため，機能や品質のレベルをその国や地域の所得水準に合わせて変えている。そのため，同じスペックでも用いる部品を変えている。所得の高い市場には価格の高い部品を使い，所得の低い市場には安い部品を使う。フィンランド企業のノキアも中国やインドのような市場では低価格モデルで中国企業に対抗している。対抗策として，現地の製品開発センターを強化し，機能の絞り込みと品質設定を進めさせた。

　花王は2013年から中国で日本の市価より2～3割安い紙おむつや衣料用洗剤を順次発売した。紙おむつは先行する外資系メーカーの商品価格と同じ水準を目安に設定している。衣料用洗剤，生理用品は提携した上海家化連合公司の販売網を使い，中間所得層が急拡大する内陸部の開拓を急ぐ。資生堂も中国で人気の高い普及価格帯の化粧品を東南アジアに広げる。そのため，日本向け商品の供給拠点だったベトナム工場に新たに生産ラインを導入した。タイを手始めにマレーシアやシンガポールに販路を広げ，現地生産を拡大して成長市場を本格的に開拓している。

　今までの日本企業の製品は，ほとんどがグローバルモデルであった。日本でも，アメリカでも，ヨーロッパでも，中国でも，共通に売れるモデルであった。しかし，それでは新興国中間層市場で売れないため，新興国専用，特にその中間層専用モデルを開発しなければならない。開発費はかかるが，新興国モデルがレファレンス（参考）になり，少し変更してグローバルモデルになることもありうる。大手のメーカーが相次いで新興国に出て，そちらで開発を展開して

おり，それを供給する部品の新興国モデルもレファレンスになるだろう。

　さらに，用品や食品のアジア市場が拡大する中，BOP（ベース・オブ・ピラミッド）と呼ばれる低所得者層を取り込んだ日本企業は，着実に成長を続けている。商品・ブランドの認知度を高め，将来の中間所得者層をつかむための土台を作り上げており，今後もアジアでの勝ち組の成長投資は続きそうだ。野村総合研究所によると，年間所得が日本円換算で43万円未満のBOP層は2010年で約41億人で，市場規模は4.3兆ドル（344兆円）と推計されている。今後はBOP層の所得が上昇し，30年には中間所得者層の6割を占めると試算している。

　マンダムは主力ブランド「ギャツビー」をインドネシアで販売し，整髪料シェア7〜8割をもつ。3〜6グラム程度の小容量商品をそろえるなど現地の消費者に合わせた販売方式が受けた。2012年3月にはインドに販売子会社も設立した。味の素は日本では75グラム入りの瓶が中心のうま味調味料「味の素」を，インドネシアでは1袋0.9グラム入りに小分けをして販売している。価格も50ルピア（0.42円）に設定した。約1700人の営業担当者を配置し，細かく張り巡らせた販売網で市場を開拓する。ほかの東南アジア諸国でも「小分け・低価格」でシェアを伸ばす。ヤクルト本社はアジアで約2万7000人の訪問販売員「ヤクルトレディ」による販売網を構築している。着実に販売量を増やし，インドネシアや中国で増産投資を続けている。

3　ローカル企業と人材への再認識

1　ローカル企業との提携

　韓国，台湾，中国企業は日本など先進国企業のハイエンド製品と直接に競争することを避けるため，長年アジア新興国のローエンド市場を開拓し，そのビジネスノウハウを蓄積してきた。そのため日本企業が中間層市場向けのローコスト製品を開発・販売する時に，韓国企業，台湾企業，中国のローカル企業と組むことは1つの近道になりうる。ちなみに，GM，VWなど欧米の自動車メーカーは以前からも積極的に中国ローカルメーカーと組んで製品開発，部品現地調達を展開していた。

第5章　アジア新興国の市場変化と開拓戦略

　ホンダが2000年以降，ベトナムやインドネシアのオートバイ市場で，安い中国製品に対抗して失ったシェアを奪回した1つの重要な要因は，現地の部品調達である。ローコストモデルのラインを強化するために，最初に中国製部品を搭載した。中国合弁相手の新大洲(シンダイジュー)は中国メーカーの互換性流通部品をサーチし，こちらの品質基準に照合させて，使えるものから採用した。さらに，コスト競争力の確立に貢献したのは，域内での部品現地調達化である。部品メーカーの進出も進み，2003年頃にはタイ内での現地調達率は96.8％に及び，ASEAN域内の部品相互補完も進んだ。

　ダイキンは2008年に中国エアコン大手の格力(グーリー)との技術提携で，合弁企業を設立し，格力を機械，部品や原材料のコスト削減を学習する窓口とした。また，中国のデバイス市場でも，それまでノンインバーターに集中していた部品メーカーがインバーターにシフトするようになり，安価で良質な部品が確保できるという効果も生まれた。中国市場において，ダイキンは中間層消費市場の拡大や内陸地域経済の高成長といった新しい変化に対応し，強いコスト競争力の獲得に力を入れてきたのである。

　トヨタ自動車は2011年10月，家庭用電源で充電できるプラグインハイブリッド車（PHV）など次世代エコカーの基幹部品の中国生産に向け，現地部品メーカーなどとの共同開発に乗り出した。同社は中国の江蘇省常熟市に海外初のハイブリッド車（HV）研究開発拠点である「トヨタ自動車研究開発センター」を2013年11月に完成させた。中国市場で2015年に販売を始める計画の「カローラ」など向けに，部品などの現地調達率を50％以上に高めるHV技術の開発を進めている。

2　産業財の新興国ニーズ対応

　2008年の金融危機後，日本の製造業は「完成品の欧米向け輸出モデル」から「産業財のアジア向け輸出」に転換している（図5-3参照）。従来，最大の輸出先であるアメリカへの輸出品は現在でも自動車など耐久消費財が30％強を占めている。一方，東アジア全体への輸出は，資本財と工業用原料といった産業財が約85％を占めている。中国は，今や産業財の大きな市場となっている。例え

第Ⅰ部　アジアの経済復興と市場変化

工作機械の国内・アジア受注動向
(億円)

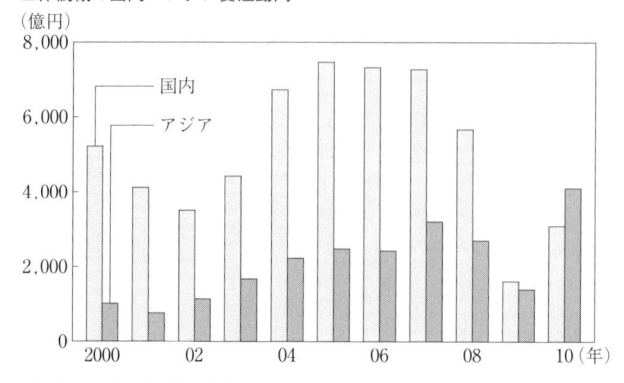

(出所)　日本工作機械工業会。

日本の東アジア向け機械輸出

	部品・中間財		完成品		うち自動車	
2007年	100	(55%)	100	(22)	100	(7)
08	107	(56)	112	(23)	131	(8)
09	89	(59)	86	(28)	101	(12)
10	126	(62)	127	(30)	165	(14)
11	130	(60)	136	(31)	171	(14)

図5-3　産業財のアジア向け輸出

(注)　名目値(ドル)ベースの金額について，2007年を100として指数化。カッコ内は全輸出に占める比率。
(出所)　(上)『日本経済新聞』2011年9月10日付，(下)同2013年3月5日「経済教室」安藤光代「東アジア生産網，成長の鍵」を基に作成。

ば，通信用の光ファイバーでは世界の約半分，工作機械では世界の約3割の市場である。日本の産業財を中国に輸出して，その機械設備は中国国内で使われ，その工業用原料は完成品になって中国市場で販売されるのが主流になっている。

一方，デルファイやボッシュなど欧米系自動車部品メーカーは中国民族系企業への販売に注力している。工作機械で世界最大手のギルデマイスター(DMG)も中国向け低価格モデルを新たに開発して，現地生産で中国企業に売り込んでいる。また，電子部品分野では，これまで日本企業の輸出先だった韓国系企業が急速に競争力を強化して，台湾・中国企業への販売を強化しつつあ

る。

　国際ロボット連盟（IFR）によれば，2013年に中国は全世界の5分の1の産業ロボットを購入し，購入量が前年より60％増加し，初めて日本を超えて，産業ロボットの世界最大の買い手になっている。それにもかかわらず，2012年現在1万人あたりでは，韓国は396台，日本は332台の割合で産業ロボットを持っているのに対して，中国は23台でしかないので，中国ロボット市場の成長潜在力は依然として大きい。旺盛な需要を背景に，産業用ロボットの海外メーカーも中国市場の開拓を加速している。このうち日本のメーカー6社が中国ロボット市場で半数の販売シェアを占めており，優勢が目立つ。

　実は日本メーカーも長年中国メーカーに家電や自動車の基幹部品を供給していた。例えば，パナソニック，日立，東芝は中国のテレビメーカーにブラウン管を供給し，ダイキン，パナソニック，三洋，三菱電機，東芝は中国のエアコンメーカーにロータリー・コンプレッサーを供給し，三菱自動車，トヨタは中国の自動車メーカーにエンジンを供給していた。川重やKYBの建機向け機器の売上高の5割強を中国向けが占める。

　溶接機器大手，ミヤチテクノスの上海市郊外にある工場で，充電池製造などに使うレーザー溶接機の中国専用モデルの生産が2011年末に始まった。光源に使う結晶などは現地調達し，価格を日本で開発した製品の半分にした。安くて一定の品質でよいという中国企業に売り込む。プラント配管などの接続部に挟み込んで液体の漏れを防ぐゴム製パッキン大手，日本バルカー工業は，日本で開発した製品が必ずしも中国で通用しないことに気付いた。中国の配管は接続面が日本のように滑らかでなく，日本のパッキンでは液体が漏れかねないため，現地開発の必要性を痛感したという。このように，産業財を相手先ニーズに対応させる重要性が明らかになっている。

3　人材の現地化と賃金コスト上昇への対応

　アジア市場の分析する上で，人件費上昇についても言及する必要がある。2010年から広東省など中国各地で吹き荒れた賃上げ要求デモは，連鎖的にアジア各国に広がった。ベトナム進出企業の幹部は「賃金上昇の終わりが見えな

> > Column < <

中間層

　中間層の定義と規模についてはさまざまな見方がある。経済産業省は年収が3000ドル以上の人を「中間層」と定義した。中間層とは，経済発展にともなう社会環境の変化の中で，社会的な地位や財産を得た層であり，都市生活の中で「充実した生活」を求める層とも考えられる。この層の購買力は，食品，家庭用品からIT関連，自動車業界まで，あらゆる分野で期待されている。中間層の人々は，自分たちが得た富や社会的地位を子どもたちに受け継がせたいという願望が強く，それを実現する第一歩として，教育が重大な関心事となっている。

　そうした中，経済産業省が2012年3月中旬に公表した調査結果によると，アジアなどの新興15カ国で今後20年間に消費の牽引役となる「中間層」は3倍以上増加する見通しである。また，これらの国の中間層の中でも，特に消費力の高い層と見られる「上位中間層」（世帯年収1万5000米ドル以上，3万5000米ドル未満）は，2010年の約2.5億人から2020年には約7.7億人に増えると試算されている。その上で，経済産業省は，これらの新興国で中間層が急激に増える時期は日本でいえば1960～70年代に相当すると指摘し，洗濯機や冷蔵庫，テレビなど耐久消費財が普及するほか，衣料や教育，医療への支出も増えるとしている。こうしたことは，新興国の中間層の拡大が，新興国の成長のみならず，さまざまな面で大きな意味をもつことを示していると見られる。

い」と嘆く。インドネシアでも公定最低賃金は過去10年で毎年6～39％上昇した。カンボジアやバングラデシュでも賃上げ率はすでに年10％前後に達する。低賃金に甘んじてきた労働者がよりよい生活を求め，賃上げや待遇改善を求める構図は各国に共通している。

　中国の平均賃金は過去5年で2倍に上昇し，現地の日本企業の収益を押し下げている。日本経済新聞社がまとめた「中国進出日本企業アンケート」によると，2011年度に，前年度比2桁賃上げした企業は8割に上り，中国事業の利益見込みが10％以上減る企業は2割近くに達した。中国現地法人で中国人社員の幹部登用がどの程度進んでいるかを聞いたところ，最上位ポストの「社長」以上が3割を超えた。「部長」以上まで広げると9割近い。採用・育成策では

「日本での研修」が88％と最も多く，日本本社で採用し駐在員として中国現地法人へ派遣する企業も5割を超えた。

　中国の内需は今後も拡大が見込めるため，日本企業は人員削減ではなく工場の自動化投資や現場の生産効率の引き上げでコスト削減を急ぐ。世界生産の4分の1を中国でつくる日産自動車は，広州市の主力工場で溶接ラインの専用ロボットを増やし，機械化した工程数の比率を示す自動化率を現在の3割弱から5割程度に高める。2011年12月に計画を4カ月繰り上げて稼働した第2工場には最新の塗装設備を導入して省人化を進める。電子部品では中国に18カ所の工場を持つTDKが，世界最大の海外子会社である中国のアモイにある電子部品工場で，コイルを巻く工程に専用機械を導入し，自動化率を約7割にした。世界生産の25％を中国でつくるファスナー大手のYKKは，工場に自動搬送ラインの導入を進めながら，上海に技術研修施設を設立し，工場従業員の技能を高めて生産効率を引き上げている。同社は2013年11月に中国新工場「深圳第2工場」の工事が完了し，最新鋭押出プレス機の導入をはじめ，製造技術力の向上，コスト競争力のある生産ラインを実現している。

　これまで，日本企業の中国展開は，設計や複雑な工程は日本，生産，特に簡単な組立は中国，という単純な色分けになっていることが多かった。その前提は，中国では離職率が高い，チームワークで動ける設計者や作業者を確保できない，といった固定観念であった。しかし，中国の都市化によって雇用の（出稼ぎ労働者から）長期安定化が見込まれ，多能工養成や技術集約型部門の移転条件が整ってきた。また，中国の中には，産業平均定着率の比較的よい地域がある。こうした地域は，賃金水準に対して低い離職率，豊富な設計技術者の供給など，インテグラル製品（部品段階から調整・最適設計を行う製品）に適した労働環境が存在する。日本企業は，こうした地域では，従来考えられていた日中生産・設計分業とは異なる形での企業内国際分業体制を構築することができる。

　一方，アジア・中国市場開拓で先行している韓国や台湾企業・欧米企業から，日本企業が学ぶべきことは多々ある，ということもまた事実である。

[推薦図書]

Christensen, C. (1997), *The Innovator's Dilemma*, HBS Press（玉田俊平太監修・伊豆原弓訳，2001，『イノベーションのジレンマ』翔泳社）。
　　破壊的イノベーションとは何か？　業界を支配する巨大企業が，その優れた企業戦略ゆえに滅んでいく構造を，さまざまな事例を通じ分析している。

陳晋・守政毅編著（2012）『中国市場ビジネス戦略』信山社。
　　成長しつつ，生産市場から消費市場へ変化していく中国市場における地方企業や内外の自動車，機械，IT 企業の戦略を解読している。

第Ⅱ部

アジアの産業発展と企業成長

第6章

日本的経営とグローバル化

　本章では，日本的経営の形成，その特徴およびグローバル化の適応問題を説明する。まず，戦後の日本経済成長における日本企業の技術進歩，および日本的経営と日本的産業組織の形成を概観する。続いて，日本型生産システムの確立と海外移転について説明する。さらに，日本企業のガバナンス制度と日本的雇用制度の特徴，そのグローバル化問題を考察する。最後に，日本的企業間の取引慣行とその変革を述べ，海外進出における企業対応の格差を解明していく。

　Keywords：日本的経営，多品種少量生産，トヨタ生産方式，長期雇用，年功序列，企業別組合，株式持ち合い，中間組織，長期的な取引，多能工

1　経済成長と日本的経営の形成

1　戦後の経済成長

　日本経済は，1950年代半ばから1970年代初頭にかけて，世界史に類例を見ない高度成長をとげた。実質 GNP は1955～70年の15年間に年率10％強の成長をとげ，経済規模は4.4倍に拡大した。日本の主要産業が1960年代半ば頃から国際競争力を成長させることができた背景には，貿易自由化や資本自由化の進展という事情が存在していた。これに加え，日本国内では外国商品流入や外国資本投資の脅威にもとづく労使一体となった企業努力が行われ，その結果日本の労働生産性は欧米先進諸国のそれを凌ぐ勢いで上昇し，日本企業の国際競争力は強化されたのである。

　高度経済成長期を通じて，国民の生活水準も向上した。個人消費支出中の食

料費の構成比は縮小し,「三種の神器」(白黒テレビ,電気冷蔵庫,電気洗濯機)や「3C」(カラーテレビ,クーラー,乗用車)などの耐久消費財に対する支出が著しく増大した。軍需を喪失した戦後の日本の重化学工業にとって,個人消費支出の拡大は,経済成長を支えた重要な市場条件であった。

　1973年石油ショック以降の日本の経済成長率は,その以前の時期に比べれば絶対的に低下したものの,欧米先進諸国と比べれば相変わらず高い水準であった。この安定成長を遂げることができたのは,良好な労使関係に支えられた日本の企業が長期的な視野に立つ経営戦略を展開し,省エネルギーなどの市場のニーズに合致した製品の開発,生産工程の徹底的な効率化や高度化などで成果をあげたからである。これを裏付けるように,競争力を強めた日本企業に対する国際的な関心は,むしろ石油ショック後の時期に急速に高まっている。

　石油ショック後に急成長をとげた電気機械,輸送機械,一般機械などの組立加工産業は,小型乗用車,小型機械などのエネルギー消費の少ない製品の開発,エネルギー・コストの上昇を最小限に抑える工程の改善などを着々と進め,国際競争力を強化し輸出拡大の中核を担った。しかし,海外市場で日本製品のシェアが高まるにつれて日本の貿易収支の黒字幅は大幅に拡大し,欧米諸国との間で貿易摩擦が顕在化するようになった。そこで日本企業は,貿易摩擦回避を目的とした海外直接投資に踏み切り始めた。

2 日本的経営の確立

　日本企業が,資本主義のシステムのもとで活動していることは間違いない。しかし日本においては,株式会社の最終決議機関であるはずの株式総会は,多くの場合形骸化している。形の上では株主の代表として株主総会で選び出される取締役についても,企業の従業員からの選出がほとんどで,その人選も事実上現在の経営陣が行っている。また日本企業では階層的な組織が形づくられ,経営者は「従業員の代表」ではなくなっている。さらに日本企業は,雇用を増大させ企業成長を図ることに対して,極めて積極的である。これらの点が海外で見られる資本主義社会の企業の形と異なっている。

　また,現代の日本企業の特質(労使に一体感があること)を反映して,長期雇

用，年功制，企業別組合という労使関係に関わる3つの要素を，「日本的経営」の「三種の神器」（⇨本章第3節 [2]「日本的経営の三種の神器」参照）と呼ぶことが多い。しかし，歴史的には，これらの3要素が出そろうことは，直ちに協調的な労使関係が主流になることを意味しなかった。高度経済成長期を迎える頃には，日本の大企業では長期雇用，年功制，企業別組合がすでに定着しつつあったが，協調的な労使関係の成立が明確になったのは，石油ショック以降の安定成長期のことであった。

国際的に見ても異例な戦後の日本経済の成長ぶりが注目されるのは，他国と共通の「専門経営者による制覇」という要因よりは，他国と異なる「株主短期利益」の防止という要因である。そして，この「株主短期利益」の防止を可能にしたのは，ほかならぬ株式相互持合いによる株主安定化であった。戦後の日本企業は，専門経営者が支配する経営者企業になっただけでなく，株式持合いによる株主安定化を通じて「株主短期利益」を封じ込みえたからこそ，相対的な高成長を実現することができたのである（⇨本章第3節 [1]「日本的企業ガバナンス」参照）。

戦後の日本の資本家は，財閥家族と非財閥・共同出資型株式会社のいくつかで重役を兼任していた資本家たちが脱落し，専門経営者から成り上がった資本家と中小の家業を長年かかって大企業に仕立て上げた資本家経営者の2種類から成り立っていた。松下幸之助や本田宗一郎のような多数の資本家経営者は，戦後日本の経済成長の過程で極めて重要な役割を果たした。いずれにしても，戦後の日本では，経営者企業（大企業）と資本家企業（中小企業）の双方で，成長志向型の意思決定が幅広く行われたのである。

[3] 企業グループと中間組織の形成

今日の日本の大企業の大半が，中核会社の周辺に多数の関係会社を擁する企業グループの形態をとっている。日本の主要企業の関係会社数は，高度経済成長期から安定成長期にかけて急増した。日本企業が分社設立などによって関係会社を増大させたのは，それが事業間の成長競争や新分野進出，海外進出などに適合的な形態であり，労務管理上もメリットがあった（労賃コストの節約，新

ポストの創出,余剰人員の吸収など)からであろう。日本企業の企業グループ化は著しい成長を促進するものでもあり,その所産でもあった。

　日本市場の2つの大きな特徴は,企業と企業の間に長期的な取引が幅広く定着していることと,市場と組織の中間領域である中間組織(⇨本章第4節「取引慣行と海外移植」参照)が発達していることである。長期的な取引を行っている企業と企業との関係はそれ自体を中間組織と見なすことができるが,その事例としては下請関係や流通系列をあげることができる。現代の日本においては,企業と企業の間で,長期相対取引が頻繁に行われている。長期相対取引の成立条件は,取引関係にある企業間に相互信頼があるということになる(⇨本章第4節 ① 「企業間の取引慣行」参照)。

　下請関係の合理化促進機能が最も典型的な形で発揮されたのは,自動車産業における組立メーカーと部品メーカーとの関係においてであった。トヨタ自動車の場合,同社と部品メーカーとの間の階層的な企業間関係が確立したのは1970年代初頭のことだといわれている。一方,資生堂や花王石鹸,松下電器(現,パナソニック)などが主導したメーカーによる流通系列化は,高度経済成長期を通じて進展した。ただし,スーパーなど小売業の抵抗などもあって,メーカー主導の流通系列化は限られた範囲内にとどまった。

　日本では,事業会社と銀行との間でも資金をめぐる長期相対取引が広く普及している。特定の事業会社に対する融資額第1位銀行があまり変動せず,各々の事業会社にメインバンクが存在する。高度経済成長期には,旺盛な資金需要を反映して日本企業の借入金依存度はいっそう高まり,自己資本比率はさらに低下した。事業会社にとって,メインバンクが存在することは,大口で安定的な資金供給源の確保という点で大きな意味をもつ。また,対外的な信用力を高め,さまざまな取引の場で有利な作用をもたらす。

2　日本型生産システムの確立と海外移転

① 技術革新と技術開発

　日本経済の高度成長は,技術革新の過程でもある。まず,生産設備の大型化,

オートメーション化の進展，材料革命の進行，新商品の相次ぐ登場，などを主要な内容とする技術革新のうねりが生じた。石油ショック以降，日本で生じた技術革新の特徴は，コンピュータを中心とする情報・通信技術の発達をふまえた情報化とマイクロエレクトロニクス（ME）化の進展に求めることができる。機械の知能化を進めるともいえる ME 技術の登場は，かつての産業革命における蒸気機関の出現に匹敵するような技術革新をもたらすことになる。

　高度経済成長期以降活発化した日本の技術導入も，当初は模倣的受容から出発しながら，やがて創造的消化へと変化していった。その際，日本企業が特に力を入れたのは，現場の工程技術を重視しながら，効率的な多品種少量生産を可能にする生産システムをつくり上げることであった。日本企業が多品種少量生産を重視したのは，戦後の初期には市場の拡大に限界があると見込まれていたこと，早い時期から市場のニーズが多様化したこと，厳しい企業間競争のもとで製品の差別化や多様化の必要に迫られたこと，などによるものであった。

　多品種少量生産を重視する日本の企業は，やがて量産効果を第一義的に追求するアメリカの企業とは異なる生産システムをつくり出すようになった。その代表的事例としては，「フォード・システム」に代わって登場した「トヨタ生産方式」（⇨本章 Column「トヨタ生産方式」参照）である。

　戦後の日本企業は，応用技術の開発という点で大きな成果をあげた。この高い技術開発力は，日本企業の企業内システムや企業間システムと密接に関連している。技術開発を促進する日本企業の企業内システムとしては，長期的な視点からの経営目標の設定，水平的で柔軟な組織構造，長期雇用・企業内部門間移動・内部昇進制などの雇用慣行が重要な意味をもつ。技術開発を促進する日本企業の企業間システムとしては，長期的な取引関係，複数の企業の共同研究開発などがあり，これらシステムが複合的に機能することで技術開発力が維持されてきたのである。

２　日本型生産システムの確立

　1980年代に入ると，支配的だったアメリカ型大量生産システムの硬直性が問題視されるようになる。それは，石油ショック後に明確になった需要の変化や

技術革新に対して，この生産システムでは十分な対応力をもたないことがわかったためである。欧米先進国では，大量生産システムに取って代わるような，時代に適合する新しい生産システムとは何かを模索する動きが広がった。

そうした中で，時代に適合する1つの生産システムとして世界的な注目を集めたのが，日本の製造業における生産システムだった。その背景には，70年代後半から80年代，特に石油ショック以降の経済において，日本の貿易黒字が拡大するなど日本経済の強さが認識されるようになったことがある。それは自動車，家電などの加工組立製造業を中心に国際競争力が高まり，多くの製品が輸出されたためである。こうした加工組立産業の強さを支える源である，日本の製造業における生産システムへの関心が高まっていった。

特にジャストインタイム（⇨本章のColumn「トヨタ生産方式」参照），カンバン方式，TQC（Total Quality Control，全社的品質管理），カイゼン，多能工（1人の作業者が複数の工程の作業をこなせるようにトレーニングすること）などに焦点があてられ，分析が進んだ。日本型生産システムは，アメリカ型の見込み生産にもとづく単純な大量生産ではなく，需要動向に合わせたフレキシブルな多品種少量生産である。部品調達はアメリカ型の大ロットではなく，必要な時に必要な分だけ小ロットで行われる。労働組織も単能工主体の固定化した組織ではなく，現場の労働者が複数の持ち場に柔軟に対応し，さらに品質向上のための問題発見や解決などを行うことができる。本来技術者が担う仕事においても現場の労働者が重要な役割を担える，多能工主体の組織になっている。こうした仕組みは，競争力向上のために意図して構築されたものではなく，当時の社会的条件が必要としていたものであった。市場が急成長する一方，労働力，設備などの経営資源が不足するという供給制約があったため，効率的な仕組みをつくらざるをえなかったのである。

日本型生産システムの特徴の一つとして，機械，ロボット，ベルトコンベヤーなど生産設備が，自社開発・自社製作である，ということがあげられる。各社の独自の生産技術や生産ノウハウを具現化した生産設備が，競争力の重要な源泉になることからこのような特徴が生まれた。また，日本企業の生産管理の特徴の一つに，小さな改善の積み重ねがある。作業者，管理者，工場の技術者

は持ち場の仕事について考え，情報を共有し，改善案を提案し実行していく。その上，日本企業の工場はよく整理整頓されており，クリーンである。このような環境整備も効率化を進める要因となった。

3　日本型生産システムの海外移転

　海外生産を行う日本企業の優位性は，大きくいえば製品の優位性と生産方式の優位性の2つに分かれる。製品の優位性では，まず，小型・軽量で省エネルギーという日本の地域特性に即した製品が開発されたことである。70年代以降にエネルギーと環境問題が浮上する中で，欧米先進国においてもこうした製品が消費者に好まれるようになった。次に，生産や開発の現場で長期間をかけて改良を重ね，電子部品においては他の国では生産できないような製品も見られるようになった。

　生産方式の優位性とは，モノづくりの巧みさである。徹底した品質管理，高い生産効率，1つの工場や1本のラインで多種類の製品を生産する生産管理，トヨタのカンバン方式やジャストインタイムに代表される部品や素材の在庫管理，設備の保守管理などを総合した能力のことである。また，開発期間の短縮と開発費の削減も日本企業の競争力を高める要因となった。これは，企業内のさまざまな部門や部品サプライヤーが，製品開発の初期段階から参加する方式によって達成されたものである。

　日本企業の海外生産子会社は，モノづくりの面ではなかなか良好な成果をあげている。日本企業のアメリカやヨーロッパの子会社およびアジアにおける輸出工場は，日本国内とほとんど変わらない品質の製品を製造することに成功している。また，多くの海外の子会社は，日本の親工場には劣るものの現地のライバルたちを上回る生産性を実現している。その背景には，日本的生産方式の海外移転がある。日本企業の海外向上は，TQCやTPM（Total Productive Maintenance，全社的設備管理手法）をはじめとする，さまざまな品質管理，設備管理，在庫管理に関する仕組みや工夫を導入しているのである。

　日本企業の内外におけるモノづくりの成功例を見て，外国企業の中にも日本方式を積極的に習得しようとする企業が多数現れてきた。「カンバン」や「カ

イゼン」といった日本語をそのまま使いながら，日本的生産方式を実践している企業も多い。

3　日本的経営とグローバル化

1　日本的企業ガバナンス

　日本の企業，特に大企業では，企業同士がお互いの株式を持ち合う比率が非常に高い。旧財閥の企業グループの内部では企業間の株式の持合が行われており，企業グループを超えた株式の持合も行われている。こうした株式の持合は，安定株主をつくり乗っ取りを防ぐという目的と，企業間の長期的取引における友好関係のシンボルという2つの意味をもっている。いずれの理由にせよ，株主としての権利（利益分配請求権や経営者の選任権）を行使する意味の薄い株式保有理由である。

　また，本来は株主の代表として選ばれるはずの取締役についても企業の従業員からの選出がほとんどで，その人選も現在の経営陣が行っている。現状，株主総会が短時間で終わらなければ話題になるほどである。企業が，こうした関係を株主との間につくろうとしていることは，日本企業の「所有」についての感覚がどのようなものかを物語っている。企業は株主のものだと思われておらず，実は企業にコミットして長期に働いている人々のものだと，常識的に思われているのである。

　日本の企業に働く人々が企業に大きなコミットメントをしていることを考え，かつ日本の株主構成が上に述べたようなものであることを考えると，日本企業の「所有」感覚はやはり「働く人のもの」であって，「資本金」というカネを出した人のものではないようである。それどころか，日本的経営の倫理の中には，企業という組織体を誰かに所有されたものであるという感覚は乏しいものと考えることができる。企業は誰のものでもなく，社会の公器だという考え方が根強いようだ。

　取締役に代わって，日本では多様な集団が経営者に対して牽制を行っている。まず銀行，特にメインバンクおよび生命保険会社，株式の持合をしている企業

などの大株主である。また，労働組合は，経営者の任免権をもっているわけではないが，その争議権をもとに，経営者に圧力をかけることはできる。銀行や労働組合とならんで，取引先が経営者に牽制を加えることもある。一部の業界では，監督官庁が大きな影響力を行使している場合もある。マスコミを通じて形成される世論が影響を及ぼす場合もある。

しかし，円高の進行やIT革命で日本企業はグローバル化を迫られ，国際的なM&Aも大規模に行われており，役職員も多国籍化しようとしている。株価をより重視する外国人投資家の相場形成への影響力も高まっている。株式の相互持合，株主による経営監視が弱かった状況の中で，金融の自由化で大企業の銀行離れが生じ，メインバンクによるコーポレート・ガバナンスの力も弱まった。また，役員報酬の節減の狙いもあって取締役の人数を減らすとともに，経営の意思決定の迅速化を図るために，事業部門の長を執行役員として処遇する動きが出てきている。

2 日本的経営の三種の神器

日本の雇用制度の特徴は，終身雇用，年功序列制度，企業別労働組合の3つである。俗に日本的経営の三種の神器といわれる特徴である。

終身雇用とは，正規の従業員として採用された場合に，経営上の大きな困難や従業員の大きな不手際がないかぎり，定年まで雇用されるという慣行である。企業側に雇用継続を強いる制度であり，働く側にも，できる限り長い勤続が期待される制度である。終身雇用の制度を前提とすると，入社した人々を育成しよう，長期にわたってうまく活用しようという制度も出てくる。仕事にうまく適合しない人でも，できる限りうまく活用しようとする制度が生み出されてくる。逆に，人を使い捨てにしようという制度が現れにくくなる。

年功序列は，賃金と昇進という2つの側面に分けることができる。賃金の側面から見ると，年功序列は年齢（勤続年数）に応じて賃金が上っていくという慣行である。年功序列のもう1つの側面は，昇進に関わる制度である。日本でも，昇進に関しては実力や実績が考慮されることが多い。実力や実績が考慮される場合でも，同じ職場では年齢の逆転をできる限り避けようとしたり，仕事

の実質的権限は若くても実力のある人がもつように工夫しながら，しかし賃金や地位といった表面の制度では年功制を守ろうとする。

　日本の企業の多くでは，管理者を除く従業員は1つの組合に加盟する。このような組合制度は，企業別組合と呼ばれる。イギリスの職種別組合制度，アメリカの企業横断的な組合制度とは明らかに異なる。企業別労働組合は，仕事の種類に関係なく，企業を単位として労働者によって組織される。また，この組合が会社側と労働交渉をする主体となる。企業別組合の制度は，終身雇用の制度と密接に結びついている。社内での昇進という形で人事が行われる際，労働組合の幹部経験が人事移動のルートの1つになるケースも見られるからである。

　ただし，これら日本的雇用制度はいくつかの問題を生み出している。まず，従業員の自由が制約されるという問題である。人事に関して，希望がかなえられないという不満をもっている人も多い。また，雇用の安定という規範に制約されている日本の大企業は，雇用調整に時間がかかるという問題がある。特に，成熟企業では，中高年の従業員を大量に抱え込まなくてはならないために，高いコスト構造が生み出され，競争力が低下してしまう。さらに，経営システムの変化とそれにともなうミドルマネジメントの地位も変化している。この変化の背後には，情報技術の発展にともなう組織のフラット化と，リストラやリエンジニアリングの動きなど多様な原因が隠されている。

3　日本的雇用制度の海外移転問題

　日本企業の優位性とされる生産現場における柔軟な仕事の仕方を下支えする日本的な雇用制度慣行の多くは，海外拠点への移転が可能とされている。それらは，雇用の安定，積極的な教育訓練（On-the-Job Training, OJT，企業内で行われる企業内教育・教育訓練手法の1つ），多能工化，情報の共有（密接な社内コミュニケーション）といった人事慣行であり，これらの基盤となるのが，人材の内部化（内部育成・内部昇進），柔軟な職務観といった方針，人的資源の重視，平等主義（階層による処遇差をなるべく小さくする）という理念である。これらは，現地従業員のキャリアや職務満足の観点からも受け入れられやすい傾向にある。

　これとは逆に，海外のホワイトカラーや経営幹部人材のマネジメントは，日

本企業にとって1番の課題となっている。生産現場では有効な内部育成・内部昇進，そして結果的に生じる欧米企業よりも遅い昇進が，アジアでも欧米でもホワイトカラーから敬遠されているのである。また，日本企業ではホワイトカラーも比較的幅広い専門性を習得する「ゼネラリスト」志向であるのに対し，海外のエリート人材が専門職能を重視する「スペシャリスト」志向であることも障壁の1つとなっている。

このように日本的雇用のもつ制度的な特徴が，海外ホワイトカラー人材のキャリアの志向性と相容れない状況は，日本企業の側からすると，外国人はせっかく時間とお金をかけて育成してもすぐに辞めてしまうということになり，日本企業が本国志向を脱して世界志向の人材活用に移行する最大のネックとなっている。

一方，各国の優秀な技術者や研究者を採用するためには，金銭的な報酬を国際レベルに引き上げる必要がある。優秀な人には，昇給と昇進のペースも速める必要がある。昇給と昇進に長い年数がかかる日本的方式は，現地の技術者や研究者に魅力的でない。中途採用の技術者や研究者が不利にならない人事政策が要求される。また，日本企業海外子会社の現地化は進行しているが，いっこうに進まないのが，社長，役員など経営幹部の現地化である。英語中心の国際経営を実現するためにも，海外子会社の経営幹部の現地化は必要である。

4　取引慣行と海外移植

1　企業間の取引慣行

日本には，独特の取引制度や取引慣行が存在している。海外でも知られるようになった系列あるいは長期継続取引がその典型である。自動車メーカーや電機メーカーは，協力企業といわれる企業と長期継続的な取引を行っている。メーカーの中には，卸や小売りを系列化しているところもある。銀行と一般企業との関係も同様である。メインバンクと事業会社との間に，長期継続的な取引が行われている。親会社と子会社という所有関係をもとに形成される企業グループ内部でも，長期継続的取引が行われている。

こうした継続的取引関係のもつ弱点は，ぬるま湯的な関係に堕する危険と，情報が硬直的あるいはその範囲が狭くなってしまう危険である。いわば，閉鎖的な，世間の狭い仲良し関係になってしまう危険である。その危険を避ける手段はやはりなんらかの競争メカニズムを組織的市場に導入することである。自由市場の場合，取引関係がこのような危険にさらされることがあまりないのは，多数の競争者が存在して緊張関係のもとに市場の競争を促進するからである。いわば見えざる手が競争を促している。

日本では，買い手にあたる企業の「見える手」による競争促進のメカニズムが働いている。例えば，部品の納入の際に買い手の企業が複数の（しかし少数の）企業に発注する慣行がある。取引停止の脅威の源泉と，比較の相手作りとが同時に行われている。あるいは，買い手が少数の発注先の技術や設備のレベルに細かく目を配り，製品の質やコストの情報を詳しく手に入れて比較することなども，一種の競争を促進するメカニズムである。買い手が競争を促進させるための比較，情報流通などを積極的に行うのである。

すなわち，日本的な特徴は，組織と市場という二者択一的な制度のほかに，組織的市場取引とも呼ぶべき中間組織が存在していることといえる。中間組織とは，組織的に完全統合されているわけではなく，といって完全な市場取引にゆだねられているわけではない，両者の中間的な性格をもった制度である。その長所として，第1は，情報の流通をスムーズにすることである。第2に，長期的な取引関係にある相手に対しては，相手をだますという行動は取りにくく，信頼関係を生むということである。第3に，長期的な関係のある取引相手との取引に関しては，短期的な損得を度外視して，より大きな算盤をはじくことができる。第4に，中間市場の取引関係は，組織的な上下関係ではなく対等の取引関係であるから，組織階層を通じて伝えるのが難しいような否定的情報を伝えることができる。この中間組織は，つかず離れずのビミョウな関係のうちに成り立っているものであり，「信頼性」に支えられたビジョンの共有から，ひとまとまりの「場」として機能することが最優先で求められるべきである。

2　取引制度の問題と改革

　組織的な市場に固有の問題点は，それに参加する取引の当事者たちの選択を限定してしまうことである。組織的市場は参入が難しいといわれるが，同時に退出を難しくするという性質をもっている。特に，組織的市場で力をもった取引当事者は，大きな社会的責任を負ってしまう。ほかの当事者も，組織的市場に適応してしまうとそこから抜け出ることが難しくなってしまう。そのために，組織的市場における取引が効率的ではないとわかっても，それを簡単に止めてしまうわけにはいかないのである。

　また，閉鎖的，抑制的になるという批判もある。閉鎖性とは，参入障壁としての系列取引といった表現に代表されるもので，中間組織での取引が従来の取引相手ばかりと行われ，新規参入が難しいという問題が生じる。それが非関税障壁となって，外国企業の日本市場への参入を不当に妨げていると非難につながる事柄である。抑圧性とは，系列取引などで取引の一方が他方に対して優越的な立場を利用して抑圧的にふるまい，しばしば「搾取」をする，といわれている現象を指す。「下請け泣かせ」という言葉がそれを象徴するのだろう。

　中間市場は，日本の社会が生み出した制度的な資産である。これを捨ててしまうよりは，それを有効に活用する工夫をしていくべきである。このような資産は自動車や電機などの産業だけでなく，これからの成長産業といわれる分野でも必要になってくる。中間組織の閉鎖性を改善し活用しやすくするために，この関係に入り込むことのできるパートナーをより拡大することが必要である。また，その抑圧性を解消するために，取引の当事者，とりわけ弱者が「ノー」をいえる仕組みをつくることが必要となってくる。

　組織を中間市場化へ変えていこうとする動きは，企業の内部にも見られる。企業の中で行われてきた事業を分社化するという動きであり，企業の中の取引関係をより開放的なものにしようとする動きである。このような組織の市場化は，2つの要素をもっている。1つは，巨大組織がもつ限界を克服しようとしたものであり，事業部門の分社化によって，組織の自律性を高めようとする動きである。もう1つは，外部の企業からの調達を可能にすることによって，企業内部の競争を促そうとする動きである。

第Ⅱ部　アジアの産業発展と企業成長

▶▶ Column ◀◀

トヨタ生産方式（Toyota Production System, TPS）
　第2次世界大戦以前のアメリカ自動車産業における生産方式（主にヘンリー・フォードが開発した生産方式）を研究し，豊田喜一郎らが提唱していた考えを大野耐一らが体系化したものである。その柱となるのが「7つのムダ」削減，ジャストインタイム生産システム，自働化である。
　「7つのムダ」は，①作り過ぎのムダ，②手待ちのムダ，③運搬のムダ，④加工そのもののムダ，⑤在庫のムダ，⑥動作のムダ，⑦不良をつくるムダ，である。
　ジャストインタイム生産システム（Just In Time: JIT）は，上記「7つのムダ」を排除し，極力在庫を持たず，経済効率を高めるための技術体系（生産技術）である。トヨタ生産方式の代表的な要素としてよく知られており，カンバン方式ともいわれる。「必要な物を，必要な時に，必要な量だけ生産する」こと，と説明されている。
　自働化は，「無駄の徹底的な排除」を実現するための方法の一例として，「自動化」・「機械化」の意味合いをもつ言葉である。無駄は排除しなければならないが，合理化を進めるあまりに従業員の人間性やインセンティブ（労働意欲）を無視してはならない。このことから，トヨタ自動車では自動化のことを自働化と呼んでいる。

3　グローバル化における企業組織の変化

　東アジア諸国の台頭にしたがって，海外からの安価な製品の流入，あるいは大手企業の海外への移転，取引先の選別の強化という厳しい経営環境の中で，中小製造業の多くは受注量の減少に直面し，経営の効率化を軸とした経営革新，時には縮小・閉鎖を強いられる状況に置かれた。仕事の多くが発注先の動向に左右される中小企業では，親企業からの要請に応じる形や，あるいは自社判断で追随する形で海外進出するケースが多く，特に90年代以降，大企業の海外生産へのシフトがますます進展する中で，このような海外進出が増えている。
　日本企業の海外進出戦略は輸出型から現地生産型に転換し，海外現地生産の主戦場も欧米から東アジア諸国，とりわけ中国とASEANに移転している。自動車産業を見れば，東アジア地域では日本自動車企業主導型の重層的な生産ネットワーク，すなわち完成車企業，1次サプライヤー，2次以下のサプライ

ヤーの生産拠点が日本，中国，ASEAN 諸国で国境と企業の境界を超えた2次元で日本型の生産ネットワークが形成されている。

しかし，東アジアでは機能別移転と不完全移転の現象も並存している。現在，東アジア域内では生産機能の棲み分け，販売機能の現地移転，開発機能と調達機能の日本依存というパターンが形成されている。多くの2次以下のサプライヤーは企業規模と経営資源面の制限で中国と ASEAN への進出ができず，完成車企業と1次サプライヤー，一部2次サプライヤーは現地進出しているが，多くの2次と3次以下のサプライヤーは日本国内から中国と ASEAN の生産拠点に部材を供給する構造，つまり日本型サプライヤー・システムの不完全移転という現象も現れている。

近年，中国やインドをはじめとする新興国では，小型の低価格車に対するニーズが拡大中である。日本の完成車メーカーにとって，新興国の市場規模はもはや軽視できない規模になりつつあり，各社が新興国向け低価格車を開発し，市場投入を進めている。低価格車を投入するために，これまで以上に低コストで生産可能な体制を構築し，国際競争に対応しなければならない。そのため，中小の部品メーカーは，生産拠点の海外展開を検討せざるをえず，東日本大震災とその後の急激な円高の進展がそうした動きを加速させている。

[推薦図書]
浅沼萬里（1997）『日本の企業組織革新的適応のメカニズム』東洋経済新報社。
　　製造業に従事する企業が本来の業務を遂行する上で自社の内部に展開する組織，および他の諸企業との間に作り出す関係を解明している。
今井賢一（2008）『創造的破壊とは何か　日本産業の再挑戦』東洋経済新報社。
　　再挑戦，すなわち創造的破壊によって日本産業が「変化」していくには，どのような道筋がありうるかを論じている。
金森久雄・大守隆編（2013）『日本経済読本』（第19版）東洋経済新報社。
　　財政の大幅赤字，TPP，世界金融危機，消費税増税，伝統的企業の競争力低下，東日本の大震災と原発事故などを中心に記述している。

第7章

日本企業のアジア進出

　本章では，戦後から今日まで日本企業がアジアに進出する経緯と行動を記述するものである。具体的に，1945年の敗戦，1985年のプラザ合意，1997年のアジア通貨危機と2008年の世界金融危機をきっかけとする，各時期の日本企業アジア市場進出の背景と過程，戦略展開を考察し，アジア市場進出の課題を分析する。日本企業が製造業を中心にアジアへ展開した経営活動と競争戦略，特にアジア地域の工業化に日本企業はどのような役割を果たしたか，またそこにどのような経験と教訓があるかを説明する。

Keywords：賠償，借款，石油ショック，投資元年，円高，経営現地化，労働慣行，経営理念，反日暴動，溶け込む活動

1　戦後日本企業のアジア進出

1　戦後初期の南アジア進出

　戦前，日本企業は東アジアの朝鮮，台湾，「満州」（中国東北），中国本土，東南アジアといった植民地・占領地域に工場を設立し，企業活動を行ってきた。しかし，1945年8月の日本の敗戦を契機に日本人はいっせいに本国へ引き上げ，植民地や占領地につくられた工場は，後に所在国の管理下に移されることになった。その後，1950年に勃発した朝鮮戦争によって「朝鮮特需ブーム」が引き起こされ，国連軍の車両修理から軍服，トラック，有刺鉄線，セメントの調達にまで及び，低迷していた日本産業の景気は好況へと押し上げられることとなった。

　日本企業のアジアでの活動が再び開始されるのは，日本が連合国と講和条約を締結した1951年以降のことであった。朝鮮戦争の影響で，日本企業の活動舞

台がインド，パキスタン，セイロン（現．スリランカ）といった南アジアにおかれ，戦前の中心であった中国東北，韓国，北朝鮮はその中心とはならなかったことが特徴的である。

　投資においても1950年代のインドは大きな比重を占めていた。1つ目は資源確保のための投資である。その典型例は，1956年に鋼管鉱業がポルトガル領インドのゴアに対して鉄鉱石開発のために行った投資であった。2つ目は製造業への投資である。この分野でもインドの占める比重が大きい。例えば，インドに対しては電線，電機，機械，紡績機，碍子，魔法瓶や万年筆製造への投資が見られた。3つ目は水産業（漁業）や建設業への投資であった。またこの時期の技術提携でも，インドは日本の中で比較的高いウェイトを占めていた。

　インドのゴアは戦後の一時期，日本鉄鋼業にとって欠くべからざる地域となった。1949年に民間貿易が再開されると，戦前からゴアと関連をもっていた岸本商店はゴア鉄鉱石の輸入に着手し，後に輸入量を急速に増加させた。一方，製造業の分野で，比較的早期にインドに進出したのは旭硝子だった。旭硝子は戦前にもインドへ輸出したが，1949年に民間貿易が再開されるにともない，インドへの輸出を再開した。1956年8月に旭硝子はインド旭硝子を設立し，1957年7月から操業を開始し，技術指導を行い，日本的生産方式を実施し始めた。

2　アジアに対する賠償と借款

　1950年代半ばになると日本の東南アジア賠償が具体的に進展し始めた（図7-1参照）。賠償協定は日本企業の東南アジア貿易を急速に拡大させた。例えば，ビルマ賠償の目玉ともいうべきバルーチャン発電所の水車・水力発電機は，いずれも日立製作所製であった。対南ベトナム賠償総額の95％が投入されたダニム発電所のダム建設では水車が東芝製，水力発電機は三菱製であり，しかもダニム発電所の場合，三相変圧器とサイゴン変電所の主要配電盤，送電用設備はすべて日本の電機企業から供給されたという。

　ビルマのバルーチャン発電所と南ベトナムのダニム発電所は，ともに久保田豊が戦後設立したコンサルタント会社である日本工営が手がけた海外賠償プロジェクトである。このような賠償の結果，日本の重電機機械輸出は東南アジア

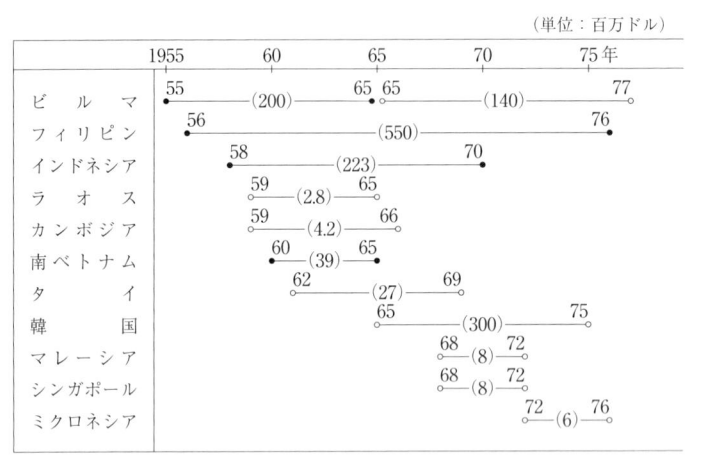

第Ⅱ部　アジアの産業発展と企業成長

図7-1　アジア諸国に対する日本の賠償支払額・支払期間一覧
（単位：百万ドル）

国	期間・金額
ビルマ	55―(200)―65　65―(140)―77
フィリピン	56―(550)―76
インドネシア	58―(223)―70
ラオス	59―(2.8)―65
カンボジア	59―(4.2)―66
南ベトナム	60―(39)―65
タイ	62―(27)―69
韓国	65―(300)―75
マレーシア	68―(8)―72
シンガポール	68―(8)―72
ミクロネシア	72―(6)―76

（注）●は賠償，○は準賠償，（　）内は賠償支払額を表示。
（出所）小林英夫（2000）『日本企業のアジア展――アジア通貨危機の歴史的背景』日本経済評論社，63頁を基に作成。

を中心に急増した。従来欧米企業の独壇場だった重電機市場は，賠償を契機に急速に日本市場へと転換していったのである。一方，船舶も賠償がらみで輸出を拡大させた。賠償は，東南アジア市場への参入のテコとなり，国際受注の変動を埋める役割を果たし，景気調節弁の機能をもったのである。

賠償の多くが発電事業や港湾整備，道路建設などで土木建設事業に関連した大型工事だった。当時ジャカルタにそびえるように建ち，多くの日系企業の事務所が軒を並べていたウイスマ・ススンタラビルも1964年に鹿島建設が日本の資金で建設したものであり，その後借款などで多くの類似した建物が建てられた。ジャワ島中部のショクジャカルタのアンバルクモ・パレスホテルやジャワ島西部のリゾート・フレハバンラトゥのサムドラビーチホテルなども，1966年に日本の賠償で大成建設が立てたホテルである。

日本の賠償と並行して借款による東南アジア資源開発が徐々に進行し始めた。戦前に石原産業が接収し，後も日本の借款で鉄鉱石の開発輸入を実施したフィリピンのララップ鉱山はその典型である。1952年に日本の八幡，富士，日本鋼管の3社はララップ鉱山に対して300万トン輸入の長期契約を締結するが，そ

の条件として日本側が100万ドルの合理化融資を行うことが決定された。こうして，東南アジア市場に対し，賠償によって足がかりを作り，借款でその基盤を整備した日本企業は，その後急速に輸出を増大させていった。

３ 日本企業の海外「投資元年」

　日本企業のアジア進出による直接投資が重視され始めるのは1960年代末になってからである。特に，1971年８月のニクソン・ショックによってドルと金のリンクが切断され，ドルの下落で円高の方向が決定されると，1972年以降日本企業の海外投資が積極化した。「投資元年」と称された海外投資の拡大の始まりである。この時期の日本企業の対外投資はまずアジアに向かって流れ出た。1973年度地域別投資額実績を見ると，アジアが全体の28.6％を占め，北米の26.1％，中南米の26.1％を抜いて第１位のポジションを占めていた。

　1970年代日本企業の海外生産は，特にアジアにおいて，中小企業の工場のような小規模な工場がほとんどだった。こうした海外工場は，労働集約的な最終生産工程，つまり最終の加工ないし組立を行うものであった。これらの工場の技術は成熟技術ないし標準化技術である。ごく少なかったシンガポール松下冷機のような輸出用の生産拠点としての海外子会社を除いて，ほとんどの海外工場は現地市場向けの生産だった。また，当時のアジアの海外製造子会社には新設合弁企業が多かった。

　すなわち，海外進出した企業の多くは労働集約的産業で，市場防衛的な目的で行動した企業が多かったのである。数は多くないが，横河電機のように，国内でシェアを伸ばすよりは海外で伸ばすほうが容易である，という発想から積極的に海外進出を試みたケースもあった。また東急のように，今後の海外旅行の拡大を見越して1972年に海外ホテルチェーンを統括する新会社，東急ホテル・インターナショナルを設立し，グアム島，バンコク，ジャカルタ，ハワイと矢継ぎ早にホテルを建設し，ホテルと海外サービス業に乗り出したケースもある。

　当初，東南アジアに進出した日系各社が採用した労働慣行は，戦前からのそれを濃厚に引きずっており，年功序列を基底に，日本人管理職を中心に組み立

てられていたのである。しかし，「日本的経営」は伝統的な東南アジア社会の雇用習慣と対立し，また，合弁相手のアジア人事業家とも経営理念をめぐって衝突した。それによって，タイやインドネシアでは学生中心の反日暴動が起きた。これにかんがみ，日本企業はアジア現地法人における日本人役員・管理者の割合を漸減するなど，受入国の社会に溶け込む活動を展開していった。

4　日米とNIEsの三角関係形成

　1972年1月，日米貿易摩擦を緩和するために，日米繊維協定が調印された。この協定交渉が長引いたことは，東アジアの国々の工業化に大きな影響を与えている。この間，後にNIEsと呼ばれる諸国，韓国・台湾・香港の繊維業者が対米繊維輸出を伸ばすことができたからである。その前に1965年に日韓条約を締結し，日本から韓国に借款を供与することになった。その日韓借款の象徴ともいえるプロジェクトは浦項総合製鉄所（現, ポスコ）の建設であった。建設にあたり，八幡製鉄・富士製鉄・日本鋼管は浦項製鉄の基本エンジニアリングを担当することになった。

　同時に台湾では，60年代から外資導入体制を整備し，輸出加工区を相次いでつくって，外資導入に努めた。これにともない，日本企業は，NIEsに対して，工業中間製品（部品・化学中間材料）と技術を積極的に提供し始めた。一方，アメリカは韓国，台湾，香港などに自己の市場を開放することで，これらの国々に輸出拡大・貿易収支黒字状況を提供した。したがってこれらの国の対日貿易収支は赤字であり，対米黒字を対日赤字が帳消しにするトライアングル構造（⇨第3章第1節 1 の「太平洋トライアングル」参照）がつくり上げられていたのである。

　日本は70年代に入ると，韓国・台湾に対して機械機器と化学製品の両方にわたって多くの輸出を行った。とりわけ機械機器において，日本は大幅な輸出超過を80年代に入って以降も続けており，むしろ強まる傾向に進んでいる。特に韓国に対しては，自動車部品・半導体・電子部品や金属加工機・事務用機器の分野において，85年にかけて輸出超過の度合が強まっており，日本はこうした先端分野の部品や資本財について供給する立場を強めている。韓国と台湾の対

米輸出の拡大は，日本からのこれらの供与によって達成されたのである。

日本とNIEs・ASEANとの貿易構造は垂直分業関係であり，日本は工業製品の供給基地としての役割が高い。第1次石油ショック（1973～74年）により，日本は一次エネルギー集約的技術体系（多エネ技術＝機械設備）から省エネ技術体系にシフトするほかなかったが，その際，NIEs・ASEANを旧来の多エネ技術体系のはけ口にしたのである。NIEs・ASEANは，日本から譲られた旧来の多エネ技術体系を土台に，低賃金を武器に，また円高＝ドル安の通貨利権を輸出競争力強化の手掛りに，対米輸出に乗り出した。

2 プラザ合意後の日本企業のアジア進出

1 急激な円高と東南アジア進出加速

1985年9月，ニューヨークのプラザホテルで，5カ国（日本，アメリカ，イギリス，フランス，西ドイツ）の大蔵大臣が集まって為替レート安定化に関する合意を達成した。このプラザ合意（⇨本章Column「プラザ合意」）以降，円高はいっそう進行し，1年足らずの間に1ドル240円台だったのが150円～160円台まで上りつめた。その後さらに円高が続いて1ドル100円を超える。このような円高の進行は，以前にも増して日本の海外投資を積極化させた。こうした状況下，日本企業の多くは，輸出中心に限界が来たと判断し，海外生産に重点を置かなくてはならないと考えるようになる。

1980年代後半には日本の電機・電子企業が労賃高騰の韓国，台湾を避けて，低賃金と優秀な労働力を求めてマレーシアに進出した。この間，東芝，日立，NECなど日本の大手電機メーカーが軒並みマレーシアに進出し操業を開始したのである。マレーシア政府もそれまでのブミプトラ（⇨第11章Column「ブミプトラ政策とアリババ企業」参照）に代表される外資規制政策を緩和して，好条件をもって外資を迎えた。同時に各地につくった輸出加工区に加え，それと同じ機能をもつ工業団地を造成し，外資の受け入れ体制を整備した。

タイも同じ状況であった。特に1985年以降，円高の避難地を日本企業はタイに求めた。その結果，タイでは繊維産業と電子産業が急激な拡大をとげた。ま

第Ⅱ部　アジアの産業発展と企業成長

た，タイは日本自動車部品メーカーから大量な直接投資を受けた。それをもたらした要因はタイ側の投資条件整備と外資流入の結果にほかならないが，それを促進したものとして，NIEs諸国の労賃上昇，通貨切り上げによるタイへの投資増加，インドシナを睨んだバーツ経済圏の中核としてのタイの将来的位置への期待が大きかった。

　マレーシアとタイに比べると，インドネシアとフィリピンの工業化のスピードは遅かった。80年代後半に入ると，インドネシアは合板，繊維製品などの軽工業を中心に輸出が増え始めたが，タイに比べると規模は小さかった。一方，フィリピンでは，輸出の主力は農産物で工業製品の輸出比率はさほど高くはなかった。というのもこの間日本企業は，豊富な労働力を擁し投資環境が整備されたタイとマレーシアに集中的に進出し，道路，通信設備の脆弱なインドネシアと経済成長力が弱いフィリピンへの投資は積極的に行わなかったからである。

2　日本企業の対ASEAN直接投資の増加

　東南アジアにおける工業化，ことに輸出志向工業化の大きな特徴は外国資本の圧倒的な主導力，牽引力にある。80年代の後半に入り，東南アジアに対する，特に日本を中心とした外資の大量進出があった。図7-2から明らかなように，日本は80年代後半以降，製造業の東アジア対外投資を増大させている。特に80年代の後半から90年代の半ばにかけて，日本メーカーがASEAN4カ国（タイ，マレーシア，インドネシア，フィリピン）へ投資を拡大させたことが目立っている。

　しかし，日本企業が東南アジア地域を基地に世界市場向け輸出を可能にするためには，それを支える下請部品産業の育成が不可欠であった。それを可能にするため，日本中小部品メーカーのASEAN進出も積極化した。この傾向は，1985年以降の円高によって日本からの部品供給が割高になると，いっそう強まった。この結果，1985年以降の対東南アジア投資の中で，現地日系企業への部品供給のための投資も急速に増大した。例えば，三菱自動車は80年代後半，資金・経営・技術面で深い関係があったマレーシア国営自動車企業のプロトン社の下請企業を育成するために，三菱自動車の下請企業を多数マレーシアに進出させた。

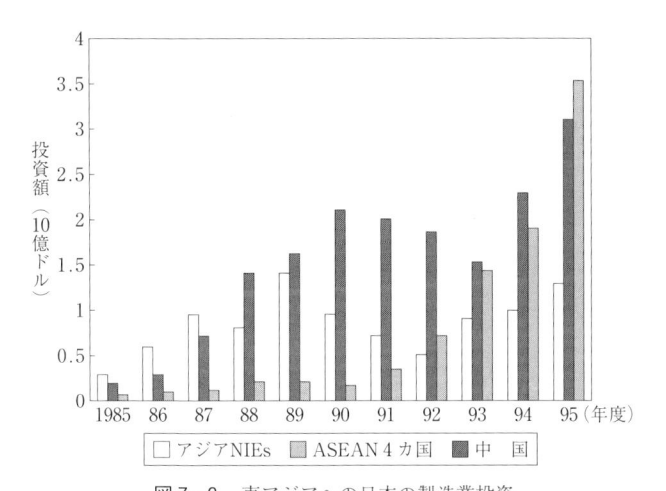

図7-2 東アジアへの日本の製造業投資
(出所) JETRO (1997)『1997 ジェトロ白書——世界と日本の海外直接投資』日本貿易振興会, 27頁を基に作成。

　90年代に入ると，円安や中国進出加速などの原因で日本の ASEAN 向け製造業投資は数年間減少傾向にあったが，94年から再度 ASEAN 向け投資が復活しつつあった。この時期の ASEAN 向け投資に積極的な業種は，電気機械組立，同部品製造，自動車部品関係，化学，一般機械，精密機械，食品などである。投資の目的としては「日本への逆輸出」が増加している。

3　欧米や NIEs 企業との競争激化

　1990年代までの東南アジアは，日本製造業の「独壇場」であった。戦後の賠償から高度経済成長の過程で，日本企業はこの地域をそれ以前のヨーロッパの植民地帝国に代わった米日共同の勢力範囲としてきた。しかし，90年代の半ばに至り，そうした状況は急速に変わりつつある。欧米企業の進出と韓国，台湾などの NIEs 企業の参入はこの地域を激しい国際競争の場に変えている。

　1993年夏以降の「超円高」と製造業の海外移転の急展開は，日本産業の国際競争力を支えてきた中小下請け企業の海外進出と国内再編成を急速に進める一方で，日本産業の地盤沈下を促進する結果となった。この状況下，日欧米韓企

第Ⅱ部　アジアの産業発展と企業成長

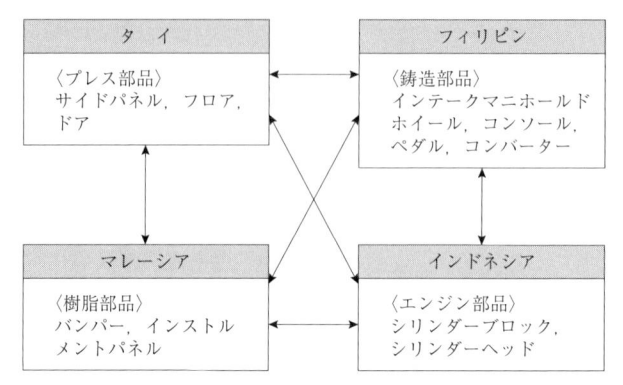

```
┌─────────────────┐         ┌─────────────────────┐
│      タ　イ      │ ←────→ │     フィリピン        │
│ 〈プレス部品〉    │         │ 〈鋳造部品〉         │
│ サイドパネル，フロア，│         │ インテークマニホールド │
│ ドア             │         │ ホイール，コンソール，│
│                  │         │ ペダル，コンバーター │
└─────────────────┘         └─────────────────────┘
       ↑  ↘     ↗  ↑
       │    ╲ ╱    │
       │    ╱ ╲    │
       ↓  ↙     ↘  ↓
┌─────────────────┐         ┌─────────────────────┐
│    マレーシア    │ ←────→ │    インドネシア      │
│ 〈樹脂部品〉      │         │ 〈エンジン部品〉     │
│ バンパー，インストル│         │ シリンダーブロック， │
│ メントパネル      │         │ シリンダーヘッド     │
└─────────────────┘         └─────────────────────┘
```

図7-3　ホンダの東南アジアにおける現地調達への取組（東南アジア拠点間の主要部品供給）

（出所）FOURIN『自動車調査月報』No. 130，1996年6月，27頁を基に作成。

業の東アジア地域でのマーケット・シェアをめぐる戦いは，鉄鋼，自動車，電機などの広範な分野に拡大している。特に韓国などNIEs諸国の企業は，タイ，マレーシア，インドネシア，フィリピンといった日本企業の「独壇場」に切り込みをかけ，個々のマーケット・シェアを切り崩し始めていった。

　自動車産業を例にとれば，中国への欧米企業の進出，韓国企業のタイやインドネシアへの進出に象徴されるように，1990年代に入り欧米韓の自動車産業のアジアでの躍進はめざましい。これに対して日本の自動車企業がアジア市場を防衛する手段は，現地でより廉価な自動車（アジア・カー）を生産する以外にない。全体として，ASEAN内の関税障壁を低めていこうという動きが活発化する中で，規模の経済を活かした自動車および自動車部品産業の発展を可能にする「ネットワーク」をいっそう広げる努力をしている。

　「ネットワーク」を広げる努力の中で，日本自動車部品メーカーの東南アジア進出を積極化させた要因の1つは，この間進んだASEAN地域内での低関税による自動車部品の相互融通システムの具体化であった。地域での交易が増加することで，部品受注先は1国の範囲を超え，ASEAN各国の部品産業は規模の経済を活かした発展が可能となる。その結果，安価な部品を完成車メーカーに供給でき，低コストのアジア・カー（例えば，ホンダのシティなど）を生産

第7章 日本企業のアジア進出

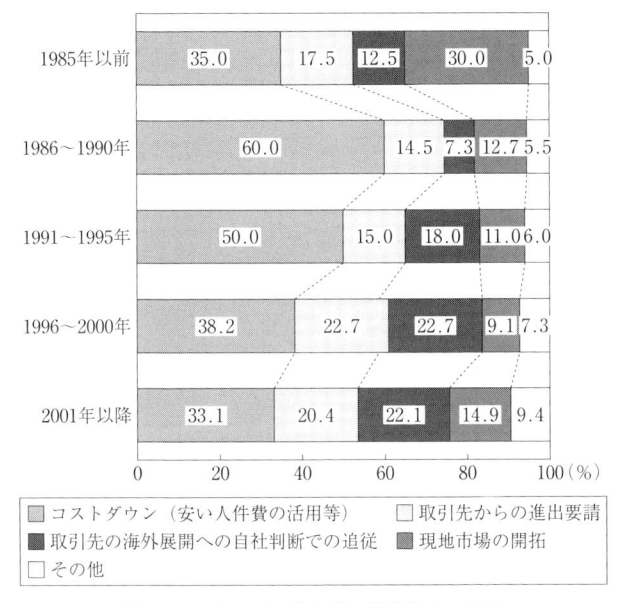

	コストダウン	取引先からの進出要請	取引先の海外展開への自社判断での追従	現地市場の開拓	その他
1985年以前	35.0	17.5	12.5	30.0	5.0
1986〜1990年	60.0	14.5	7.3	12.7	5.5
1991〜1995年	50.0	15.0	18.0	11.0	6.0
1996〜2000年	38.2	22.7	22.7	9.1	7.3
2001年以降	33.1	20.4	22.1	14.9	9.4

図7-4　東アジア進出時の製造拠点の目的
（出所）三菱UFJリサーチ＆コンサルティング「最近の製造業を巡る取引環境変化の実態にかかるアンケート調査」（2005年11月）を基に作成。

できる構造に変化したのである。図7-3に見られるように，ホンダなど完成車メーカーは東南アジア各地で部品を相互供給するシステムを構築してきた。

4　日本的経営の確立と展開

1980年代後半以降には，海外展開した多くの中小企業は，自社を取り巻く経営環境の変化に対応して，海外，特にアジア現地生産を選択した。図7-4に示したように，当初の円高局面ではコストダウンを主目的に現地生産し，日本への持ち帰り貿易を意図した企業が多かった。日本本社が原材料等を現地に送り，現地法人が組立などの加工を施して日本へ製品をすべて輸出するような委託加工貿易が代表例である。また，親企業が海外展開している場合は，東アジアで生産した部品や製品を，そこから直接親企業の海外工場へ納品することでコストダウンを図っていた。

日系セット・メーカー（ソニー，松下〔現，パナソニック〕，日立，東芝など）が東南アジアに進出して製品をつくる場合，大量に使う部品（エアコンのコンプレッサーやテレビのブラウン管など）は同時に自社生産する場合が少なくないが，数百，数千点に及ぶ部品は外部から調達せざるをえない。しかしセット・メーカーの現地生産が1986年以降急増し，日本の下請部品メーカーは現地に進出することをセット・メーカーから強く勧められ，90年代に入ると，次々に部品工場が現地につくられていった。

ASEANにおいて日系企業は例外なく「日本式経営」方法を何らかの形で持ち込んでいる。その共通のテーマは「品質第一主義」である。そのため若い労働者を日本に研修に出したり，現地でOJTを徹底して行う。短期間の訓練だけで本当に必要とされる「熟練」は身に付くものではないので，永年勤続を前提とする労務管理（賃金体系や職場での位置づけなど），すなわち終身雇用型年功制度を行う。日本式の終身雇用制度は熟練形成と密接に結びついてきたのである。

この時期（80年代以降），日本企業は，人員削減，ME化，ジャスト・イン・タイム方式による生産効率の向上と能力主義の納入に邁進しており，それをバネに急速な輸出の拡大と海外への企業進出を図っていた。「日本的経営」は，海外進出企業の数の増大，進出地域の拡大，現地への定着化の進行とともに，次第にその評価をプラス方向に変えていくこととなった。こうした「日本的経営」の再評価は，はじめは欧米の学者の間に主張され，やがて，日本をはじめアジアの学者たちにも広がっていった。

3　アジア経済危機後の日本企業のアジア戦略調整

1　通貨危機が日本企業に対する影響

プラザ合意以降ASEANへの海外資本進出は著しいものがあったが，同時に1997年7月に始まる通貨危機によってこれまでのアジア経済は一変した。タイ，インドネシア，韓国はIMFからの支援を受けてそのガイドラインを軸に経済を再編する事業に取りかかった。通貨危機は東南アジアに事業展開をして

いる日本企業を深刻な状況に追い込んだ。為替リスクへの対応をしていなかった日本企業は為替差損で苦しめられ，ドル安の中で資金融資を受けた日本企業はドル高による高額返済に苦しむ。金融機関の貸し渋りが広がる中で資金不足が慢性化し，生産は低迷状態に陥り始めた。

特に影響を受けたのはASEAN内の需要に依存している自動車産業である（電機・電子産業のような輸出産業の場合は，影響はそれほど顕著ではない。むしろ，現地通貨価値の下落は輸出力を強めて，プラスに働いた面がある）。極端な売れ行き不振で，生産高も利益率も急速に落ち込み，営業成績が悪化した。タイ，インドネシア，マレーシアでは，日本の自動車会社が一斉に生産を停止もしくは減少させ，ASEAN内の自動車部品の相互補完システムなども棚上げ状況になった。国内需要が冷え込む中，タイの日系自動車メーカーなどはその活路を輸出に求めて活動を開始したが，日本からの部品輸入価格の高騰がひびいてコストダウンができず，価格の高騰を招いて，輸出も思うように拡大していない。結局，内需も輸出も不調なまま，生産が急速に減退したのである。こうした東南アジアでの日系企業の資金繰りの苦境と利益率の減少が，日本本社の業績低下の引き金となり，さらにはそれが本社の倒産を生む例も出た。例えば，1998年3月に自己破産した大同コンクリート工業（1934年に設立された老舗）などである。

通貨危機以降，アジア地域から撤退することを考慮した日本企業は少ないが，東南アジアに進出した日本企業は，通貨危機とともに厳しい経営危機に追い込まれている。日本貿易振興会と海外経済情報センターが実施した『製造業企業の海外事業活動実態調査』などの報告書によれば，影響を受けた部門は，輸送機械，自動車部品，自動車に集中し，逆に「特に影響を受けていない」企業は，医薬品，紙，パルプに集まっている。通貨危機の影響内容として，売上高の減少とコストの上昇などが目立つ。

2　ASEAN現地生産と市場戦略の調整

一般にコスト削減は安価な原材料への転換，ないしは現地・域内部品調達の増大によって可能になっている。通貨危機後，東南アジア内には日本企業の研

究開発センターが増えつつある。部品調達面においても，日本の機械産業はアジア通貨危機直後の1年間に平均3％増加させるほど域内部品調達率を向上させた。特に成功した事例として，自動車部品メーカーのデンソーは，ASEANからの調達率を1996年の30％から1998年の41％に向上させるとともに，この間に日本からの部品輸入を18％減少させた。このように，日本企業は通貨危機に際したコスト対策を打ち出している。

また，アジア通貨危機に対する日系企業の直接的な対応は，労働時間の短縮，一般従業員の賃金カットや昇給凍結，従業員のレイオフにまで至る強制的休暇，一時的工場閉鎖や完全な閉鎖である。より積極的な危機への対応策として，ASEANの子会社における生産製品構成の変更，あるいはそれらのグレードアップといった政策が取られた。子会社の活動の継続を援助するだけでなく，新たに生じた為替相場のメリットを利用しようと，日本から東南アジアの子会社へ，生産移転を加速させている日本企業のケースも見られる。

さらに多くの日系企業は日本向け製品の生産を日本からASEANの子会社に移転した。東南アジアにおいては需要が低迷しているため，追加的生産が行われる場合，まずはヨーロッパや北米，さらに日本といった海外市場に輸出しなければならないからである。

財務の面で，日本企業の多くは，合弁事業において現地側のパートナーが財政的に困窮している場合，それに対する追加的資本の注入を行っている。多くのケースでは，このような資本注入によって，日本企業は合弁事業での少数資本出資者から，過半数所有者や完全所有者になった。こうした資本調達策とともに，日本企業，とりわけ自動車企業は，取引を継続するために，コアになるサプライヤーやディーラーに対する原材料の調達コストの負担，支配期限を延長するための信用状の発行など強力な財政的援助を行っている。

3　中国市場進出の加速

1997年のアジア金融危機で東南アジア諸国の経済が混乱に陥った。これに対して，中国の市場は安定し，しかもWTO加盟に備えてさらなる開放が行われた。これによって，90年代の末から，日本の大手企業はもちろん，中小メー

カーやサービス企業の対中直接投資も急増してきた。この時期の進出の目的は，中国を製造・輸出拠点としただけではなく，中国の国内市場をも狙ったものであった。21世紀に入ると，中国の国内市場と対外輸出はどんどん拡大し，「中国特需」といわれるほどになり，日本企業の「失われた10年」から脱出する追い風になった。

そうした中，多くの中国企業の参入で価格競争が激化し，利益を上げるのが困難になった。これに対応して，日本企業は中国の富裕層をターゲットに絞って，中国企業が簡単に模倣できないハイエンド価格製品を中国市場に投入し，自前の販売ルートを構築しながら収益を上げている。一方，ローエンド価格製品については，日本企業は基幹部品を中国企業に供給しながら，開発力を活かし新しい製品を市場に出し，汎用部品を低コストで中国現地から調達して自社ブランドで販売することによって利益を上げている。

日本企業の中国進出は主に上海，広州，天津，重慶など，消費レベルが高く産業基盤もある都市に立地している。90年代までは政策制限などの要因で現地のローカル企業と合弁したケースが主流だが，21世紀に入ると単独で出資して設立した企業が多くなっている。ただし，欧米系企業と比較して，日系企業は昇進が遅く，中国人がトップに就くのも難しい。また，日系企業は欧米系企業に比べて賃金上昇カーブがなだらかで，現地の中国人社員は日系企業でスキルを身につけて欧米系に転職するというケースが多発している。

４ 2000年以降のアジア戦略特徴

21世紀の最初の10年，日本の製造業企業はアジアに対する直接投資を増やしつつある。図7-5は海外に進出した日本企業の子会社数および，日本の海外子会社数の世界に対するアジアの割合を示している。これより，海外現地子会社を設立する企業は毎年増えているが，その増える分はほとんどアジアに立地した海外子会社であることがわかる。また，海外現地子会社の全世界に対するアジアの割合は常に7割付近に推移しており，アジアに対する高い関心がうかがえる。2009年には全世界海外現地法人数の9199社の内，アジアは6710社を占めるようになった。

第Ⅱ部　アジアの産業発展と企業成長

日本の製造業の海外子会社数の推移と世界に対するアジアの割合

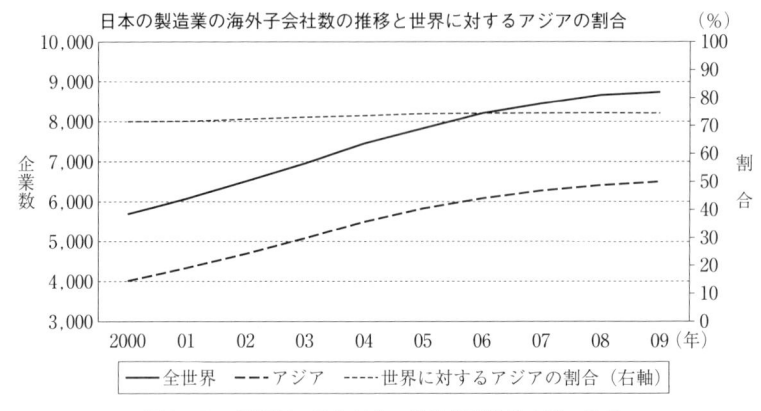

図7-5　地域別に見た日本の製造業現地法人数の推移

（出所）藤龍太郎・木村沙也・布施尚樹（2010）「日本企業の対アジア進出に関する立地要因分析」（http://www.business.ynu.ac.jp/contents/prof/kiyota/Courses/papers/Ichifuji_Kimura_Fuse2010.pdf　2012年8月30日アクセス）を基に作成。

　具体的に業種別で見ると，電気機器，化学，輸送機器，機械など機械や素材分野の企業によるアジアへ進出が加速し，アジア現地法人の割合も増えている。そもそも90年代まで日本企業の東アジア進出動機は低コストの追求や国内で不採算になった産業の移転であり，大量労働投入の食品加工，電子部品組立，委託加工の縫製などの業種が中心であった。しかし，21世紀に入ってからは，欧米先進国市場の縮小とアジア新興国市場の拡大にかんがみ，日本企業のアジア進出目的も単なるコストダウンや取引先への追随から，市場開拓へ変わっている（図7-6参照）。

　こうした変化は，主に海外の輸出市場に向けて生産戦略を展開してきた多くの日本企業に対し，これまでの基本的な経営戦略の再編成を迫っている。このような新しいタイプの地域経営戦略のキーワードは，「規模の経済」である。日本企業が展開しつつあるアジア地域の経営戦略は3つの主たる構成要素からなる。それは，生産の集約化・専門化，地域でのR&D（Research and Development，研究開発）活動の増加，そして地域経営本部（OHQ）の設立である。日本企業の活動の中心はほかの地域への輸出だけでなく，地域市場への供給のためにコスト面で効率的な地域生産・販売ネットワークを確立することにある。

第7章　日本企業のアジア進出

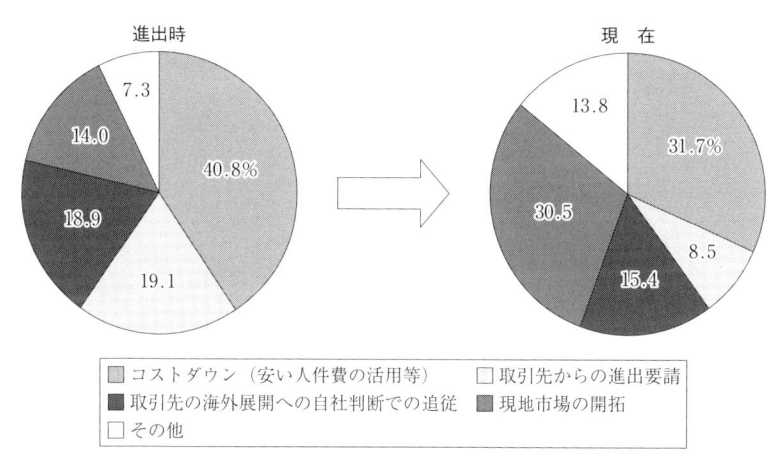

進出時：40.8% / 19.1 / 18.9 / 14.0 / 7.3
現在：31.7% / 8.5 / 15.4 / 30.5 / 13.8

- ■ コストダウン（安い人件費の活用等）
- □ 取引先からの進出要請
- ■ 取引先の海外展開への自社判断での追従
- ■ 現地市場の開拓
- □ その他

図7-6　東アジア進出の目的（進出時と2005年現在の比較）

（出所）　三菱UFJリサーチ＆コンサルティング「最近の製造業を巡る取引環境変化の実態にかかるアンケート調査」（2005年11月）を基に作成。

表7-1　日系製造業現地法人の比較（2005年度）

	アジア	北　米	ヨーロッパ
1社平均資本金	9.3億円	47.8億円	—
1社平均設備投資額	501百万円	1,276百万円	1,151百万円
1社平均従業員数	351人	363人	211人
日本側100％出資企業割合	40.3%	78.1%	74.3%
売上高に占める現地販売額割合	52.3%	86.3%	52.7%
売上高に占める当該地域販売額割合	70.1%	94.2%	96.3%

（注）　「日本側100％出資割合」のみ2003年度のデータ。
（出所）　経済産業省「2005年度海外事業活動基本調査」を基に作成。

　一方，日本的経営は，アジアの工場では比較的良い結果を生んでいる。工場の作業者，管理者や技術者からも肯定的に受止められている。従業員は高いモラルで仕事をし，高い成果をあげている。日本的経営がうまく機能せず，批判や不満の対象になっているのは，工場以外のホワイトカラーの仕事においてで

ある。さらに，日本製造業のアジア現地法人の平均資本金や設備投資額，および100％出資企業は欧米にある現地法人に比べ，少なかったが（表7-1参照），この状況も近年アジア市場の急成長と日本企業進出の加速にともない，変化しつつある。

4　世界金融危機以降の日本企業のアジア展開

　2008年世界金融危機以降，日本は少子高齢化がさらに進み，消費市場は縮小している。このため，日本企業は活路を求めてアジア進出を加速させている。「中国リスク」があっても，今後売り上げが期待できる内陸部や上海周辺などへの日本企業の進出は続いている。また，2010年夏頃からは東南アジアやインドへの進出も活発化しており，2011年はさらに加速している。

　国際協力銀行が2010年12月に発表した製造業企業の海外事業展開に関する調査によると，有望国ランキングでは中国，インド，ベトナム，タイなどの順で，上位4カ国は前の年の調査と変わらなかった。6位にはインドネシアが入り，前の年に比べ2つ順位を上げた。アジアへの日本企業の注目が一段と高まっていることがこの調査から読み取れる。

　中国で商品を製造し日本や欧米などに輸出する日本企業は，賃金アップや税制などの優遇措置の撤廃などで業績が厳しくなっている。このため中国から撤退したり，工場の再編を進めた企業もある。一方，中国国内で商品を販売する日本企業は中国人の所得増に支えられ，売り上げを拡大している。輸出型企業が苦戦する一方で，内需型企業が躍進する構図は今後ますます鮮明になりそうだ。このような内需型企業の代表的な業種は自動車や家電，化粧品である。

　日本企業の2010年の中国への進出地域を見ると，所得が上昇し，消費が活発になっている内陸部や東北地域への進出が目立っている。ローソンが2010年7月に内陸部の大都市，重慶に日本のコンビニとして初めて店舗を出店した。小型モーターを製造している日本電産は同年10月に重慶，成都，武漢，長春，鄭州の内陸5カ所に販売拠点の支店を設立した。ヤマダ電機も同年12月に東北地域の大都市，瀋陽に店舗を開設した。

2012年9月，香港の活動家の尖閣諸島上陸や，日本の尖閣諸島国有化の動きに端を発した中国での反日デモと暴動は，中国進出企業に大きなショックを与えた。中国から撤退する企業や，ベトナム，カンボジア，ミャンマーなどに生産設備を移転する企業も現れている。

東南アジアへの日本企業の進出も10年夏頃から加速している。同年7月頃から自動車部品の三次，四次の中小メーカーのタイへの進出が増えている。タイは東南アジアのデトロイトといわれるほど，自動車の生産が盛んな国である。2010年の生産台数は過去最高の165万台前後となり，2011年は洪水の影響で80万台に落ちたが，2012年には142万台，2013年は133万台に回復している。このため，ブリヂストンが2014年にタイ子会社の第二工場を拡張させる計画を発表するなど，自動車関連企業の増産の動きも活発化している。

同様な動きは人口約2億3000万人のインドネシアでも見られる。2010年の自動車の新車販売台数は70万台前後，2輪車は700万台超といずれも過去最高であった。このため，自動車やバイクなどの生産ラインを拡張する動きが活発である。食品や家電でも増産する日本企業が増えている。また，外食や小売業のインドネシア進出も増加している。吉野家や無印良品が同国に進出，ファーストリテイリングもユニクロを2011年に開設した。

人口約8700万人を擁するベトナムでは，高島屋が2015年に商都ホーチミンに出店するほか，ユニクロもベトナムへの出店を検討している。イオンは2014年3月にホーチミンに進出し，第1号店が正式にオープンした。

一方，2012年9月に行われた中国での反日暴動で大きな被害を出した湖南省長沙市の平和堂デパートは，事件2カ月後の11月に店舗営業を再開し，さらに2013年5月には約5万m²の中国内4号店の開業を果たしている。また，2014年1～4月に日本三大自動車メーカーのトヨタ，日産とホンダの中国現地新車販売は，ともに前年同期より10～20％増加し，販売台数は過去最高になっている。2014年1～3月に上海日本領事館が発行した中国人の訪日査証は前年同期の3倍になった。中国の国有企業と日本民間企業との交流も順調に行われ，中国側も政治と経済を分離する動きが見られる。

日本は少子高齢化で消費拡大は期待できない。このため，今後も中国の内陸

第Ⅱ部　アジアの産業発展と企業成長

> ▶▶ **Column** ◀◀
>
> **プラザ合意**
>
> 　1985年9月22日，過度なドル高の対策のためにアメリカの呼びかけで，G5（アメリカ，イギリス，旧西ドイツ，フランス，日本の5カ国蔵相会議）における大蔵大臣（アメリカは財務長官）と中央銀行総裁が集まり，会議が開催された。この会議でドル安に向けたG5各国の強調行動への合意，つまり，ドル高是正の合意を「プラザ合意」と呼ぶ。ニューヨークのプラザホテルで開催されたことにちなんで「プラザ合意」と呼ばれている。
>
> 　具体的には「基軸通貨であるドルに対して，参加各国の通貨を一律10〜12%幅で切り上げ，そのための方法として参加各国は外国為替市場で協調介入を行う」ことで，ドル安によってアメリカの輸出競争力を高め，貿易赤字を減らすのである。
>
> 　そしてこの合意を受け，日本では急速な円高が進行し，バブル景気が起こったが，予想以上に円高・ドル安が進み，日本経済は輸出産業を中心に大きなダメージを受け，円高不況に陥った。政府・日銀は，円高対策に追われ，金融緩和と財政始動を進めた結果，80年代後半にかけて不動産や株式への投機が加速し，バブルを引き起こした。一方，円高の進行は，以前にも増して日本の海外投資，特に日本企業のアジアへの直接投資を積極化させた。

部や東北地域，上海周辺への日系企業の進出が活発化する一方で，消費市場の拡大が続くタイやインドネシア，ベトナムなど東南アジアやインドへの進出も増え続けるものとみられる。

|推薦図書|

小林英夫（2000）『日本企業のアジア展開――アジア通貨危機の歴史的背景』日本経済評論社。
　　日本企業が製造業を中心にアジアへ展開した経営活動と競争戦略，特にアジア地域の工業化に日本企業が果たした役割を解明している。

天野倫文（2005）『東アジアの国際分業と日本企業』有斐閣。
　　東アジア全体の「国際分業」という視点から，国際化戦略を企業成長の過程として位置づけ，日本企業の成長の展望を明らかにする。

土屋勉男・三菱総合研究所アジア市場研究部編著（1999）『日本企業はアジアで成功できる――グローバル経営を実現する指針』東洋経済新報社。
    マクロ経済の観点と企業のミクロの視点の両面から，日本と日本企業の再生策，特に競争力確保の重要性が提示されている。

第8章

韓国財閥企業の成長と変革

　本章では，韓国の産業成長と工業化，韓国財閥企業の特徴と成長戦略，および韓国企業の海外進出を解説する。はじめに戦後，特に朝鮮戦争以降の経済成長から1997年のアジア金融危機にともなう経済改革までを概観する。続いて，韓国企業の組織構造と組織再編，韓国財閥企業の経営特徴を解明する。その後，サムスン，現代自動車，SK，LG など韓国で代表格とされている大企業の成長戦略と技術進歩を確認し，最後に，韓国企業の海外進出，特に新興国市場進出戦略を観察していく。

　Keywords：財閥企業，創業者，重化学工業，サムスン電子，現代自動車，LG，国家主導開発体制，構造改革，秘書室，能力主義

1　重化学工業化と財閥企業

1　輸出主導の重化学工業化

　1950年から3年間にわたる朝鮮戦争により廃墟と化した韓国は，経済的には多数の発展途上国のうちの一国にすぎなかった。しかし，1962年から GNP は徐々に高くなり，60年代後半から70年代中盤まで年平均10％近い高度成長を達成している。さらに1987年から91年にかけても再び年平均10％の高度成長を成し遂げた。この高度成長により，1960年時点で79ドルにすぎなかった1人あたりの GNP が，1995年には1万37ドルと1万ドルを突破し，1996年には世界で11番目の GNP を有するに至っている。

　国内市場の狭小性を回避するため，韓国は輸出中心の経済であったが，60年代から70年代中盤にかけて輸出の年平均増加率は35％前後となるなど，輸出がまさに成長のエンジンであった。経済成長期に韓国は日本から必要な機械や部

品を大量に輸入し，それを組み立てて欧米に輸出するという貿易構造をもっていた。そのため，対日収支赤字，対米収支黒字という構造を長く続けてきた。また，新興工業諸国の中でも，韓国はほかに例を見ない重化学工業比率の高さを誇っている。鉄鋼，船舶，自動車などが輸出において主力商品となっているのがその例といえる。

韓国で，鉄鋼業である浦項製鉄（現．ポスコ），造船業である現代(ヒュンダイ)重工業が本格的に生産を開始したのは1973年であり，現代自動車が国産モデル「ポニー」を生産したのが1976年，サムスン電子がメモリー生産を開始したのは1983年であった。しかし，90年代中頃には，鉄鋼の企業別生産において浦項製鉄が世界トップの新日本製鉄（新日鉄）を猛追し，1998年の粗鋼生産実績では逆転を見せ，造船受注実績でも韓国は2002年に日本を追い越し，自動車生産（海外生産分も含む）では現代自動車は2009年から世界第5位の実績を有している。半導体でもメモリー生産で1993年以降，サムスン電子が世界トップのシェアを維持している。

韓国の高度成長と急速な重化学工業化を可能にさせた要因として，①強い成長志向をもつ国家により5カ年計画などの経済計画が樹立され，選択された戦略産業を中心に急速な産業育成が導かれるという国家主導開発システムの存在，②政府に統制され，産業発展という目的に特化した金融システム，③高度成長と重化学工業化を担った財閥という企業システム，という3つのファクターが重要である。これら3つのサブシステムからなる「韓国型経済システム」が高度成長と重化学工業化を可能にさせたといえる。

2　産業育成政策と金融システム

韓国政府は60年代から「祖国近代化」というスローガンのもとに，国家が希少な国内資本や経営資源を集中的に動員する国家主導開発システムを制度化していった。その特徴として，まず，強い成長志向をもった国家が積極的に経済建設に介入した。次に，経済開発のために官僚機構の新設と整備を行い，経済開発計画を立案し実行する制度を確立した。さらに，工業化政策に必要な国内外の資金を管理する金融機関の整備と法体系を整備した。最後に，直接的で

抑圧的な労働者統制を可能にする法体系を整備したのである。

60年代半ば以降，繊維産業などの輸出産業を戦略産業として優遇する産業政策が展開された。輸出産業に対しては金融支援と租税減免が行われた。1969年に馬山(マサン)に輸出自由地域を設置し，輸出を担う外資企業に関税免除などの優遇政策を行い，輸出外資企業の誘致を推進した。また，1967年の機械工業振興法をはじめ，1967年の繊維と造船，1969年の電子，1970年の石油化学と鉄鋼，1971年の非鉄金属という個別工業育成法が制定された。70年代には，鉄鋼，非鉄金属，自動車を含む機械，造船，電子，化学など特定産業支援政策がいっそう強化された。

また，韓国政府は60年代から，中央銀行である韓国銀行に対する政府・財務部の統制権限を強化し，金融システムを政府が直接統制できる制度を確立した。政府に統制された金融システムを産業育成に活用するため，特定産業やそれを担う特定企業に資金配分を行う政策金融を多用した。こうして，個別企業の負担では大きすぎる重化学工業建設にともなうリスクは，国家により肩代わりされていたのである。重化学工業プロジェクトを担当する企業では，会長秘書などが担当官庁と綿密な情報交換や事業計画の点検を行っていた。

80年代から，韓国政府は従来の個別産業育成法を廃止し，政府介入を縮小する「民間主導経済」を提唱していった。また，世界的な金融自由化・国際化の流れの中で，緩やかながら金融の自由化・国際化を進めてきた。90年代に入り，政府の経済介入が後退し，産業政策は産業自由化政策にシフトした。政府の統制から自立してきた財閥は，金融自由化の追い風に乗り，社債などの直接金融や金融当局の規制のより緩い金融圏からの借入，海外資金調達などと独自の資金調達手段を多様化させ，資金的にも政府・銀行からの自立度を高めた。

3 財閥企業の成長と対外投資

他のアジア諸国と異なる韓国の企業システムの特徴は，財閥と呼ばれる大企業集団が国民経済において圧倒的な経済力をもっていることである（表8-1と表8-2参照）。「財閥」とは創業者一族による所有・経営支配が強く，非関連部門に多角化を進めた大企業集団を意味している。1997年のアジア金融危機まで

第 8 章　韓国財閥企業の成長と変革

表 8-1　重化学工業における韓国財閥の付加価値生産比率（1978年）

(単位：％)

財閥数	重化学工業	軽工業
5	31.6	5.7
10	40.7	6.9
20	52.3	15.1
46	59.7	27.0
全製造業での両部門の付加価値生産比率	48.9	51.1

(出所)　高龍秀 (2000)『韓国の経済システム――国際資本移動の拡大と構造改革の進展』東洋経済新報社, 65頁を基に作成.

表 8-2　上位30大・5大財閥の鉱工業部門占有比率

(単位：％)

年	1981	1983	1985	1987	1989	1991	1992	1993	1994	1995
付加価値（30大財閥）	30.8	31.6	33.1	31.9	29.6	35.4	35.9	33.5	36.9	40.2
出荷額	39.7	39.9	40.2	36.8	35.2	38.8	39.7	38.1	39.6	40.7
付加価値（5大財閥）	n.a.	16.7	19.2	19.1	18.6	22.0	21.7	20.3	24.0	n.a.
出荷額	n.a.	22.6	23.3	22.0	21.3	23.4	23.8	23.0	24.6	n.a.

(出所)　同表 8-1，高 (2000) 82頁を基に作成.

　5大財閥と呼ばれていた現代・サムスン・LG・大宇（アジア通貨危機後衰退）・SKをはじめとする財閥は, 一部は植民地時代から事業を開始したものもあるが, 多くは60年代以降の高度成長期に強力な産業政策と金融支援を受けて, 急速に傘下企業を拡大したといえる。

　韓国財閥の特徴は, 第1に, 非関連分野への多角化を急速に進めたことにある。第2に, 急速な事業拡大に必要な資金を, 政策金融や借款などの借入資金でまかなったため, 負債比率が高く脆弱な財務体質を韓国財閥がもっている点である。第3に, 創業者一族による所有・経営支配が強いことがあげられる。一方,「韓国型経済システム」により急速な高度成長と重化学工業化が実現されたが, 政府の金融支援を十分に受けられなかった中小企業と大企業との格差拡大や, 成長重視政策のもとで軽視された労働基本権, 福祉政策の遅れなどの問題も残した。

　また, 金融支援が「質の発展」より「量の拡大」を重視したので, 財閥は70

年代の戦略産業に対する優遇政策により傘下企業を急増させ，強い拡張志向を体質化してきたが，90年代の経済システムの変化により，財閥の野心的な新規参入や大規模投資を牽制する経済主体が不在となった。かつては政府が企業をモニターしていたが，産業自由化政策と財閥の資金的自立化によりモニター機能が不全に陥った。こうして政府の統制・金融的政策から解き放たれた財閥は，ますます拡張志向を強めた。

　90年代に韓国企業の対外投資が自由化され財閥の資金調達源が多様化したことを背景に，財閥の拡張志向は対外直接投資の舞台にも広がった。80年代後半の国内賃金上昇，為替レート切り上げという経済環境変化の中で，90年代から韓国は対外直接投資を急増・大規模化させ，アジアにおける重要な投資国として浮上している。さらに90年代中頃には，韓国大財閥による米ゼニス社，ASTリサーチ社，仏トムソン・マルチメディア社の買収の動きが見られ，韓国上位財閥の多国籍企業としての姿を象徴するものとして注目された。

4　アジア通貨危機と経済改革

　1997年のアジア通貨危機を契機に，先進国金融機関は韓国金融機関への短期外貨融資に対する回収圧力を強め，ウォンは暴落を始めた。韓国政府は強まるウォン売り圧力に対抗してドルの為替市場介入を続けたが，外貨準備が枯渇したのでIMFに緊急融資を要請し，1997年12月にIMFの緊急融資を受けた。その後，IMFの厳しい融資条件に拘束された韓国経済は，かつてない経済危機を迎えた。内需が深刻な萎縮状態に至り，失業者数は1997年10月の45万人から1998年2月に124万人に増え，さらに1999年2月には178万人（失業率8.7％）にまで増加した。

　IMFの緊急融資を受けた韓国政府はIMFの政策指導を受けながら，金融機関と財閥の構造改革をスピードよく進展させている。

　当時の大統領である金大中氏は1998年1月に，4大財閥（サムスン，現代，SK, LG）の総帥と会談し，5項目の企業構造改革課題で合意した。それは，①企業経営の透明性確保，結合財務諸表明示を1999年度に義務化，②相互債務保証解消，③財務構造の画期的改善，④主力事業中心の経営，⑤経営陣の責任強

化，である。その後，政府はこの「企業構造改革5大原則」のもとに改革を促し，各財閥では総帥が主力企業の代表取締役に就任することで経営責任を明確化した。

　財閥改革の核心点は，第1に，経営内容の悪い企業を整理し，負債比率を低下させ財務構造を改善すること，第2に，上位財閥の過剰多角化・主要産業での過剰重複投資を克服すること，第3に，財閥総帥を頂点として所有・経営支配が築かれていたため，チェック機能が不十分で責任関係が曖昧であるという問題を克服すること，の3点である。韓国財閥はこれまで，経営が悪化した企業もほかの系列社が支援することで維持し，多くの傘下企業をグループ内に抱えることで規模の拡大を図るという拡大志向の傾向があった。1997年以降，5大原則の影響もあり，各財閥グループの傘下企業に対する持株比率は低下し，外資系の持株比率の増加が見られるようになった。

2　財閥企業の組織特徴と技術進歩

1　所有と経営の家族的構成

　韓国財閥の所有の類型は，家族名義による直接所有の側面から見て，3つに大別することができる（図8-1参照）。まず，「オーナー独占型」は創業者あるいはその家族が個人名義で大量の株式を直接的に所有している形態である。2番目の「中核企業支配型」は最初に創業された母企業が株式を所有する形で多角化した事例である。3番目の「相互持合い型」は中核企業が傘下企業の株式を所有し，支配するだけではなく，グループ企業同士でも株式を持ち合うものである。「相互持合い型」は中核企業等を媒介として最終的にはオーナーの所有へと収斂していく特徴がある。

　一般的な傾向として，第一類型から第二類型へ，そして第三類型へという順序で「財閥」の規模が大きくなっている。第一から第二・第三類型に移行する主要な契機は，企業の拡大に要する資金調達の問題である。60年代以降の韓国企業の拡大はすさまじく，増資を頻繁に繰り返し，その額は個人や家族が調達できる限界を超えていた。特に第二類型への転化は，創業者が株式に対する支

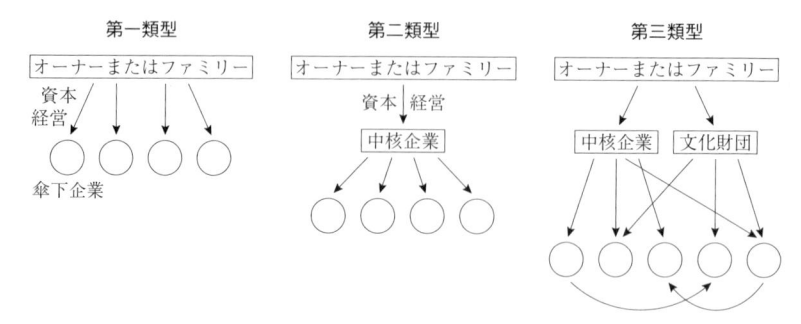

第Ⅱ部　アジアの産業発展と企業成長

図8-1　韓国「財閥」の所有に見られる三類型
（出所）　服部民夫（1988）『韓国の経営発展』文眞堂，81頁を基に作成。

配力を間接的に維持しつつ，「財閥」の規模拡大と多角化を可能にする方法であった。さらに，グループ内企業の業種ごとの中核企業が形成させていた。

　日本の「家族」が経営体と見るべきものであるのに対して，韓国の「家族」は純粋な血縁集団である。日本は「家産」が分割されないことを前提としていたのに対して，韓国において財産は個人に属するものであり，世代交代の際に子どもの間で分割されることが基本である。日本において財閥主は家族によって継承され，また多くの財閥において番頭と呼ばれる非血縁の専門経営者が経営を担当したのに対して，韓国では「財閥」オーナーが息子によって継承されるのみならず，家族の総力参加といえる経営の掌握が見られる。

　しかし，規模が拡大するにつれて家族による経営ポストの独占は不可能になることから，最終的な意思決定を下す権限は家族が保有し続けながらも，増加する経営ポストを徐々に非家族経営者に振り分けるようになる。非家族経営者は企業内部からの昇進者と転職者に分けられていた。一般的に，株式所有の構造が第一類型の場合，非家族経営者の数も支配力も小さく，第二，第三類型になれば非家族経営者の比重が増大する。ことに第二類型の場合，内部昇進者が増加し，第三類型の場合にはスカウトされた転職経営者が多くなる傾向にある。

[2]　創業者と経営者の特質

　韓国企業の場合，歴史が浅く，創業者あるいは二世の時代である時，権限が最も集中的になるといえる。同族企業が一般的であり，かつ家族の序列が厳格

である場合に，創業者である父親に対しては非家族の経営者はもちろん，息子たちでさえ意見ができる雰囲気にない。韓国「財閥」の創業者たちはいずれも旺盛な企業家精神をもって企業を運営し，多角化を果たしてきた。一方，韓国の企業はそのオーナーの強い個性によって裏付けられているのであって，政府からの資金やメリットもその「顔」に対して流れたといえる。

韓国の企業，特に「財閥」ではそのほとんどに「秘書室」や「企画室」，「調整室」といったようなヘッドクオーターが存在し，人事，戦略，資金計画，監査など非常に重要な役割を果たしている。その構成員は多くの場合，傘下企業の中から優秀な人材が選ばれ，数年間これらの機関で勤務する。彼らは何年かの「秘書室」勤務を終えると通常，再びグループ内企業に戻る。しかし，そこでの勤務経験の有無はその後の昇進に大きな影響を及ぼすこととなり，ヘッドクオーターでの勤務経験がある人はビジネス・エリートになれるといわれている。

韓国の財閥グループ企業の社長は，企業の事業展開に関する最終的権限をもっていないので，財閥グループ企業は独立した企業とは見ることができない。なぜなら，独立企業として必ずもつべき機能を財閥の企画室や秘書室に握られているからである。したがって，財閥グループの傘下企業はグループの生産や流通などの事業部門であると見るべきである。つまり，各グループ企業は法人格をもつ企業でありながら，実態は財閥グループの一事業部門であり，その社長は事業部門の長と見るべきである。

韓国政府は1998年2月にIMFに対し，経営の透明性確保と株主への説明責任の強化などを内容とする企業統治（コーポレート・ガバナンス）の改善策を約束している。取締役会の権限を強化し総帥の独占的決定を牽制するために，1998年から上場企業は最低1人以上の，1999年からは取締役総数の4分の1以上の社外取締役を選任することが義務付けられた。しかし，社外取締役制度が導入されたとしても，経営者と関連が深い人物が多く選任されるなど，健全な経営監視の役割を果たしているとは言いがたい。

3　人材養成と能力主義

　韓国企業ではオーナーに権限が集中しているために，経営者や中間管理職が育ちにくい環境であるといえる。権限を下部に意識的に委譲して意思決定のトレーニングをさせなければ，中間管理職や経営者は育たないものである。まして，韓国の「財閥」のようにトップに限らず家族経営者が大量に参与している場合には，非家族の従業員に意思決定のトレーニングを積ませながら地位を上昇させるには限界がある。意思決定に参加できず，企画機能も期待されず，ただ執行機能だけを期待される非家族従業員の定着率が低いのは当然だといえる。

　韓国の労働市場は日本と違い，基本的には外部労働市場である。韓国では人材の流動性が高く，スカウト人事などが一般的なために，ポストの空席が組織内部の人間によって埋められるとは限らない状態にある。別の角度から見ると，それは離職率の高さとなって現れるはずである。それが形成された原因の1つは企業が人材を募集する際，「即戦力」としての労働力を求める傾向が強いことにある。一方，離職率が高いため，韓国企業は新卒を採用し，費用と時間とをかけて一人前の労働力へと育てていくことにあまり熱心ではない。

　また，学歴が相対的に低い従業員にとっては，企業内における業務が学歴別に配分され，学歴以上の業務に就くことができないという現実が離職の理由となる。韓国企業，ことに大企業においては生産職の従業員が事務職のホワイトカラーや管理職になることはほとんどありえず，生産職として入社した場合，彼らの昇進は現場の班長や職長までであって，ホワイトカラーである係長や課長補佐程度になる機会さえ閉ざされている。したがって，入社してしばらくすると彼らはより良い待遇や賃金を得られる機会を探すことになる。

　韓国企業では，学歴主義のみならず，能力主義の存在も根深い。韓国企業では日本企業に比べて抜擢人事が多く，それが賃金に大きく反映される制度になっている。韓国の賃金体系は日本とほぼ同じように年功プラス職務給であるが，日本と異なるところは職務給の比率が大きいことである。したがって，同じ年功の従業員であっても課長と平社員を比べた時の賃金格差は日本よりずっと大きいことになる。

第8章 韓国財閥企業の成長と変革

4　技術進歩と競争力の蓄積

　韓国経済成長の初発条件は大変厳しいものであった。資金もなく，技術もなく，あるのは比較的優秀な労働力と企業家精神にあふれた少数の人々だけである。日本占領時代に建設した工業基盤は主として現在の北朝鮮に展開されており，しかも技術者のほとんどすべてが日本人であった。彼らは敗戦とともに帰国し，その上，日本の残した生産施設の多くは朝鮮戦争で破壊された。つまり，経済開発を始める際の韓国の技術的蓄積は極めて薄かったのである。したがって韓国は技術蓄積の欠乏を技術移転でもって埋めなければならなかった。

　韓国企業が生産を始めようとした製品は，すでに生産が開始されている製品であり，ファストメリットを狙うのではなく，コスト・パフォーマンスを武器として参入し，一定のシェアを確保しようというのが基本的な戦略であった。初期の雑貨，繊維業から後の電子電器，造船業までの製品がいずれも極めて組立工業的で，それら製品を組み立てる設備機械はほとんど日本製を中心とした輸入品であり，その部品，洗浄用の薬品，空気や水の清浄措置なども輸入に依存していた。これにより，設備面以外でのコストを抑え，コスト・パフォーマンスを上げていったのである。

　韓国の最近の工業製品のレベル・アップと品質向上は目覚しいものがある。円高という追風もあり，韓国製品のレベル・アップにより欧米で日本製品を追撃し，製品の数は限られているとはいえ，日本に輸入されることも事実である。しかし，このような韓国製品を生産する企業の経営構造やシステムは日本のそれとはまったく異なっている。

　韓国が導入した技術の多くは設備にかなり技術具現化されたものであった。韓国の設備投資比率は非常に高かったが，それは設備の増強にあてられると同時に最新型設備の導入にあてられた。最新型の機械というものは単に加工速度が速い・より精密な加工ができるというだけではなく，機械の操作に関わるソフト面の技術をハードな機械の側に取り込んでいくものである。つまり，最新型の機械は熟練節約的であったわけである。そして，その機械で組み立てる部品の熟練を要する部分を輸入に依存すれば，全体としての熟練はさらに節約できる。

第Ⅱ部　アジアの産業発展と企業成長

3　財閥企業の成長戦略

1　韓国企業好調の要因

　世界薄型テレビ市場（2014年1～3月期）では，韓国メーカー（サムスン電子の29.6％とLG電子の16.9％2社のみ）がシェア46.5％を占め，両社ともに販売を伸ばしており，シェア50％も目前の勢いである。同期にはソニーが6.8％，中国のハイセンスが6.4％と続き，韓国企業に大きく水をあけられている。世界携帯電話市場（2013年通年の世界出荷台数）では，サムスン電子が引き続きアメリカのアップルを大きく抜き，トップシェアを保持している。また，現代自動車も2011～12年の売上高と純利益がいずれも過去最高を記録した。鉄鋼では新日鉄が住友金属と合弁する2012年までの10年間，ポスコの利益が新日鉄を圧倒していた。

　これらの要因として，韓国の通貨，ウォンの下落が韓国企業に有利に働いていることがあげられる（実際逆に，2013年からのウォン高は韓国の鉄鋼と自動車企業の収益に影響を与えている）。韓国企業ではそれに加えて思い切った巨額の投資による規模の経済の最大化を狙った。この方法は経済理論的に見ると極めて合理的であるが，実際に投資を実施する際には難しい決断を要するものである。韓国の経済成長を振り返って見れば政府の援助があったとはいえ，このような「決断」を下しえた企業が大企業として成長してきたことは明白である。企業の存亡をかけたような決断をいったい誰が下せるのか，というときに，結局それは財閥企業のオーナーしかいない。

　韓国の人口は日本の半分以下で経済規模は日本の約4分の1であり，自国の市場自体が小さいため，必然的に海外へ打って出る必要があった。アジアやアフリカなど，新興国や発展途上国の市場を積極的に開拓しているのも韓国企業の特徴である。このため，外国市場を開拓する優秀な人材の採用や育成に努めてきた。サムスンは社員の海外留学にも積極的である。一方，成果主義も徹底している。サムスンでは課長と部長の年収の開きが倍ほどあるケースもある。アジアの企業ではあるが，欧米流の実力本位の制度になっている点が特筆すべ

第8章　韓国財閥企業の成長と変革

表8-3　韓国大手企業グループの幅広い業種展開

グループ名	資産総額 （兆ウォン）	主な事業
サムスン	255	半導体，携帯電話，造船
現代自動車	154	自動車，鉄鋼，鉄道車両
ＳＫ	136	通信，石油精製，半導体
ＬＧ	100	テレビ，パネル，化学
ロッテ	83	小売り，建設，石油化学
ポスコ	80	鉄鋼，建設，素材
現代重工業	55	造船，ロボット，建機
ＧＳ	51	石油精製，建設，小売り
韓進	37	航空，海運，陸運
ハンファ	34	化学，建設，生保

（注）　資産総額は2012年4月の韓国公正取引委員会調べ，公営企業を除く。1ウォン＝約0.07円。
（出所）　『日本経済新聞』2012年7月24日付を基に作成。

き事項である。

　韓国企業は海外事業に力を入れているが，それができるのも国内市場をしっかりと押さえているからである。日本より人口が少なく市場規模自体は小さいが，企業ごとに見ると，国内市場が小さいわけではない。1997年のアジア通貨危機で韓国経済が悪化した際，政府主導で大規模な事業集約や産業再編が進められた。有力財閥同士での事業交換により，過当競争を排除したのである。経済産業省によると，現在の主要1社あたりの国内市場規模は乗用車が日本の1.5倍，携帯電話は2.2倍となっており，競合相手の減少が企業ごとの市場規模を増加させたといえる。

　韓国企業を読み解く上でカギとなるのが「四大財閥」である。四大財閥とは，サムスン，現代，SK，LGの4つを指し，いずれも世界有数のグローバル企業として飛躍している。四大財閥は韓国経済において，圧倒的な影響力をもっている（表8-3）。四大財閥の合計売上高（2010年）は，韓国GDPの半分以上を占めているのである。中でもサムスンは，韓国GDPの21.6％にも及んでいる。つまり，一企業の盛衰が一国の経済を左右するといっても過言ではない。以下，資産規模が多い順に，四大財閥主要企業の戦略を観察しよう。

第Ⅱ部　アジアの産業発展と企業成長

2 サムスンの成長戦略

　サムスンは，韓国最大の企業グループである。世界最大級の総合家電・電子メーカーの「サムスン電子」，総合電子部品企業の「サムスン電機」，薄型パネルや電池製造の「サムスンSDI」など世界的に活躍する企業を抱えている。

　李秉喆(イ ビョンチョル)は1938年に三星商会を設立し，これがサムスン財閥のそもそもの出発点であった。朝鮮戦争後，サムスンは製造業，貿易業，金融業など広範囲の事業を展開し，50年代後半にはすでに財閥と呼ばれていた。電子・電機産業への参入は，白黒テレビの生産のため1969年に日本の三洋電機およびNECとそれぞれ合弁契約を締結したことでスタートした。1980年代末以降，サムスン電子グループはサムスン電子，サムスンSDI，サムスンコーニング，サムスン電機の4社体制となり現在に至っている。

　李秉喆の三男の李健熙(イ ゴンヒ)は1979年にサムスングループの副会長に，1987年には46歳の若さでグループ会長に就任した。80年代に入ると，サムスン電子はQC（Quality Control，品質管理）活動に重点を置き，無欠陥運動，1987年以降にはさらに総合生産性革新運動を展開した。これは工場レベルでの原価低減と生産効率化を，グループ全体の組織レベルにまで拡大したものであった。李会長は1988年にはサムスン電子の研究開発戦略をこれまでの模倣を中心とした製品開発から革新的技術を生み出すための研究へと転換を図り，テレビ技術の開発力は大きく進歩した。

　李会長は，1993年には世界トップクラスの競争力を確保するため，「妻と子ども以外はすべて変えよう」とまで呼びかけ，企業内に変革の風潮を浸透させた。1997年の通貨危機後，サムスンでは採算上問題のある事業や非主力事業など34事業と52品目を整理し，半導体，携帯電話，テレビなど「選択と集中」を進めた。また，国籍に関係なく優秀な人材を採用するヘッドハンティングも積極的に行っている。2006年に3万2000人いたエンジニアのうち，博士は2700人，修士9000人に達するという「超高学歴集団」を形成できたのも積極的なヘッドハンティングの成果である。

　液晶テレビの世界市場において，サムスンは2007年から日本勢を押さえてトップの座に座ってきた。その要因は，サムスンが液晶パネル生産を急拡大し，

液晶駆動用ICも内製化するなど垂直統合型のビジネスモデルを徹底させたことにある。また，サムスンはNAND型フラッシュメモリーで世界トップ，NOR型フラッシュメモリーで第4位のシェアを占めており，DRAMをあわせるとメモリーで世界トップのシェアを誇る。ただし，サムスンは液晶パネルと半導体の素材，生産設備などで日本製品に大きく依存している。2013年3月にサムスンは日本のシャープに約100億円を出資し，シャープから60インチ以上のテレビやスマートフォン向け液晶パネルの供給を拡大した。

3 現代自動車の成長戦略

現代自動車は韓国最大手の自動車メーカーである。傘下に，「起亜自動車」をもち，現代・起亜自動車グループを構成している。2009年から販売台数は世界で第5位，アジアではトヨタに次ぐ第2位という実績を誇る世界企業である。好調の要因は，中国やインドなど新興国市場でシェアを伸ばしていることである。

現代財閥の始まりは鄭周永（チョンジュユン）が1947年に興した建設業であったが，大財閥としての発展のきっかけは，建設業での成功をもとにした造船業と自動車産業への進出であった。鄭はフォードと組み，1968年に東南沿岸の蔚山（ウルサン）で自動車合弁工場をスタートさせたが，合弁生産された車は韓国の道路事情に合わず，合弁を解消した。現代は国内事情に合わせた自動車を開発するために，三菱自動車とエンジンやトランスミッションなど基幹部品を製造するための技術協力を結んだ。デザインはイタリアのデザイン会社に外注し，1976年に排気量1238 ccの小型車「ポニー」を発売した。

現代自動車の国産車「ポニー」は80年代に北米市場で一時ブームを起こしたが，品質に問題があり，90年代には低迷の一途をたどった。これを打破するために，1998年現代財閥の総帥・鄭周永の次男で鄭夢九（チョンモング）が現代自動車会長に就任し，強いリーダーシップを発揮，「10年間10万マイル（16万キロ）無償保証」を打ち出した。その後，10年近くに及ぶ品質改善への努力が効を奏し，米調査機関J・Dパワー社の新車初期品質調査におけるブランド別ランキングで2006年には第1位ポルシェ，第2位レクサスに次いで，現代自動車のブランド「ヒ

ュンダイ」が第3位に躍進した。

　低価格の割に高品質であることを武器に小型車を中心に販売してきた現代自動車は，このような初期品質への評価をテコに，2005年にはアメリカで中型セダン「新型ソナタ」の生産，販売を始めた。新型ソナタは，車体を旧型より一回り大きくし，排気量3300ccのV6エンジンを搭載するなど，日本勢のドル箱といえるトヨタのカムリ，ホンダのアコードといった競合車種に対抗して発売した新車種であった。しかも，このV6エンジン搭載ソナタの価格は2万ドル程度とカムリやアコードのV6搭載車より10～20％安く設定した。

　欧米市場とインドや中国などの新興国市場での販売拡大をテコに，2005年の現代自動車グループ（起亜を含む）の世界販売台数は371万台と2004年の第8位（318万台）から第6位へ躍進した。その後，2008，2009年の円高・ウォン安を追い風に，現代自動車の小型車販売が，特に新興国市場で大きく伸び，世界販売台数は2009年に第5位と上昇したのである。

　今後，現代自動車が中国市場開拓を加速するだろう。2014年1～3月期決算では欧米市場での伸び悩みで最終減益となった一方，中国での販売は9％増加するなど，地域によって明暗が分かれた。そのため，2016年をメドに重慶に乗用車工場を新設するほか，トラックなど商用車の新工場も稼働し，中国の生産能力は151万台と2013年より4割以上増える見込みであることを公表している。

4　SKの成長戦略

　SK企業グループは，韓国のエネルギーと通信サービスの最大手である。主な事業分野は，「エネルギー・化学」，「情報通信」，「物流・サービス・金融」の3つである。石油・化学製品などを扱う「SK」と，韓国最大の携帯電話事業者の「SKテレコム」などが財閥の中核を占めている。

　SK財閥の創業の母体となったのは，1939年に設立された朝鮮の鮮満絨毯と日本の京都織物との合作会社「鮮京(ソンギョン)織物」である。鮮京は，韓国語でSunkyongと発音するが，SKの社名は，このSとKの頭文字を採ったものである。朝鮮戦争後，崔鐘賢(チェジョンヒュン)が中心となって破壊された工場を修復し，新生「鮮京織物」を創立した。1980年には国営の大韓石油公社を買収し，「油公」と改称し，

これが「SK」の屋台骨となる。1984年には，移動通信部門を買収し，「SKテレコム」を開始した。

　SK企業グループの経営戦略の特徴はグルーバル戦略を強化していることである。具体的には，中国，アメリカ，日本，インド，ベトナム，クウェートの6大戦略拠点を構築することに力を注いでいる。エネルギーと移動通信分野が飽和状態のヨーロッパを避けて，市場開拓が望めるベトナムやインドなど環太平洋の新興国をターゲットにしている。SKがめざすのは，「太平洋地域のメジャープレイヤー」だといえるだろう。

　エネルギー分野では，SKが中国の石油流通事業，ベトナムの油田開発，シンガポールの物流基地，インドネシアのガス事業など，太平洋圏でオイルベルトを構築している。中国で積極的に市場開拓をする一方で，ロシアでも石油開発事業に進出している。SKネットワークスが，ロシアの石油会社とロシア政府が所有するオイルシェール（原油を含む鉱山石）鉱山を1億2000万ドルで買収した。ロシアでの熾烈な油田確保競争の中，ニッチ市場に食い込んでいる。最近では，中南米の資源開発にも力を入れており，着実に実績を残している。

　移動通信サービス分野でも，グローバルな事業展開が行われている。SKテレコムが，加入者1億人を目標に「アメリカ，モンゴル，ベトナム，中国」をつなぐ移動通信ベルトを形成している。

5　LGの成長戦略

　LG企業グループは，白物家電，薄型テレビ，携帯電話などが世界シェアの上位を占めている。中核企業であるLG電子は，2011年に薄型テレビが世界第2位，携帯電話が世界第3位のシェアを誇る。LGの主要事業は，「電子・情報通信」，「家電」，「化学」の3部門である。系列会社は52社で，海外現地法人200社，総社員数20万人である。海外売上高は企業グループ総売上高の73％にのぼる。

　LGグループは，創業者である具仁会（グジンヘ）と弟の貝哲会（グチュルヘ）によって1931年に織物卸売業・運送業として創業された。1949年に化粧品会社「楽喜化学工業社」を設立し，その後プラスチック部門に進出した。また，1958年にはLG電子の母

体となる「金星社」を立ち上げた。楽喜と金星社はその後統合され,「ラッキー金星」となり,この英語名である Lucky・Goldstar の頭文字を取って,さらに LG と改名した。金星社は1958年に韓国の電子・電機産業で初めて真空管式ラジオの組立に取り組んだ。1966年に日立の技術支援を受けて,部品のほとんどを日本から輸入し,ノックダウン（knock down＝部品を輸入して組立）生産方式で韓国で初めて真空管式白黒テレビを生産した。その後,LG はしっかり日本から導入してきた技術を吸収していった。

2004年頃になると,LG 電子の薄型テレビの生産技術は,日本と遜色ない水準に達しており,特に欧米市場では日本メーカーの存在を脅かすまでに成長した。LG 電子は薄型テレビでは液晶よりプラズマに強く,2006年のプラズマテレビの世界シェアは松下電器（現,パナソニック）に次ぐ第2位であった。LG 電子は2005年現在で,家電品などの「アプライアンス部門」,薄型テレビなど「ディスプレー＆メディア部門」,携帯電話端末などの「情報通信部門」の3部門が中心となっている。部門別に見ると,情報通信部門の営業利益が高く,LG 電子最大の稼ぎ頭であった。

LG グループは財閥とはいえ,経営は早くから専門経営者に任されており,オーナー色はサムスンと比べてもそれほど強くないという。グループ自体も持株会社化されており,所有と経営が一応分離された形となっている。韓国では財閥の社風は「管理のサムスン」,「根性の現代」と評されるが,LG のそれは「人和」という。文字通り人の和を重視する「おっとり型」の企業経営であると評されてきた。実際,他の財閥に見られたような「お家騒動」や人事抗争などの大きな問題はなかったといわれる。

ところが,2002年には LG グループの具本茂会長は「これまでの発想と行動を変え,ライバル会社以上の挑戦的な目的と誰にも考え付かない方法で勝負しよう」と,明らかにサムスングループを意識した攻撃型の経営姿勢への転換を見せた。LG 電子は,薄型テレビや携帯端末など世界市場第3位以内に入る可能性のある事業に経営資源を集中し,2008年の研究開発費を LG グループの製造業全体で,前年比11％増の3兆ウォン（約3000億円）を投じた。その一方で太陽電池・リチウムイオン電池や第8世代の液晶パネルの生産ラインなど新規

事業への投資も行われている。

4　韓国企業の海外進出戦略

　韓国ではその国内事情から貿易の依存度が高かった。積極的な技術導入を行い，資金面でも大量の外資を導入し，初期には開発資金の過半を外資に頼ることもあった。80年代後期から製造業への海外投資が増加し，資源の確保や現地生産のため，主にアフリカや中近東，北米，東南アジアに進出した。サムスン電子，LGともにタイ生産法人などのテレビ生産を拡充し，第三国向け輸出拠点として活用した。90年代に入ると，ASEANから中国への進出ラッシュを行い，投資業種は繊維・衣服など軽工業から電子や輸送機械など機械関連業種へ転換した。

　90年代から，国内の賃金水準の上昇，経営費用の高さを避け，海外市場の確保のために，韓国企業は積極的に海外へ進出し始めた。1995年以降，LG電子は松下電器（現，パナソニック）に匹敵するグローバルな生産ネットワークを構築するため，中国，メキシコ，インドネシア，イギリス，さらにベトナム，東欧，中央アジアCIS諸国へ投資している。サムスン電子は先進国へのM&Aを展開し，1994年に日本のオーディオメーカー・LUX社を買収，1995年に世界第6位のパソコンメーカーであるASTの40.25％の株式を取得，アメリカの家電メーカーであるゼニス社の57.7％の株式を買収した。

　1992年以降，韓国への外国企業による投資が韓国企業の対外投資を上回るようになり，韓国は資本の純輸出国となった。90年代に急増した韓国の対外投資では製造業のアジア向け投資が最も顕著な伸びを示し，欧米向けの製造業・貿易業投資とともに対外投資全体を拡大させた。90年代末最大の投資分野である製造業について主要国別投資額を見ると，最も製造業投資が多いのは中国投資であるが，その中でも組立金属が最も多く，他に石油・化学・ゴム，機械装備，労働集約的な繊維・衣服・皮革製品が主流を占めている。

　21世紀に入ると，特に世界金融危機以降，韓国企業はアジアやアフリカなど新興国や発展途上国の市場をより積極的に開拓している。途上国の空港を降り

ると，サムスンや LG の広告があふれ，日本企業の広告が隅に追いやられている感がある。現代自動車やサムスン電子は中国，インドで高いシェアを保ち，ポスコはインドネシアやインドに鉄鋼の生産設備を建設する計画がある。今後，韓国企業の新興市場投資はますます拡大していくと予想される。

[推薦図書]

金美徳（2011）『なぜ韓国企業は世界で勝てるのか』PHP 新書。
　　韓国企業の強みと弱み，グローバル戦略と新興国ビジネスモデルの特徴などを，豊富な具体例で明らかにしている。
高龍秀（2000）『韓国の経済システム——国際資本移動の拡大と構造改革の進展』東洋経済新報社。
　　韓国型経済システムの形成と変革を，アジア経済の激動を背景に分析し，現代の韓国経済を豊富なデータで解明している。
服部民夫（1988）『韓国の経営発展』文真堂。
　　韓国の社会・人・企業の特質を社会学的立場から分析し，日本との対比を混じえつつ，企業経営の発展を解明している。

第9章

台湾企業の成長と企業形態

　本章では，台湾の産業高度化と企業の技術進歩，台湾民営企業の成長と経営特徴，および台湾企業の海外進出，特に対中国戦略を説明する。まず，戦後，特に1949年以降の台湾の経済成長や産業高度化を概観する。続いて，台湾企業の成長過程と経営の特徴，官営企業から民営企業へと成長牽引役が交代したことを解明する。その後，台湾プラスチック，台湾積体電路製造など上位大企業の成長戦略と技術進歩を確認する。最後に，台湾企業の海外進出，対中国ビジネスモデルと戦略を観察していく。

　Keywords：輸出加工区，新竹科学工業園区，官営企業，中小企業，同族所有，関係企業，台湾プラスチック，台湾積体電路製造，鴻海精密工業，OEM

1　台湾の経済成長と技術進歩

[1]　国際環境と産業政策

　日清戦争（1894～95年）後，台湾は清（中国）から日本に割譲され，日本の植民地となっていたが，日本の敗戦によって，1945年に中国に復帰した。この時，台湾を含む中国の権力は中国国民党の手に握られていた。しかし，1949年に国民党は共産党との戦いに敗れて台湾に逃れ，今日まで台湾海峡を挟んで中国大陸との対峙が続いている。その後，苦しい環境に立ち向かうためには，経済力の強化が最優先と位置づけられた。経済発展の実現を至上の目標とする新しい高度の科学的知識や専門的技術をもつ技術官僚（テクノクラート）群が形成され，政府による積極的な政策介入が行われた。

　第2次世界大戦後の台湾経済は，主に輸出が発展の原動力となった。資源が

乏しく，機械設備や中核となる部品の多くも輸入に頼ってきた台湾は，主に原材料を加工し，組み立て，製品を輸出することにより成長を遂げてきた。50年代には国内市場を保護して産業を育成する輸入代替工業化政策（⇨第4章第2節「輸入代替工業化政策」参照）へと方針が採られたが，狭い台湾市場は瞬く間に飽和し，輸入代替工業化は行き詰まった。これを打開するため，1960年前後から輸出志向工業化政策（⇨第4章第2節「輸出志向工業化政策」の解説参照）が採られることになった。

輸出志向工業化および経済発展政策の一環として，台湾は外国資本ならびに技術の導入を図ってきた。外国人投資や華僑帰国投資（海外在住の中国人の台湾に対する投資）などの基本法を制定し，投資奨励条例に設備投資に対する減免税措置などを盛り込み，内資企業と同等の待遇を供与した。さらに輸出産業の発展と就業機会の増大を図るため，高雄（1966年），南梓（1971年），台中（1971年）に輸出加工区を設置した。加工区へ輸入される部品や材料の関税は免除され，作られた製品は全量，輸出が義務付けられた。

輸出志向工業化政策の結果，優秀な低賃金労働力という，台湾が本来もっていた優位性が発揮されることになった。繊維製品など大量に労働力を使う労働集約型の製造業が，輸出をバネに急速に発展していくと同時に，台湾経済全体の高度成長をもたらした。年平均経済成長率を見れば，1960～69年は9.1％，1970～79年は10.2％，80～89年は8.0％，90～96年は6.3％となっている。また，一人あたりの国民所得も1950年の50ドルから1987年の約5000ドル，96年の約1万3000ドルに急増し，先進国に準じる段階に入っている。

2 工業化と産業高度化

台湾政府は1949年から人口の多数を占める農民の支持を確保し，社会不安を回避するため，減租，官有農地および地主所有の土地の払下げなど，一連の農地改革を実施した。地主対策としては，農地改革を契機に，1954年に官業四公司（セメント，製紙，農林，工鉱の4社）を払い下げた。農地取得による農業生産意欲の向上と，地主階級の商工業への転身は，食糧の増産と軽工業の育成に寄与した。同時期，50年代から60年代初めにかけて，台湾は化学肥料と電力エネ

ルギー，繊維製品の生産に重点を置き，輸入代替産業育成を図った。

1970年代に入り，台湾は重化学工業部門への投資と，エネルギー，インフラ建設を重点的に進めた。鉄鋼，石油化学，造船産業と，交通運輸，空港，港湾，原子力発電などの10項目の国家建設プロジェクトのため，総額58億ドル（1979年当時換算）を投資した。鉄鋼，石油化学，造船という重化学工業の3プロジェクトは，いずれも公営企業体となった。このうち，幅広い川下産業が発展していた石油化学産業では，合繊とプラスチック加工原料の自給体制がほぼ確立したものの，鉄鋼と造船の投資効果は限定的であった。

80年代以降，賃金水準の上昇，台湾元の対ドルレートの切り上げなどによる生産コストの上昇により，台湾の労働集約型産業の輸出競争力は相対的に低下している。台湾政府は産業の基盤をより付加価値の高い「ハイテク産業」主体に移行するため，情報機器と電機，輸送機器を戦略産業の代表（その後バイオテクノロジーと素材産業を追加）と指定し，特別融資，租税の減免，経営管理技術の指導および経費の補助を行った。そうした中，1980年12月に台湾のシリコンバレーとも呼ばれている新竹科学工業園区を設立した。

新竹科学工業園区に続いて，1996年に台南県と高雄市に南部科学工業園区，2003年に台中県，台中市と雲林県に中部科学工業園区が設立された。新竹科学工業園区は主に半導体生産を中心に対して，南部科学工業園区は主に液晶パネルや半導体，中部科学工業園区は主に液晶パネル，DRAM（半導体記憶素子の1つ）の生産を中心にする。さらに2002年以降，台湾政府は産業発展重点としての半導体と液晶パネルを巨大産業に育て，デジタルコンテンツとバイオ技術を経済成長の牽引車として育成することを目標とした。

3 人材の育成と技術進歩

台湾の市場は狭小で資源にも恵まれていないが，人々の働く能力が台湾の豊かさを支えている。当初，台湾の工業化を主導した雑貨産業は単純労働集約型であるとはいえ，規律正しい共同作業，一定水準の品質管理を要した。また，台湾の企業は最新の機械設備を積極的に取り入れる傾向があるので，それらを使いこなすためには，ある程度の教育を受けた労働者を必要としたのである。

日本統治期に初等教育制度が育成されたことと，中国大陸から一部技術者が移入してきたことが労働力の水準が高い基盤となっているが，台湾が人材育成を始めたのは主に戦後のことである。

　台湾の初等教育普及率は1952年にすでに84％の水準にあり，1960年には95％と完成段階に達した。中等教育への進学率は1952年の34％から漸次上昇し，1970年には80％に，その10年後の1980年には97％に至った。高等，大学への進学率も並行して上昇し，1970年の大学進学率は約20％，1980年の約44％を経て，1986年には約58％に達している。とりわけ工業でいえば技能工の中心となる高等職業学校卒の割合が高まった。このような全般的な教育水準の向上が，台湾の輸出産業の多様化，高級化，競争力の維持強化を支えてきたのである。

　その上，1983年に職業訓練法が制定され，訓練目的，手段，訓練の評価その他が定められた。訓練場所としては小規模事業所が，訓練の種類としては徒弟的訓練が多い。特に，製造業，生産職，国民中学卒において，その割合が高い。つまり，現場の作業者の養成は小規模な企業で徒弟訓練方式によってなされている。これは，製造業に中小企業が多いという生産組織の性格と，主に経験によって獲得される身体の技である技能が，作業に密着した熟練工が例示でもって教える徒弟訓練によって効率的に形成されるからである。

　こうして台湾では，一方において中小企業を中心に職人，正確にはその延長の技能が温存されてきた。そこで汎用機を使い，生産規模の割には多種の製品を少量生産してきた。例えば，工作機械といった単品ないし少量生産の分野では，先進国の製品を模倣するなどして技術を蓄積してきた。他方，電子機器など輸出向け工業では，大企業によって，標準化した輸入技術に基づき専用機を使い少品種大量生産がなされてきた。そこでの労働は単純化，単能化したものであった。

４　競争優位と貿易構造の変化

　80年代までの台湾の輸出志向的経済発展，すなわち工業化と輸出製品の増大は，外資導入を抜きには考えられない。台湾の外資導入は日米資本が中心であったが，このほかに華僑資本が加わったのである。日米資本の投資業種は主と

して，電機電子，化学，サービス，機械の順になっており，電機電子，化学の2業種だけで全体の5割を占めていた。これに対して，華僑資本は比較的規模の小さい，紡績，セメント，サービス，建築など，いわゆる労働集約型業種に分散し，現地企業と競合する形で存在していた。

　台湾において外資導入は紛れもなく輸出志向工業化へ転換する大きな契機となったが，この工業化の発展に貢献したのが低賃金労働者の存在である。50年代，台湾の農村は100万人にものぼる過剰人口，とりわけ若い女子労働者をかかえていた。1984年になっても，台湾の製造業労働者の月額平均賃金は日本の4分の1，アメリカの10分の1であった。また，1949年から1987年までの非常時（戒厳令実施）体制下における労働組合運動の制限や団体交渉・労働争議の禁止など，台湾の労働市場には外資導入を誘引しやすい条件が具備されていた。

　対外貿易の主軸は対日米貿易であるが，その対日米貿易の特徴は，60年代後半には対日資本財輸入に対して，対米製品輸出の貿易構造にシフトしていったのである。つまり，対日米貿易構造は日本から資本財・中間原料を輸入し，それを台湾で加工生産し，アメリカに製品輸出する，いわゆるトライアングル構造（⇨第3章第1節 1 「太平洋トライアングル」参照）が形成されていたのである。台湾の貿易収支は対日赤字に対する対米黒字の関係が形成され，収支全体としては60年代の赤字基調から70年代には早くも黒字基調に移行した。80年代には巨額な外貨を保有するに至った。

　80年代の末から，アパレル，プラスチック製品，電子製品など輸出向けの労働集約型産業が，台湾元高によって一気に競争力が失われ，その多くは安い労働力を求めて東南アジアや中国大陸に進出していった。代わりに資本集約的，技術集約的な中間財産業，資本財産業が発展したため，それまでの台湾の輸出は労働集約的消費財の対米輸出が中心だったが，それ以降はアジア向けの中間財，資本財輸出の増大が著しかった。対米輸出もパソコンなど，より技術水準の高い商品へと高度化している。

第Ⅱ部　アジアの産業発展と企業成長

2　台湾民間中小企業の成長

1　資本の官民二重構造と民営企業の成長

　台湾経済における産業組織ないし企業構造の最大の特徴は，官営企業と民営企業の二重構造である。台湾の官業体制は膨大であったが，その系譜は戦前の日本独占資本の国有化に由来する。したがって，工業部門では鉄鋼，造船，石油化学，肥料，金属，製糖など台湾のほとんどの基幹産業が官業であったほか，交通，運輸，通信，電力，原子力エネルギー部門はいうに及ばず，金融部門における主要銀行のほとんどが官業で占められていた。そしてこのような官業支配のもとで民業が成長し，ついには経済成長をも牽引するまでになった。

　台湾の経済発展ないしは産業発展は，官業に対する民業の発展であり，官業主導の経済から民業主導の経済への発展であるといえる。鉱工業部門の官民企業別生産額の構成は，1953年段階では官業が過半を占め，民業は半分以下であった。それが民業の急速な成長により50年代末頃から民業の生産額が官業を上回り，両者の地位は逆転する。その後，60年代の輸出志向工業化の進展で民業の成長は官業の2倍を上回る勢いで伸び続け，80年代段階では，民業が工業生産の約8割を占め，官業を大きく引き離している。

　なお，官営資本と民営資本の系列化問題については，石油化学部門で生産体系における系列化が見られるほかはあまりない。そして産業組織における官民垂直的分業構造は，市場面で官業の国内市場支配と民業の輸出市場主導の分業構造をもたらし，結果的にこれが経済発展における民業主導の構図につながっていくことになる。

　官営企業に対して民営企業が成長をリードしてきた理由として，民営企業が輸出加工の担い手になったこと，民営企業の輸出加工に必要とする原材料や部品は輸入に依存し，民営企業の成長と官営企業との関連性が必ずしも高くないこと，官営企業における官僚主義経営の問題などがあげられていた。台湾は輸出志向工業化過程で，外国資本と提携した民間資本が急速な資本蓄積を遂げてきた。民間企業の成長に対する官営企業の経営不振の形でクローズアップされ，

世論の非難のもとで官業への民営化圧力が強まっていた。

2　台湾中小企業の発展

　台湾経済の発展過程において中小企業の果たしてきた役割は大きい。台湾は中小企業の総数が2002年においておよそ110万5000社と，全企業の97.7％を占め，就業人数は736万人で全体の78.2％を占める。また，株式会社形態をとっている企業数は全体の39％であり，61％が小規模な中小企業であり，台湾は中小企業の特に多い地域と特徴付けられている。台湾経済の発展プロセスで，中小企業は経済成長の主役であったばかりでなく，雇用創出と所得分配の平均化の方向に向かわせる媒体的役割を果たした。

　1950年代の経済復興期においては大企業といえば官営企業であり，民間には中小・零細企業しかなかった。それが国内市場を基盤とする輸入代替産業の発展，一部紡績など特定産業に対する政府の保護育成政策のもとで中小企業の成長がもたらされたといわれている。そして，60年代の高度成長期に移ると，中小企業は外国資本との資本・技術提携を図り，輸出市場への進出を契機に，民間企業の躍進が見られた。この過程で一部中小企業が急成長し，大型化して大企業経営の範疇にシフトするまでに成長した（図9-1参照）。

　60年代に成長した紡績，食品，セメント，電器，プラスチックなどの民営企業は，70年代に入るとさらに大型化し，集団企業ないし関連企業を形成して，官営企業と肩を並べるまでに成長していった。しかも，これらの企業は内容的には家族経営を中心とした小型財閥として始まり，資本規模が大型化すると同時に経営の多角化が進められ，ごく一部の同一業種における素材から製造・流通までの垂直的投資の拡大を図る企業以外，多くは関連性のない異業種企業が水平的投資の拡大をしてコングロマリット（複合）型企業に成長していた。

　台湾の中小企業が輸出志向的発展，および輸出競争力を勝ち得ている理由はまず第1に，低賃金労働による労働集約的製品の比較優位をあげることができる。第2に，多種少量，商品差別化生産により，規模の経済性における中小企業の比較劣位を克服し，市場競争力を獲得していることである。第3に，外国資本との提携，系列化ないしは国際下請による輸出市場への進出である。例え

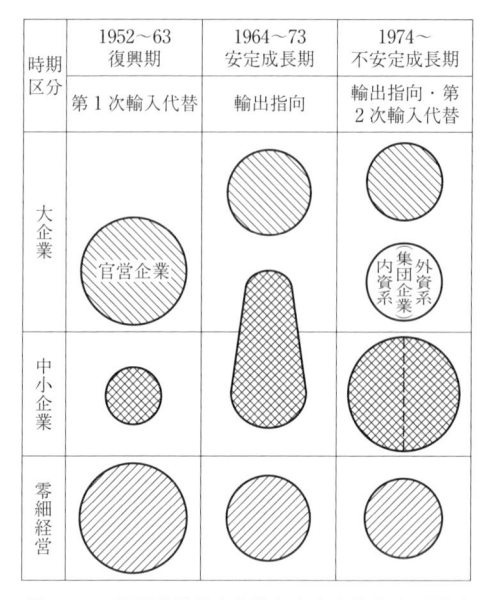

第Ⅱ部　アジアの産業発展と企業成長

時期区分	1952〜63 復興期 第1次輸入代替	1964〜73 安定成長期 輸出指向	1974〜 不安定成長期 輸出指向・第2次輸入代替
大企業	官営企業		外資系／集団企業／内資系
中小企業			
零細経営			

図9-1　発展段階別大企業と中小企業成長の構図
(注)　1：大企業とは従業員規模500人以上，零細経営とは29人以下を目安とする。
　　　2：輸入代替について，第1次は軽工業，第2次は重化学工業を意味する。
(出所)　隅谷三喜男・劉進慶・涂照彦（1992）『台湾の経済——典型NIESの光と影』東京大学出版会，135頁を基に作成。

ば地場企業のOEM（注文先ブランド製品⇨本章Column「OEM/ODM/EMS」参照）輸出，地場メーカー製品の外資系商社を経由した輸出など，外資とのさまざまな形の提携による輸出が多い。

3　民営企業の所有と経営

　台湾企業では，全体として個人所有が法人所有を上回り，そして少数の大株主の手中に株式が集中している。上場企業においては，資本額の増加に伴って持株構成が変化し，オーナーとその親族の直接所有比率は減少するが，関連組織を通じた間接所有比率は増大し，その結果全体の持株に占める比率は低下しないのである。主要家族は，親族員を動員し，兼任を増やし，あるいは会長や

社長といった主要ポストを占めることによって,できる限り経営面でも支配力を維持しようと努力しているのである。

ただ,同族所有が必ずしも同族経営に直結しておらず,主要親族が経営面では脇役に回っている企業もある。場合によって,中心となるオーナー家族が,親族や同郷人を補完的な共同出資者あるいは共同経営者として募ることがある。これは,資本の不足を補うため,有能な経営者を確保するために行われるもので,会社を代表する責任者は,あくまでも中心的なオーナー経営者である。また,持株の多いパートナーが持株の少ないジュニア・パートナーに経営実務を委ねる場合も少なくない。

台湾の上場企業においては,単一の主要親族が株式所有と経営実務の両面で大きな支配力を握っている場合もあるが,それ以外の場合はパートナーシップが基本的な形態なのである。単一の親族集団が株式の大半を支配している同族企業では,それは親族内パートナーシップの形態をとるが,複数の親族集団が主要株主となっている企業では,それは家族・親族の枠を超えたパートナーシップとなる。また,「関係企業」のレベルでは,このようなパートナーシップ形態の企業が,単一あるいは複数のオーナー親族を中心として,緩やかなネットワークを形成している。そして,「関係企業」の間にも種々の提携関係,姻戚関係のネットワークが存在し,「関係企業」を超えた大きな企業間ネットワークも形成されている。すなわち,家族・親族がパートナーとなって企業をつくり,これら企業がパートナーとなって「関係企業」をつくり,さらに「関係企業」がパートナーとなって巨大なネットワークをつくるという,パートナーシップの重層構造が見られるのである。そして,台湾の「関係企業」は開かれたパートナーシップのネットワークであるため,独立した企業王国を成している韓国の「財閥」とは対照的であるといえる。

４ 中小企業の経営特徴

台湾の大企業は政府の高率関税による保護のもとで,主に国内市場を主体にした資本投資がなされている。しかし,大企業に比べて中小企業は政府の助成がほとんどないため,国外に市場を求めるほかに方法はなく,輸出産業として

製品輸出を行うことになった。このような理由で，大多数の中小企業が輸出を経営の基本方向に置いている。台湾の輸出中小企業は，当初は対外貿易の多くを外国商人やブローカーに頼っていたが，90年代以降は自力で世界各地に市場開拓を図り，台湾経済発展の主役となり，外資獲得の主力となっている。

台湾の中小企業においては，個人が主人として決定権（自主権）をもって一家を代表しており，多くの経営者は旺盛な企業家精神を発揮している。利益をあげるためには毎日の勤務時間がどんなに長くても気にせず，事業発展のためにただただ働き，冒険もし，困難にも立ち向かう者が多い。台湾では多くの中小企業が海外に製品を輸出している。たとえ挫折したり，失敗しても何事にも恐れない勇気をもって，再び企業を興す傾向にある。

台湾における多くの中小企業の発展は「自ら生じ，自ら滅びる」（自生自滅）の状況に近く，資金調達や人材確保・育成についてもすべて自力で行うため，いったん調達がうまくいかなくなれば，破産に追い込まれるか，倒産になる。しかし，台湾の中小企業主の自給能力は非常に高く，仮に倒産しても，また新規に事業を立ち上げるなど，何か不思議なエネルギーを貯えている。これを内部的側面から見ると，中小企業主は常に人的ネットワークを活かし，先行投資先を見出そうと目を光らすなど，投資意欲が強いことが要因と考えられる。

台湾の中小企業主は企業間ネットワークを活用し，常に企業発展のための情報活動を積極的に行っている中で，既存事業の限界性を見極めたり，成長性の高い新規事業への転換をするなど，創業意欲も高い。このように台湾の中小企業主は時代の変化に対応できるように常に情報力を活かしている。その結果，賃金高と労働力不足で国際競争力の比較優位を失った労働集約型の輸出加工業を中心に，東南アジア，中国大陸へ企業進出を急増させることもできたのである。

3 製造業における上位民営企業の成長戦略

1 上位企業の成長と主要業種

前述したように，1970年代および80年代には活力のある中小企業が輸出主導

型の台湾経済を牽引してきた。ただ，製造業の売上高に占める中小企業の割合は1987年には46.9％であったが，その後は減少し続け，98年では30.4％となっている。90年代に入って，製造業での中小企業売上高のシェア低下は，特に石油化学や半導体・パソコンなどのハイテク部門で大企業が出現，急成長してきたことに起因している。つまり，90年代にはハイテク部門の大企業が中小企業に替わり台湾経済を牽引していったといえる。

　それと同時に，台湾の輸出額に占める中小企業の割合は1986年と91年には42％を占めていたが，96年には31％，2001年には26％と減少し，特に90年代にそのシェアを大きく減らしている。90年代に入って，中小企業の輸出シェアが減少傾向をたどったのは，1991年に台湾政府が対中間接投資を解禁したことから，特に労働集約型業種で生産拠点の中国へのシフトが進んだことに原因がある。さらに，半導体などの分野でも大企業が急成長し，その輸出の増大にともない，中小企業の輸出シェアが相対的に減少したことも無視できない。

　表9-1に示した売上高が1000億台湾元（約3500億円）以上の35社台湾企業グループを見れば，26社が製造業に従事し，そのうち16社がIT・ハイテク企業である。鉄鋼，石油化学，自動車などその他製造業は10社である。サービス業では金融が5社，その他4社となっている。ここから，台湾の大企業グループの主要事業が製造業で，しかもその多くがハイテク製品を生産していることがわかる。特に，パソコン，半導体，液晶パネルのメーカーのほとんどは90年代半ば以降に急成長した企業である。

　大企業グループの売上高順位では鴻海精密工業がトップとなっているが，実際は台湾プラスチックグループが台湾最大の企業グループといえる。台湾プラスチックグループは主要グループ企業24社から構成される。上位35社としてリストアップされている企業の中に，台湾プラスチックグループに属する台湾塑膠工業，台塑石化，南亜塑膠工業，台湾化学繊維の4社の売上高を合計しただけでもトップの鴻海精密工業の連結売上高を上回ることから，台湾プラスチックグループが台湾最大の企業と見て間違いない。

第Ⅱ部　アジアの産業発展と企業成長

表9-1　台湾の35大企業グループの売上高ランキング（2005年）

(単位：100万元)

順位	グループ名	業　種	売上高	税引き後純益	企業数
1	鴻海精密工業	電子製品	911,773	40,784	16
2	国泰金融控股	金融持株会社	626,132	21,787	16
3	国泰人寿保険	生命保険	558,110	17,923	5
4	広達電脳	パソコン	479,220	10,921	43
5	台塑石化	石油化学	445,152	57,250	5
6	華碩電脳	電子製品	357,840	17,275	87
7	宏基	パソコン販売	318,008	8,478	93
8	中国鉄鋼	鉄鋼	284,115	50,647	89
9	新光金融控股	金融持株会社	277,447	7,056	14
10	台湾積体電路製造	半導体	266,565	93,575	19
11	仁宝電脳工業	パソコン	265,462	8,419	36
12	新光人寿保険	生命保険	259,803	7,363	3
13	南亜塑膠工業	プラスチック製品	250,769	39,957	43
14	奇美実業	石油化学	246,081	7,094	11
15	統一企業	食品	242,414	2,085	92
16	富邦金融控股	金融持株会社	228,688	10,641	10
17	光宝科技	パソコン周辺機器	227,506	8,732	26
18	友達光電	液晶パネル	217,388	15,627	12
19	大同	電機	204,944	-6,132	80
20	英業達	パソコン	198,729	3,272	30
21	明基電通	電子機器	176,778	-5,226	82
22	台湾化学繊維	化繊	172,245	39,843	13
23	緯創資通	パソコン	164,732	3,182	43
24	奇美電子	液晶パネル	160,221	8,047	15
25	台湾塑膠工業	プラスチック原料	158,596	33,187	36
26	宝成工業	スポーツシューズ	150,803	4,228	5
27	長栄海運	コンテナ輸送	140,737	12,224	21
28	聯強国際		139,580	2,846	19
29	遠東紡織	繊維	136,008	8,383	55
30	英華達	パソコン	120,159	2,990	11
31	統一超商	小売	119,941	3,653	41
32	中華航空	航空運輸	118,370	645	27
33	和泰汽車	自動車	107,012	4,564	28
34	中華映管	液晶パネル	103,329	-7,352	20
35	聯華電子	半導体	100,316	7,027	15

(資料)　浅海信行『韓国・台湾・中国企業の成長戦略』勁草書房, 199頁。
(出所)　「2006年台湾地区大型排名TOP500」中華徴信所を基に作成。

2 台湾プラスチックグループの成長戦略

　台湾プラスチックグループは，実質的に台湾最大の企業グループであり，世界有数の石油化学メーカーでもある。台湾プラスチックの創業者であり，総帥でもある王永慶(オウエイケイ)は2008年に91歳で亡くなったが，台湾では「経営の神様」と称えられ，またパナソニックの創業者と同じように小学卒の学歴だけで大企業を育てた点が共通するところから，「台湾の松下幸之助」とも称される。

　台湾プラスチックグループは1957年にPVC（ポリ塩化ビニール）粉末を月産100トン生産し始めたが，国内業者は国産PVCの品質を疑ってほとんど買うことはなかった。そこで，王永慶はPVC粉末を輸出に振り向けながら，PVC粉末のはけ口として製品に加工する南亜塑膠工業を1958年に設立した。65年には台湾化学繊維を設立，化学繊維の原料，糸，布地の一貫生産を行うとともに，その素材を活用するアパレル生産のための台麗成衣工業を設立している。さらに，川上部門に属する石油精製，川中部門ともいえるナフサ分解，プラスチック原料生産，川下部門に属するプリント基板，マザーボード，半導体，パソコンといった関連ハイテク製品にも進出し，垂直統合型の事業を展開してきた。

　台湾プラスチックグループの所有構造の大きな特徴として，上場の主要企業および非上場企業で株式の持合と循環出資を行うことにより，内部所有比率を高め，王一族がグループ企業を支配している点がある。例えば，台湾塑膠は台湾化学繊維（出資比率3.39％），台塑石化（同29.31％）に出資している。台湾化学繊維は台湾塑膠（同7.65％），台塑石化（同24.94％），南亜塑膠（同5.15％）に出資し，南亜塑膠は台塑石化（同23.84％），台湾塑膠（同4.63％）に出資している。また台塑石化は台湾塑膠（同2.07％），台湾化学繊維（同0.83％）に出資している。

　王永慶は90年代からエチレン，ABSの生産工場を寧波に，プリント基板の生産基地を昆山に次々立ち上げ，中国大陸に積極的に進出している。2005年で88歳になった王永慶は，グループ企業の主要上場4社の董事長（会長）を兼任しており，台湾企業の経営者が選んだ「2005年の最も敬服する経営者ランキングで第1位となった。第2位は鴻海精密工業の郭台銘(カクダイメイ)（英語名：テリー・ゴウ）

董事長，第3位は台湾積体電路製造の張 忠 謀(チョウチュウモウ)（英語名：モーリス・チャン）董事長，第4位は宏碁（エイサー）の創業者で2004年末にその董事長を退いた施 振栄(シシンエイ)（英語名：スタン・シー）であった。ここからは台湾積体電路，宏碁(ホンジー)，鴻海精密工業の成長戦略を見てみよう。

> ＊ 現代（戦後）の香港・台湾の知識人はほとんど中国語と英語の両方の名前を持っている。ただ，英語の名前は苗字と名は逆になっている。例えば，施振栄は漢字の日本語発音は（シシンエイ）で，英語は Stan Shih でスタン・シーになる。

3 台湾積体電路製造（TSMC）の成長戦略

　台湾の半導体産業の大きな特徴として，工程間垂直分業型の生産体制がとられており，その中核にはファウンドリーというウェハー加工処理に特化した企業の存在がある。一方，日米や韓国の半導体メーカーの多くは設計開発，ウェハー加工処理などの前工程および組立，検査などの後工程をすべて一貫して行う垂直統合型メーカーである。2006年の世界の半導体受託生産では台湾積体電路製造が50％，聯 華 電子(レンファー)が16％を占め，この台湾の大手ファウンドリー（半導体受託生産会社）2社だけで，受託生産全体の3分の2を占めている。

　台湾積体電路製造の設立は，多数の ASIC（ユーザーの要望に合わせて製作するIC のオーダー品）を開発する設計会社の育成という政府計画と密接な関係がある。当時，設計会社から垂直統合型メーカーへの製造委託は，統合型メーカーにとって製造受託は副業であるため，品質や納期などの点で問題が多かったのみならず，統合型メーカー自身も半導体の設計開発を行っているので，設計会社にアイディアが盗まれる懸念があった。そこで，1985年にアメリカから帰国した張忠謀は，自社製品を一切持たず，自社製品を持つ他社に対してウェハー加工処理サービスのみを提供するファウンドリーとして，台湾積体電路製造の設立を提案した。

　張忠謀の提案したファウンドリー事業は，設計とウェハー加工処理を分業化し，多数の設計企業が受注，製作した設計に基づき，ファウンドリーが受託生産することで安定的に高い稼働率を維持し，しかも「多品種少量生産」と「量産効果」という矛盾したコンセプトをも同時に満足させることができる上，設

計会社に品質と安定供給をも保証できるようになった。そこで，台湾積体電路のある新竹科学工業園区には設計専業の半導体受託生産企業が次々と設立され，1990年には55社に達するという波及効果をもたらした。

　1991年以降，台湾積体電路製造の経営も安定し，売上高は1991年の45億台湾元から，10年後の2000年には1662億元へと37倍もの伸びを見せた。それは2005年には2646億元に達し，半導体産業の世界第6位の日本ルネサステクノロジとほぼ同規模である。また，2005年の営業利益率が35.4％と驚異的な利益を上げて，売上高トップ50の台湾企業の中で最大の利益率を誇っている。さらに，台湾積体電路製造の技術力の高さは2005年に同社が取得したアメリカ特許数が441件と台湾企業で最も多かったことからもうかがえる。

　台湾積体電路製造は，2012年の売上高が5062億5000万元（171億2000万米ドル）に達し，税引後の純利潤は1661億6000万元（56億2000万ドル）に達した。世界では3万7000人を超える従業員を擁している。2012年現在，台湾積体電路製造は最先端の12インチウェハー工場を3つ，8インチウェハー工場を4つおよび6インチウェハー工場1つを擁している。さらに微細な回路の半導体を生産する工場も新設する。工場を持たない半導体会社や巨額の投資が難しいメーカーからのスマートフォン向け半導体の受注が増えている。

4　宏碁の自社ブランド確立

　台湾で半導体，パソコン，液晶パネルなどのハイテク産業が急成長したのは，日米メーカーの製品が市場を席捲していた状況下で，ファウンドリーとOEM/ODM（⇨本章 Column「OEM/ODM/EMS」参照）というニッチ市場に狙いを定めたことが成功要因といえる。そうした中，宏碁はOEM/ODMのビジネスモデルに甘んじることなく，エイサー（Acer）ブランドを立ち上げ，自社ブランドでの販売に果敢に挑戦した。その後手痛い失敗など紆余曲折を経ながらも，2009年には自社ブランドパソコンの世界出荷台数で第2位にまで躍進したことは注目に値する。

　宏碁の創業者である施振栄は1979年に宏碁股份有限公司（株式会社）を設立し，CPUの輸入販売や電子製品の設計受託から事業をスタートし，1980年に

第Ⅱ部　アジアの産業発展と企業成長

は中国語の出入力が可能なコンピュータ，81年には学習用コンピュータを発売し，83年に IBM 互換機の生産に入り，84年にアメリカ企業から OEM を受注して，IBM 互換機の16ビットパソコンを初めて輸出した。宏碁は1987年にブランド名を「エイサー」に改め，OEM 事業とともに，自社ブランドのパソコンを開発，生産，販売するという垂直統合型のビジネスモデルを確立し始めた。

　一方で宏碁は，1986年には IBM に先駆け，インテル社の CPU を使った32ビットパソコンの開発に成功した。この32ビットパソコンの開発の成果は欧米企業からの OEM 受注の拡大をもたらした。このビジネスモデルの一環として，1984年には OEM 専門の明碁電脳（メイジーデンノー）（後に明碁電通に名称変更，2001年に周辺機器などを生産する明碁電通に改編）を設立，1989年には ASIC の設計を行う揚智科技（ヨーヂ）を，1989年にはテキサス・インスツルメンツと合弁で DRAM 製造の徳碁半導体（ドージー）を設立するなど事業拡大を積極的に推し進めた。

　その後宏碁は，何度かあった危機的状況から立ち直り，企業組織再編を通じて業績を伸ばしてきた。特に2001年に，宏碁から開発製造部門を分離して，新規設立した OEM/ODM 専門の「緯創資通」に移管し，新会社「宏碁股份有限公司」を設立し，エイサーブランドの販売を開始する。こうしてエイサーブランドの世界出荷台数は2004年で前年比44％増，世界シェアは第5位へと躍進した。2006年には出荷台数は2004年のほぼ2倍増となり，2007年には中国レノボを追い越し第3位に，2009年に低価格ノートパソコンでシェアを大きく伸ばし，アメリカのデルを抜いて第2位へと躍進し，さらに世界トップとなる目標を掲げている。

4　台湾企業の対中ビジネスモデルと戦略

1　海外直接投資と対中ビジネスモデル

　1980年代の後半以降，台湾通貨である元の切り上げにより，もはや台湾で存続できなくなった労働集約型産業の生産部門が，安い労働力を求めて東南アジア諸国や中国へと大挙して進出した。これによって傘や靴の工場は，数年のうちに台湾からほとんど消えてしまったが，先進国のバイヤーからの受注やサン

プル開発は依然として台湾にある本社が行っている。つまり，国際分業の仕組みがより精緻になる中で，台湾企業はコーディネーターとしてOEM生産やODM生産を続けている。

　80年代，東南アジアへの投資は中国への投資と比べて規模が大きく，電子産業の投資が目立った。それに対して，中国への投資は靴や雑貨などの割合が高かった。立地は改革・開放政策が先行し，輸出に便利な広東，福建両省に集中した。90年代に入ると，東南アジアは投資先として飽和感が高まり，投資は停滞した。一方，中国では内陸から低賃金労働力が供給され続けて，1992年以降改革・開放政策がさらに進展したことによって，台湾の大手の企業グループによる対中国投資が顕著になり，投資規模は拡大し，業種も多様化した。また，投資生産の目的が中国市場に置かれたことによって，立地の重点は上海を中心とする華東地区に移るとともに全国化していった。

　台湾のスポーツシューズや電子メーカーの多くはOEM/ODMというビジネスモデルに特化しているため，ライバル社が中国での現地生産に踏み切れば，発注元（相手先）の企業との価格交渉を有利にするためにも，コストの安い中国での生産に踏み切らざるを得ない。また，完成品メーカーが中国に進出，生産を行えば，部品メーカーや下請け企業が追随して中国に進出するケースが多く，完成品メーカーも部品メーカーに共同進出を求めることになる。この結果，中国の広東省や上海周辺では，台湾企業によるIT・電子機器分野での産業集積が進んでいった。

　台湾企業が中国に進出する場合，独資（100％出資）で進出するケースが多いが，特に広東省へ進出する場合，加工貿易（委託加工）制度を活用することが多い。加工貿易とは，主に輸入部材を使用した中国内での加工生産であって，その製品が輸出されることを前提に，原材料の輸入段階の課税（関税・増殖税・消費税）が保留される形態である。ただし，2006年以降，中国政府から貿易黒字を削減するため，加工貿易を制限する政策が出され，紡績業・アパレル製造業など労働集約型産業における台湾の中小企業は，ベトナムへの生産ラインを移管する動きが広がっている。

第Ⅱ部　アジアの産業発展と企業成長

2　鴻海精密工業の中国進出戦略

　鴻海精密工業は，世界最大のEMS（電子機器の受託製造⇨本章Column「OEM/ODM/EMS」参照）企業で，連結決算ベースで台湾最大の企業でもある。2006年の売上高は，日本の2006年度の売上高順位で第21位にあるNECを上回る業績である。2006年の鴻海精密工業の売上高は10年前と比較すると約100倍という急激な伸びで，その驚異的な成長力には驚かされる。また，中国に進出している台湾企業が対中投資から得ている純利益を見ると，鴻海精密工業はほかの台湾企業を大きく離しており，対中ビジネスで断トツの収益を誇っている。

　鴻海精密工業は1974年にスタートし，創業当時は白黒テレビ用のプラスチック部品を製造していた。鴻海の競争力の源泉の一つはあらゆる部品製造に欠かせない金型を内製していることにある。80年代に入ると，パソコン部品のコネクターを生産し，大きな利益を得た。1985年には自社ブランドFOXCONNを立ち上げた。1999年からはマザーボード（電子回路基板，Mainboard）の製造を開始し，同時にパソコンの最終組立にも参入した。当初はコンピュータなどで利用される電子装置を構成するための主要なマザーボードの設計は委託者が行い，鴻海がその設計をもとに製造を請け負うというOEMであったが，その後，鴻海は設計能力を獲得した。各種電子部品の製造はもとより，マザーボードや液晶パネルなど基幹部品もグループ企業内で内製化するなど垂直統合型の事業展開と並行して，パソコンの受託製造を通じて身に付けたノウハウを活かし，パソコン周辺機器・テレビゲーム機・携帯電話末端など，高付加価値製品の受託生産へと技術力を高めていった。2009年11月，鴻海は液晶パネル世界第4位の奇美電子（チーメー）を吸収し，日本の家電大手や韓国のサムスン電子と肩を並べる企業グループまで成長してきた。

　成長要因の1つは，顧客のニーズに合わせた低コストでの大量生産であり，中国への大規模な投資と現地生産がこれを可能にした。1988年に中国へ進出し，深圳経済特区に最初の工場を設立した。1993年には江蘇省・昆山市に，2000年には北京市に進出し，低コストの生産体制を整えた。沿海地域の賃金上昇にかんがみ，2010年から内陸の河南省や四川省にも展開している。1992年に深圳で鴻海の現地法人である中国事業会社の富士康（フシコン）（Foxconn）科技集団を設立し，

Column

OEM/ODM/EMS

OEM（Original Equipment Manufactured）とは，相手（委託者）ブランドの製品の委託生産をいう。ブランドをもつ企業が生産能力をもつ他の企業に自社ブランドの使用を認め，自社ブランドと同一の技術水準に合致することを条件に，生産を委託し，その製品を買い取る。OEMは一般的にはアパレル，スポーツシューズ，電子製品の単純組立など労働集約型製品でよく行われる。

ODM（Original Design Manufactured）とは，製造委託された企業が自らデザイン，生産し，相手方ブランドを付けて供給することを指す。実際は，デザインと生産のみを請け負うのではなく，技術力の高い受託企業の場合，自らデザインばかりでなく設計開発まで担い，その製品を委託者に提案し，相手先ブランドを付けて生産するケースも含む。このため，ODMをOriginal Development Manufacturingということもある。例えば，台湾企業のODMではノート型パソコン，デジタルカメラ，液晶テレビ，携帯末端など比較的高付加価値のデジタル製品の受託生産が多い。

EMS（Electronics Manufacturing System）とは，高付加価値の電子製品やハイテク製品を受託生産するケースを指し，ODMとは異なり自ら設計開発を行うことは少ない。もともとはアメリカで，大手のエレクトロニクス企業の製造工場を従業員とともに買収することで，エレクトロニクス製品の受託生産を行うというビジネスモデルからスタートした。工場を売却した企業はその工場でそれまで生産していた自社製品を引き続き製造委託をすることができる。工場を売却するメリットは，その工場の稼働率や従業員の雇用を心配する必要がないことにある。一方，工場を買収したEMS企業は，工場を売却した企業からのアウトソーシングが減少した場合，設備と従業員を有効に活用できるように他社からのアウトソーシングに応じることができる。

中国事業はすべて富士康の名義で行われている。実際の生産活動は，富士康の主力子会社である鴻富錦精密工業が行っており，2005年には中国最大の輸出企業になっている。2006年から中国を製造拠点にロボットの内製を始めており，2011年末には自社工場で使用する産業ロボットの2割を占めるに至っている。この背景には，中国の人件費が上昇しているのに加え，高機能の製品を安定的

に生産する上で，本格的なロボット導入による生産ラインの自動化が欠かせないという判断があった。

2007年には，鴻海はベトナム・ハノイ市の北側で，パソコンのマザーボード，デジタルカメラ用部品などの生産を始めた。また，2011年4月にベトナム北部のベンフック省に2億ドルの事業費を投下し，年間9000万台程度の携帯電話工場の建設に着工することを公表し，ベトナム進出を加速している。工場建設をベトナム北部に決定したのは，中国華南で築いた部品の調達網の活用を狙ったためであるが，その背景には中国側で労働力不足，物価・地価の上昇，停電の多発，免税措置の減少，人民元高による輸出競争力の低下などにより，経営環境が悪化しているということがある。

ただし，2014年5月にベトナムでは，中国による南シナ海での石油掘削活動に対する抗議デモが一部過激化し，鴻海の現地工場にも大きな影響を与えている。

[推薦図書]

浅海信行（2008）『韓国・台湾・中国企業の成長戦略』勁草房。
　　韓国・台湾・中国政府の産業政策や企業創業者の経営理念を踏まえつつ，各企業がどのような成長軌跡をたどってきたのかを分析している。
隅谷三喜男・劉進慶・凃照彦（1992）『台湾の経済——典型NIESの光と影』東京大学出版会。
　　日・台・米〈三環構造〉下の経済をとらえ，国際的孤立の中で，独自の繁栄の道を切り開いてきた貿易立国・台湾の姿を活写している。
園田哲男（2005）『戦後台湾経済の実証的研究——台湾中小企業の役割と課題』八千代出版。
　　戦後台湾が早い段階で工業化を達成し，経済発展過程を「圧縮」して日本よりも短い期間で追い上げた事実を実証している。

第10章

香港・シンガポールの競争優位と企業戦略

　　香港とシンガポールは共に数百万の人口しか有していないにもかかわらず，世界トップレベルの競争力をもつまでに至っている。本章では，香港とシンガポールの競争優位性や企業構成，企業成長戦略を考察する。まず，世界トップレベルに成長した香港・シンガポールの国際競争力ランキング，特に企業の競争力を確認する。次に，香港の市場環境と企業戦略，そしてシンガポールの競争優位と企業構成を解明していく。その中でも，それぞれトップ華人企業グループを重点的に分析する。

　　Keywords：国際競争力，中継貿易，再輸出，サービス業，長江実業グループ，先端技術，地域経営本部，英語，豊隆グループ

1　香港・シンガポールの国際競争力

　1人あたり国民所得におけるシンガポールの水準は日本を上回っており，香港も旧宗主国であるイギリスの水準を上回っている。加えて，物価高を考慮すると日本はもはや東アジアの最高所得国ではなく，香港やシンガポールの生活水準のほうが高いともいえる。香港とシンガポールは市場自体が小さく，中継貿易港であることから，当初より輸出の構成比（輸出比率）が高く，韓国や台湾と経済構造が異なっている。また，狭小な領土を反映して農業の構成比も当初から無視できるほど小さかった。

　シンガポールでは，長期的に見ると製造業の構成比は上昇している。一方香港では，金融などサービス業の成長を反映して製造業の構成比は70年代をピークに低下傾向にある。また長年，香港は中国と，シンガポールはマレーシアと

第Ⅱ部　アジアの産業発展と企業成長

表10-1　国際競争力ランキング（2010年）

順位	国　名	順位	国　名
1	シンガポール	11	ルクセンブルグ
2	香　港	12	オランダ
3	アメリカ	13	デンマーク
4	スイス	14	オーストラリア
5	オーストラリア	15	カタール
6	スウェーデン	16	ドイツ
7	カナダ	17	イスラエル
8	台　湾	18	中　国
9	ノルウェー	19	フィンランド
10	マレーシア	20	ニュージーランド

（出所）　IMD（2010），World Competitiveness Yearbook. を基に作成。

表10-2　潜在競争力ランキング（2009年）

順位	国　名	順位	国　名
1	香　港	11	アイルランド
2	シンガポール	12	デンマーク
3	アメリカ	13	カナダ
4	スイス	14	日　本
5	ドイツ	15	フランス
6	スウェーデン	16	フィンランド
7	オランダ	17	韓　国
8	ノルウェー	18	オーストラリア
9	イギリス	19	台　湾
10	ベルギー	20	ニュージーランド

（出所）　日本経済研究センター「世界50カ国潜在力調査　2009」を基に作成。

表10-3　上位3カ国の項目別順位（2009年）

項　目	香　港	シンガポール	アメリカ
総　合	1	2	3
国際化	1	3	2
企　業	2	1	4
教　育	26	38	2
金　融	1	5	30
政　府	3	2	32
科　学	24	21	1
インフラ	2	1	11
Ｉ　Ｔ	5	10	14

（出所）　IMD, World Competitiveness Yearbook 2010. を基に作成。

対立していて，苦しい環境に立ち向かうために経済力の強化が最優先と位置づけられていた。市場自体の小ささを背景に，輸入代替工業化政策は採用されない（香港）か，採用されても期間が極めて短く（シンガポール）なっている。また，双方の企業構成は異なるが，共に直接投資の受け入れには積極的であった。

IMD（International Institute for Management Development＝国際経営開発研究所）の国際競争力ランキングによると，シンガポールと香港の世界全体での順位（2010年）は第1位と第2位になっている（表10-1参照，ちなみに日本は第24位）。また，日本経済研究センターの2009年の「潜在競争力ランキング」でも，香港とシンガポールはアメリカを超えて第1位と第2位を独占している（表10-2参照）。さらにこの上位3カ国の競争力指数を見ると，企業の競争力についてシンガポールは第1位，香港は第2位である（表10-3参照）。

2　香港の産業集積と競争環境

1　香港の産業発展概況

1950年の朝鮮戦争勃発，アメリカに主導されていた国連は翌1951年に中国への戦略物資禁輸措置をとったため，香港は中継貿易の最大相手先である中国市場を失った。これを契機に香港は町中にあふれる人口を勤勉で賃金の安い工業労働力に変え，原材料を海外から買い，加工した香港製品を海外へ輸出する加工貿易へと転身した。1940年代後半の国内戦争期間，上海から繊維・染色分野の中国人企業家が資本と技術，従業員ともども香港へ逃避してきたが，こうした企業家にとって，経済的自由放任主義の香港は，天国に等しい有利な条件を満喫できるところであった。

1972年の石油危機によるインフレと失業を克服した香港は，70年代後半以降，衣服・繊維産業に代わって，金融・保険業，不動産業など第3次産業を飛躍的に発展させた。香港経済は1980年代を通じて高度成長を遂げるとともに，ニューヨーク，東京，ロンドンなどと並んで，国際金融センターとしての地位を築いてきた。1995年の1人あたりGDPは2万ドルを超え，旧宗主国であるイギリスを上回るものとなり，外貨準備は1998年時点で，日本，中国，台湾に次ぐ第

4位の規模となった。

　香港の製造業は1985年以降，主として中国南部への工場移転を行っており，香港の製造業人口の約10倍近い300〜400万人の雇用が創出されている。つまり，中国で製造された香港製品が香港を通じて世界に輸出（＝再輸出）されていることになる。1987年までは地場輸出が再輸出を上回っていたが，1988年以降は再輸出が地場輸出を上回っており，1995年には再輸出の比率は82％に達している。また，再輸出の商品はこれまでの軽工業品から電機，機械製品へと高度化している。これは，香港や外資企業の製造拠点が中国に移転したことと，中国の委託加工工場の生産レベルがあがっていることを示している。

　2000年代になると，「経済貿易緊密化協定（CEPA: Closer Economic Partnership Arrangement）」の締結，広東省を中心とする中国華南地域との協力などが進んだ。これにより中国との経済関係はさらに緊密になり，中国とともに高成長していく体制が強化された。単なる都市国家としての香港経済から中国華南地域と一体化し広域経済圏をバックする経済センターに成長していく道が切り開かれたのである。香港が得意なサービス産業，特に貿易関連，金融，会計，法律，不動産などビジネスサービス産業が中国で発展するチャンスを得られたといえる。

2　香港の競争環境と企業成長

　植民地になってからの約100年間，イギリス系資本は香港経済のすべての分野を独占していたため，現地華人は外国企業の代理として活動するしかなく，自らが企業として行う事業は極めて少なかった。華人企業の大量出現は50年代に入ってからであり，企業グループとして形成されたのは70年代以降だった。そして80年代に入ると華人企業グループは大きく発展してきた。香港の数多くの企業グループは，50年代以降に労働集約型の輸出産業から発展してきたが，その代表的な例は，紡績，造花，海運などの企業グループである。

　60年代以降，不動産業への大量進出によって香港の華人企業は大きな発展の時期を迎えた。70年代以降になると，中国の政治，経済情勢の不安定さや香港経済の停滞，香港の中国返還などによりイギリス系企業の香港撤退が相次ぎ，

華人企業はイギリス系企業買収で大きな発展を遂げることになった。80年代以降，中国の改革開放をきっかけに華人企業グループは労働集約型の製造業を中国に移転させ，自身はサービス産業への転換を図った。同時に不動産，インフラ整備などの分野においても，中国への大規模な投資を積極的に行った。

その結果，香港の産業構造は80年代後半以降大きな変貌を遂げている。香港の製造業の企業数，就業者数は劇的に減少し，サービス業の比率が急増しているのである。

香港経済の特徴は「ユニークな結合関係」にある。香港経済は政府と民間ビジネス，地元と外国の企業，企業家精神と経営関係，長期戦略と短期戦略などの独自な均衡状態を有している。また，世界で最もダイナミックな経済地域にあることや優れたインフラと金融市場，関連産業の集合体が発展している，などの特徴もある。

産業集積には，不動産・インフラおよび開発の産業集積，旅行業の産業集積などがある。産業集積が最大限に重なる場所として，関連する国際市場の中でも香港が最も競争力のある地域となる傾向にある。理由としては，貿易企業は輸送・ロジスティックスの産業集積，金融・ビジネス支援分野の産業集積，軽工業の産業集積を利用しているが，これら3つの産業集積のすべてが強いという事実は，香港の輸出業者としての地位を非常に高めているからである。

3　香港企業の構成と経営戦略

1　香港の企業グループ

香港では大手企業グループや財閥が大手企業を所有し経済実権を独占している。それら企業グループ，財閥のほとんどは華人系である。表10-4は，1997年の香港での株式時価総額でランキングされた上位20の財閥である。そこから，第5位と第6位のイギリス系企業を除けば，華人企業グループが圧倒的な地位を占めていることが観察される。中には第10位マレーシア，第11位シンガポール，第14位マレーシア，第18位インドネシアなど香港以外の東南アジア系華人企業グループも多数含まれている。また，第2位は中国政府系のグループであ

第Ⅱ部　アジアの産業発展と企業成長

表10-4　香港の上位20の財閥・企業グループ（1997年）

(単位：億香港ドル)

順位	企業名(総帥)	主要事業	資産
1	長江実業(李嘉誠)	インフラ,電力	4,135.5
2	中信(栄智健)	電力,航空	1,942.8
3	恒基兆業(李兆基)	不動産,ホテル,ガス,フェリー	1,490.9
4	新鴻基(郭炳湘)	不動産,交通,通信	1,431.0
5	Kadoorie	電力,ホテル	1,139.7
6	Swire	航空,航空関連	900.7
7	会徳豊(呉光正)	不動産,小売,トンネル	759.8
8	新世界(鄭裕彤)	不動産,インフラ,金融	674.1
9	恒隆(陳啓宗)	不動産,ホテル	355.7
10	嘉里(郭鶴年)	不動産,ホテル,新聞	344.1
11	信和(黄廷芳)	不動産,ホテル	343.2
12	羅旭瑞	不動産,ホテル	254.1
13	李国宝	銀行	242.8
14	国浩(郭令燦)	銀行,不動産	224.6
15	利氏家族	不動産	159.1
16	麗新(林百欣)	アパレル,不動産,ホテル	144.3
17	邵氏兄弟(邵逸夫)	映画,テレビ放送	115.5
18	第一太平(林紹良)	銀行	112.7
19	中国印染(査済民)	不動産	96.1
20	合和実業(胡應湘)	不動産	84.5

(出所)　朱炎(2000)『アジア華人企業グループの実力』ダイヤモンド, 432-434頁を基に作成。

る。規模から見ると，第1位の長江実業グループは，株式市場全体の12.1％を占めており，上位10グループのうち英系2グループを除く華人系8グループだけで株式時価総額全体の32.5％を占め，第11～20位の華人企業グループでも株式時価総額の5.2％を占めている。

　華人企業グループは香港経済のあらゆる分野に進出し，大きなプレゼンスを有しているが，なかでも不動産業は最も重要な分野である。華人企業グループの不動産事業では，主に入札によって政府から土地を購入し，オフィス，商業ビル，住宅を開発して販売，あるいは賃貸している。香港の土地面積は狭く，土地が絶対的に不足しており，不動産価格は長年にわたって上昇してきたため，不動産への投資は最も収益の高い事業になっている。

　香港のインフラ整備，特に電力，通信，交通輸送などの分野における華人企業グループの貢献は大きく，国際金融センター，国際貿易センターの機能を支え

る力となってきた。また，輸送と関連する海運業も華人企業グループが支配する分野になっている。香港の海運大手には5つのグループがあり，そのうちの四つのグループは，40年代末に上海から香港に移住してきた企業家によって発展してきた。

　サービス業は，現地の生活に密接な関係をもつ華人企業グループの重要な事業分野である。また，華人企業グループのほとんどはホテル，あるいはホテルチェーンを持っている。香港では，金融，銀行業はかつて華人系が大きなプレゼンスを有したが，度々発生した銀行危機と金融不安により華人系銀行の多くは経営不振に陥り，買収されたり，あるいは外資系銀行の出資を受け入れることになって，地元華人系の大手銀行は東亜銀行の一行となってしまっている。

2 　長江実業グループの経営戦略

　長江実業グループは香港最大のコングロマリット型企業グループである。2011年の香港上場華人企業の上位20社のうち，同グループの上場企業の4社（第1位に和記黃埔有限公司，第3位に長江實業集団有限公司，第11位に電能實業有限公司，第15位に長江基建集團有限公司）が入っている（表10-5参照）。また，同グループの創業者である李嘉誠（リ カシン）の個人資産額は260億ドルで，『Forbes』の世界長者番付（2011年）の第11位にランクインしており，香港の企業家の中では最上位である。

　李嘉誠が率いる長江実業グループは，50年代に労働集約型の製造業としてプラスチックの造花事業から出発し，60年代には不動産価格の変動を利用してリスクをとりながら不動産の取得と運用を行ったことで事業拡大の基盤を築いた。70年代は，それまでイギリス統治下で香港ビジネスを支配してきたイギリス系企業と不動産開発などの分野で競争し，場合によっては華人企業やイギリスなどの海外企業とも提携しながら，不動産業での事業を強固なものにしていった。70年代後半～80年代には，イギリス企業の事業失敗や撤退をチャンスととらえ，盛んに企業買収を行いながら，他業種への多角化を図ってきた。その分野は，ホテル，港湾事業，建設，インフラ，小売などに及んだ。

　90年代は，さらに事業の多角化を図るとともに，中国本土への事業展開を本

第Ⅱ部　アジアの産業発展と企業成長

表10-5　香港の華人企業上位20社（2011年）

(単位：百万ドル)

順位	会社名	株式時価総額	売上高	純利益	総資産	株主配当
1	和記黃埔有限公司	49,657.30	26,817.90	2,569.00	92,458.60	39,679.10
2	新鴻基地產發展有限公司	39,077.80	8,019.60	6,166.30	52,974.00	39,354.50
3	長江實業（集團）有限公司	35,366.10	3,074.70	3,394.60	42,132.40	34,063.60
4	中銀香港（控股）有限公司	31,582.80	4,550.80	2,076.40	212,953.80	14,766.80
5	九龍倉集團有限公司	22,272.70	2,484.60	4,583.30	31,054.50	20,908.80
6	香港交易及結算所有限公司	22,256.30	970.00	645.80	6,139.00	1,112.40
7	香港鐵路有限公司	19,615.20	3,784.40	1,546.00	23,290.40	15,019.20
8	香港中華煤氣有限公司	19,326.00	2,484.00	716.00	9,315.90	5,283.20
9	百麗國際控股有限公司	18,447.20	3,501.50	505.80	3,077.00	2,527.90
10	中國海外發展有限公司	18,335.80	5,681.20	1,586.30	20,801.10	7,017.30
11	電能實業有限公司	17,648.70	1,329.60	922.30	11,885.00	7,197.10
12	恒隆地產有限公司	16,512.60	662.10	742.60	18,549.00	14,066.50
13	恒基兆業地產有限公司	15,001.50	909.20	2,028.20	29,527.20	20,389.50
14	澳門博彩控股有限公司	13,876.80	7,391.40	456.30	3,703.80	1,684.30
15	長江基建集團有限公司	13,462.60	360.80	644.60	8,238.50	5,855.50
16	利豐有限公司	13,459.20	15,912.20	548.50	9,493.80	3,626.00
17	高鑫零售有限公司	12,254.80	8,296.20	152.30	4,409.40	650.30
18	銀河娛樂集團有限公司	10,740.00	2,469.50	115.20	3,229.00	1,179.10
19	華潤置地有限公司	10,553.50	3,298.60	1,013.40	16,107.40	5,886.60
20	華潤創業有限公司	10,411.60	11,119.00	727.40	11,461.80	3,951.20

(注)　アミ掛けした企業は，長江実業グループの傘下企業。
(出所)　『亜洲週刊』25巻48期（2011年12月4日）。

格化していく。中国本土での港湾建設，インフラ建設，不動産・都市開発に携わった。2000年代には，印刷，メディア，広告，漢方薬などの事業にも展開しており，それらのほとんどが中国本土企業の買収や提携を通じた展開である。ただし，2008年の世界金融危機以降，中国市場での営業利益低下にかんがみ，長江実業は次第に中国市場から撤退し，イギリス市場の進出を強化している。

　企業グループの拡大は，基本的には新規企業の設立よりも，むしろ既存企業の買収によって実現されることが多い。その結果，企業の多角化と中国展開が容易になったといえる。長江実業グループは長江実業（集團）を中核に，和記ハチソン黄埔ワンポアを主とした不動産，ホテル，港湾，エネルギー，インフラ，通信，小売，メディアなどの他業種に事業を展開するコングロマリット型の企業グループとなったのである（図10-1参照）。

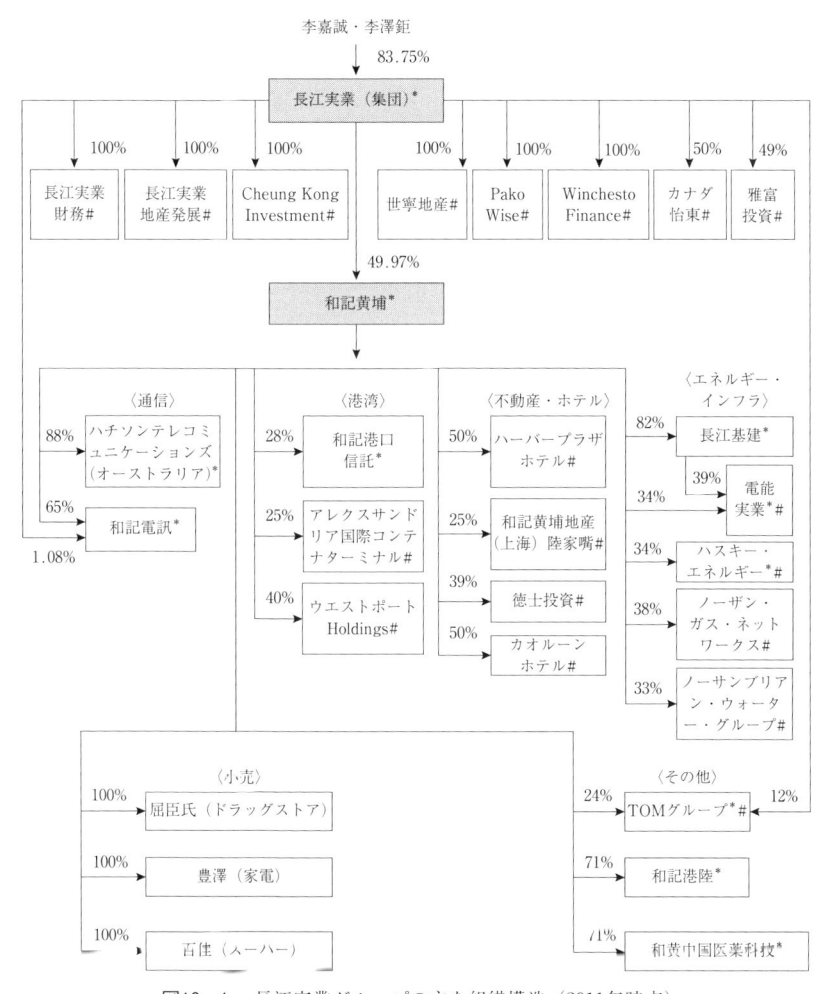

第10章　香港・シンガポールの競争優位と企業戦略

図10-1　長江実業グループの主な組織構造（2011年時点）

（注）　＊は上場企業，＃は聯営企業。
（出所）　守政毅（2012）「香港の経済環境における華人企業グループの経営戦略」陳晋・守政毅編著『中国市場ビジネス戦略』信山社，241頁。

　長江実業グループは，経営に携わるマネージャーとして積極的に専門経営者を受け入れている。しかし所有に関しては，長江実業グループのほとんどの株式を創業者の李嘉誠と長男の李澤鉅（英語名：ヴィクター・リー）が所有してい

る。創業者である李嘉誠は長江実業グループの発展において，幅広い提携関係を結んでビジネスを展開してきた。その際に，香港のほかの華人企業家との関係を利用しながら，中国中央政府・地方政府要人との関係をうまく活用したことで，こういった幅広い提携関係を取り結んだといえる。

3　香港企業の経営特徴

　香港の華人企業グループは政治，経済の情勢変化に対して敏感に反応し，強い機動力であらゆるチャンスをつかみ，大きな発展を遂げてきた。これら企業の負債は比較的少ない。事業経営は借り入れに依存せず，主に自己資金によって行われていた。このような堅実な経営は他国の企業と異なり，またアジア諸国の華人企業グループよりも優良といえる。さらに特徴的なのは，相互協力で事業を興すことが多いことである。このような協力関係は，相互にビジネスチャンスを提供し，利益を分け合うだけでなく，リスク分散という目的ももっている。

　80年代以降，華人企業グループの発展には積極的な対中国投資が大きく貢献してきた。最初に投資が行われたのは，安い労働力を求めた製造業分野とホテル建設を行った不動産会社の総合企業だった。その後，投資分野は流通，サービス業などに広がり，90年代以降は中国経済の高度成長にともない不動産開発とインフラ整備へと拡大していった。さらに華人企業グループは，香港に進出してきた中国系資本の企業とも共同事業を興し，相互出資している。これは，中国投資の際に中国系企業がもつ国内ネットワークを利用できるようにする布石でもあった。

　香港企業のオルガナイザーとしての役割は香港の製造業者と輸出業者の間に見られ，欧米の需要をアジア全域，一部はアフリカとカリブにも範囲を広げた供給源と結んでいるところにある。例えば，ある香港企業がアメリカ衣料品会社による秋期新作発表会の企画を助ける場合，製造，調達を図り，製品を時間通り小売店の棚に載せ，品質・仕様・費用の要求を満たすことになる。その内訳は，設計と見本作りは香港，布地はマレーシア，日本のファスナー，台湾のボタン，韓国の糸が使われる。布地は香港で裁断され，縫製は中国で行われる

という具合である。

実際に香港企業は，付加価値の高い仕事のほとんどを香港でしながら全行程を管理してきた。香港は，縫製品，腕時計，旅行用品，宝飾，玩具，携帯電話など多くの軽工業品に使われるデザインの応用で，特に豊富な人材と専門技術を有している。いずれの場合も，香港企業は全世界で主要マーケットの顧客の好みをつかんで先取りし，多くの場合既存のファッションを拡大し発展させている。香港企業は，供給源と販売市場の知識，アジアに分散する数千に及ぶ工場の生産力との緊密性，ロジスティックスの先進能力，下請け管理の専門知識など，複雑な諸機能体系の一部を通して付加価値を得てきた。

4 シンガポールの産業成長と競争力育成

1 シンガポールの産業構造高度化

1959年6月にシンガポールはイギリスの直轄植民地から自治州になった。自治政府は輸入代替工業化戦略をもって高い人口増加率や高失業問題に対処した。1964年にマレー人と華人との種族対立が激化し，シンガポールは1965年8月にはマレーシアから離脱，独立を余儀なくされた。独立直後のシンガポールは後背地としてのマレーシア市場を喪失し，近隣諸国の直接貿易も減少した。ここからシンガポール政府は外資誘致による輸出指向型工業化戦略を選び，1966年から1973年まで平均12.7％という高い経済成長率を達成した。この政策によって，60年代末以降，安い労働力を求めた多国籍企業が，電気・電子部品関連産業を中心にシンガポールに進出した。

70年代前半には，タイ，マレーシア，インドネシアなど近隣諸国が安い労働力を武器としてシンガポールを追い上げてきた。そのためシンガポールは，低賃金労働部門を切り捨て，知識・技能集約型産業を中心とする高度産業社会の建設に開発戦略を転換した。80年代に主柱となる産業として，製造業，商業，観光業，運輸，通信，コンピュータ，金融，医療などのほか，コンサルタントなどの知的サービスをあげている。経済構造の高度化のためにはマンパワー育成が不可欠となり，教育，訓練施設の充実のために，研究・開発などへの投資

優遇税制の導入措置がとられ，情報産業育成のための国家コンピュータ庁が1981年に設立された。

90年代に入ると，製造業の中でも機械・器具の比率が5割を超えている。この中ではIC（integrated circuit，集積回路），コンピュータ部品および周辺機器，エレクトロニクス部品などの伸びが大きい。高付加価値製品輸送増加により，コンテナー扱い量でシンガポールは世界第2位になった。また，航空貨物取扱量・旅客数も増加し，東南アジア地域のハブとして拡大した。

21世紀に入り，シンガポールの製造業はさらに複雑・高度になり，複雑な先端技術が必要な産業へと移行している。例えば，航空機エンジンの組み立てである。英ロールス・ロイスはシンガポールで航空機エンジン部品の「ブレード」を製造している。チタンでつくるため，かなり高度な技術が必要である。

2　シンガポールの産業政策と競争力育成

IMDの国際競争力ランキング（2010年）によると，シンガポールは世界一になっている（表10-1参照）。シンガポールが第1位になったのは，柔軟性，すなわち変化対応力が高いからである。シンガポールでは1997年のアジア金融危機以後深刻な不況に見舞われたが，素早く回復している。2009年に設立した経済戦略委員会（ESC）は将来を見据えた対策を練り，物価にも早々に手を打った。このように迅速に好ましい経済環境を実現してきている。また，インドネシアや中国など，アジア各国と友好的な関係を築いているのも強みである。

また，シンガポールがビジネスに最も適した特徴として，英語を話せるスタッフが豊富で汚職が少ない，アジアの他の国・地域に比べて経済危機の影響が少なく，外資系企業は税制上の優遇措置を享受できる，などがあげられている。「地域経営本部」（OHQ）を設立した多国籍企業に対する税制優遇措置などからは，企業がシンガポールに登記していればよい，能力のある人に来て欲しい，という政府の基本姿勢を読み取ることができる。企業の発展こそ国家の発展だという，冷徹なまでの政府の意思が表れている。

シンガポールでは，GDPの約4分の1を製造業で占めている（図10-2参照）。多国籍企業にとって，研究開発拠点と製造拠点を1カ所で併せ持っていること

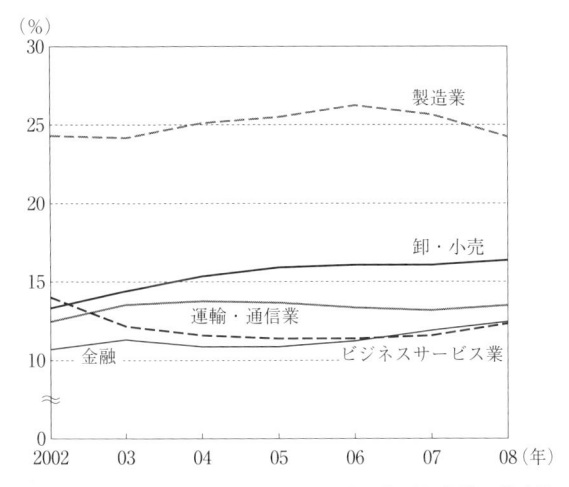

第10章　香港・シンガポールの競争優位と企業戦略

図10-2　シンガポールのGDPにおける主要な産業の構成比（2002-08年）
(注)　実質ベース（基礎年＝2000年），単位シンガポールドル。
(出所)　『日経ビジネス』2010年6月7日，76頁，シンガポール通商産業省，"Economic Survey of Singapore 2009."を基に作成。

が，拠点としての強力なメリットになる。研究拠点を持ち，同時に高度な技術を必要とする製造基盤を維持することは，人材育成の観点からも重要である。シンガポールで大学を卒業する学生の大部分が科学技術分野の学位を取得していることからもこの重要性がわかる。シンガポールの人材が多国籍企業に登用される例も増えている。例えば米P&Gは，アジア初の香料生産工場を2008年にシンガポールに設立し，20種類以上の香水を年間3000トン以上生産している。ここでは敏感な「嗅覚」をもった香りの専門家の育成に力を入れ，6割以上の人材を現地採用した。

国内規模3番目の国立大学であるシンガポール経営大学では，経営に特化した教育をしている。大学としてだけではなく，実際に企業のマネジメントスキル構築にも役立っている。さらに4番目の国立大学，シンガポール技術デザイン大学（SUTD）が2012年に開校し，技術とデザインの研究に特化している。知識集約型の社会における「デザイン」は，芸術的な意味のみならず必須の「知識」だからである。シンガポールが多国籍なビジネス都市国家であること

を経験則から知っている企業は多く，シンガポールを展開場所に選ぶ企業は多い。

5 シンガポールの企業構成と現地華人企業の成長

1 シンガポールの企業構成

　シンガポール上位企業では，外資系企業は金融部門・製造業部門では圧倒的に多いのである。1985年における製造業企業数では現地企業が80％と多いものの，外資系企業は売上高の70％，輸出額の82％を占めており，現地企業を圧倒している。現地中小企業の何割かは，輸出に特化する外資系企業の下請け関係にあった。2010年現在，シンガポールには約7000社の多国籍企業が進出していて，主な対内投資は欧米や日本の先進国の多国籍企業からである（表10-6参照）。また，アジアからは約3000社の中国企業をはじめ，インド企業，東南アジアからも数多く進出している。

　「地域経営本部」に指定された多国籍企業は，シンガポールをマレーシア，タイ，インドネシアなど周辺諸国に展開する量産工場として，また金融などサービス分野では全アジアの統括本部として活用している。一方，シンガポールの政府系企業は企業規模が外資系企業に比べ遜色がないばかりか，華人系企業を上回るものが多い。政府系企業は60年代には重化学工業化を振興する製造業部門に集中し，70年代に入ると華人系企業の伝統的な活動分野である商業，サービス業でも相次いで設立されていった。21世紀に入り，政府はバイオ医療，ナノテクノロジー，物質科学など多くの新分野に関する研究施設を設立し，内外の民間企業を誘致している。

　華人系企業集団は，外資系企業あるいは政府系企業と競合しながら生成発展を遂げてきたというよりも，それらと競合しない部門業種（商業やサービス業）に集中的に参入し，そこで華人系企業同士の競合の中からあるものは企業集団の形成へと発展を遂げてきた。イギリスの植民地時代に華人商人は中継貿易と海運業，さらに農林製品（パイナップルなどの加工），ゴムの栽培・加工業を行い，20世紀初頭に華人銀行を設立した。シンガポールが完全な独立国家になっ

第10章　香港・シンガポールの競争優位と企業戦略

表10-6　シンガポールの国・地域別・業種別対内投資（2010-11年・コミットメントベース）

(単位：100万ドル，％)

		2010年	2011年		
		金額	金額	構成比	伸び率
国・地域別	国内資本	2,070	1,875	13.7	△9.4
	外国資本（小計）	10,785	11,859	86.3	10.0
	アメリカ	3,312	5,047	36.8	52.4
	日本	1,176	995	7.2	△15.4
	欧州	4,819	2,132	15.5	△55.8
	アジア大洋州・その他	1,478	3,685	26.8	149.2
業種別	製造業	10,034	11,274	82.1	12.4
	エレクトロニクス	5,814	7,415	54.0	27.5
	化学	1,651	2,524	18.4	52.8
	バイオメディカル	426	196	1.4	△54.1
	精密エンジニアリング	444	667	4.9	50.3
	輸送エンジニアリング	1,481	424	3.1	△71.4
	その他製造業	218	49	0.4	△77.4
	サービス産業	2,821	2,460	17.9	△12.8
合　計		12,854	13,734	100.0	6.8

(出所) 日本貿易振興機構のホームページ，シンガポール経済開発庁（EDP）資料を基に作成。

てからは華人企業グループの規模は急速に拡大し，金融，不動産，商業，貿易など伝統的業種に集中した歴史を持つ企業が多い。そのほかハイテク産業部門においても，華人企業グループの進出は著しい。例えばIPCグループと創新科技グループは，情報産業を主体として経営規模を急速に拡大していた。

2　豊隆（ホンリョン）グループの経営戦略

シンガポールについては，華僑（カキョウ）（OCBC），大華（ダイカ）（UOB），華聯（カレン）（OUB），豊隆（ホンリョン）（HL）の4大金融グループ以外，華人の地場民間資本の力は弱く，国有大手優良企業や外資製造企業が主要企業となっている。4大金融グループの中に，豊隆グループは金融のほか，不動産やホテル，保険，製造業，貿易などにわたり展開しており，香港，マレーシア，イギリス，ドイツ，フランス，オーストラリア，フィリピン，インドネシア，台湾，ニュージーランド，アメリカ，中国などの国と地域に経営を展開しているコングロマリット型トップ華人企業グル

表10-7 シンガポールの主要華人企業グループ（1996年）

（単位：ドル）

順位	企業名（総帥）	主要事業	資産
1	豊隆（郭令明）	金融,不動産,ホテル,保険	55億
2	良木園（邱徳抜）	ホ,不,銀行	45億
3	大華銀行（李兆基）	銀,金,保,不	40億
4	遠東機構（黄廷芳）	不,ホ	35億
5	華僑銀行（李成偉）	銀,金,保,不	30億
6	華聯銀行（連瀛洲）	銀,金,保,ホ	12億
7	達利銀行（呉瀛洲）	銀,不,貿易,製造	10億
8	華昌（何日華）	ホ,不,観光,食品	8億
9	旅店置業（王明星）	不,ホ,観	5億
10	泛聯（黄加種）	造船,セメント	4億
11	呉徳南控股（呉清亮）	ホ,不,印刷	4億
12	新加坡置地（陶新伯）	不	4億
13	詩家董（黄俊競）	デパート,ホ	4億
14	美羅（王梓琴）	デ,不,建設業	3億
15	呉控股（呉育金）	証券	3億
16	IPC企業（厳名熾）	電子,コンピュータ	3億
17	金英控股（李胡秀研）	証	3億
18	創新科技（沈望傅）	電,コ	2億
19	林増（林鈞城）	建,ホ,不,観	2億

（出所）同表10-4，朱炎（2000）を基に作成。

ープに成長してきた（表10-7参照）。

豊隆グループの中核となる持ち株会社は，1982年に設立された豊隆投資控股（H. L. Investment Holdings）である（図10-3参照）。1995年現在，同社の傘下には11の上場企業があり，シンガポール，マレーシア，香港，イギリス，アメリカ，ニュージーランド，フィリピンで上場している。豊隆グループの主な事業は金融，不動産，ホテルの3つの分野である。例えば豊隆金融（H. L. Finance）はシンガポール最大の金融会社であり，豊隆グループはシンガポール最大の不動産デベロッパーでもある。グループが持つ数多くの不動産物件の大部分は城市発展（City Develop.）に，一部は郭（クォック）一族の個人企業に属している。

豊隆グループは40年代初めに貿易商としてスタートし，主に貿易と割賦販売業務に従事していた。50年代末，日本企業との合弁でセメント工場を建設し，建設資材市場をほぼ独占した。60～70年代に入り国の工業化が進むにつれ，投資の重点を金融と不動産へと転換し，買収，合併，株式の取得などの方法により多くの関連上場企業を傘下に収め，経営範囲と規模を拡大した。80年代に域内経済関係が緊密化し，人の往来も活発になった機を逃さず多国籍ホテルグル

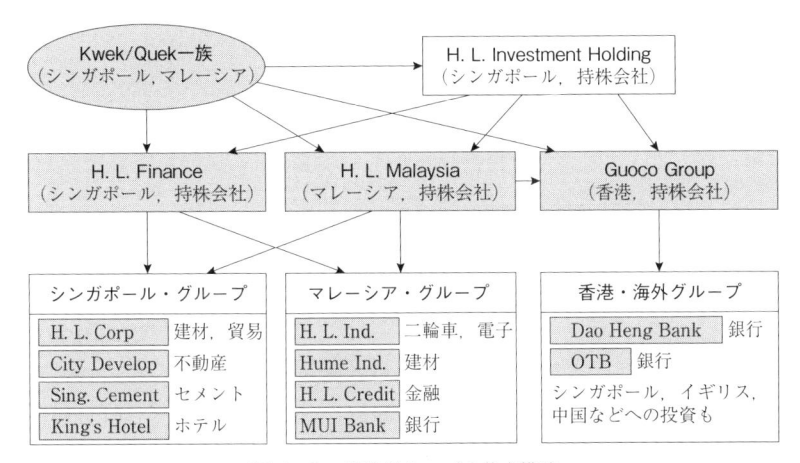

```
         Kwek/Quek一族  ────→  H. L. Investment Holding
       (シンガポール,マレーシア)      (シンガポール,持株会社)

              ↓                ↓               ↓
   H. L. Finance        H. L. Malaysia        Guoco Group
  (シンガポール,持株会社)   (マレーシア,持株会社)   (香港,持株会社)

   シンガポール・グループ    マレーシア・グループ    香港・海外グループ
   H. L. Corp   建材,貿易   H. L. Ind.   二輪車,電子   Dao Heng Bank  銀行
   City Develop 不動産     Hume Ind.    建材        OTB          銀行
   Sing. Cement セメント    H. L. Credit 金融        シンガポール,イギリス,
   King's Hotel ホテル     MUI Bank     銀行        中国などへの投資も
```

図10-3　豊隆グループの基本構造
（出所）　井上隆一郎（1994）『アジアの財閥と企業』日本経済新聞社を基に作成。

ープを構築し，経営ネットワークを大規模に展開した。

　豊隆グループは金融，不動産，ホテル経営での優位性を活かして，90年代から海外での経営活動を盛んに行っている。特にホテル業への海外投資が顕著で，マレーシア，香港，ニュージーランド，イギリス，フランス，ドイツ，中国などに及んでいる。グループは近代的な株式会社の形式をとっているが，その経営管理には一族経営の色彩を色濃く残し，郭一族が非上場の一族企業を通じてグループ全体を支配している。またグループ傘下の主な上場企業のトップと経営陣も，すべて一族メンバーで構成されている。

3　華人企業グループの経営特徴と海外投資

　シンガポールの華人企業グループは，シンガポール経済とともに急速に発展してきた。一部の華人資本も中小企業から大型企業グループへと発展した。シンガポールの華人企業グループは買収，合併，株式取得などの手段によってその経営規模と経済力を拡大し，国内の主要な部門，業界における重要な位置を占めるようになった。シンガポールの華人企業グループの投資と経営分野は，非製造業部門の金融，不動産，観光などのサービス業を主体としている。これ

はシンガポールの経済構造と密接な関係がある。

華人企業グループは，近代的な株式会社の形式をとっているが，実際のグループ経営管理と組織構造は，血縁関係，一族による一族経営である。華人グループの内部では，中核となる親会社（または持株会社）が主要な子会社を支配し，子会社はさらにその系列下の孫会社を支配している。一部の一族グループでは，銀行，金融機関を中核企業または主要な企業としており，グループ内で株式の持ち合い，役員などの人事配置を通じて金融と産業を融合させる形でグループを支配している。

70年代末以降，華人企業グループの海外直接投資は急速に伸びた。主として海外での現地企業の買収，工場建設，プロジェクト参加などの方法で行われ，主に金融，製造業，商業，不動産などに集中している。政府は企業の海外投資に対して資金支援，税の減免など多くの優遇措置を設けた。また対外投資の制限緩和，対外投資手続きの簡素化を図り，主要投資先国との間に，投資の保護や二重課税回避に関する協議を行った。

90年代中期から，華人企業グループの中国における直接投資が急増し，相対的に非製造業部門に集中している。中国の多くの工業団地の開発と建設にも積極的に参加している。80年代，電子産業における外資系企業のシンガポール拠点やシンガポールの地場企業は，先進国の資本と東南アジア諸国の生産要素を媒介する移転基地としての役割を果たした。90年代以降，外資系にとって製造拠点としてのシンガポールの役割は縮小している。比較的高度な技術を手頃なコストで提供できることに集約されてきている一方，地場企業には急速な発展と積極的な海外展開を見せるものも現れた。

[推薦図書]

朱炎（2000）『アジア華人企業グループの実力』ダイヤモンド。
　　アジア各国・地域の華人企業グループの実力・実態を，経営・事業データに基づき評価し，詳細な分析を行っている。
マイケル・J・エンライト，エディス・E・スコット，デービッド・ドッドウェル／古澤賢治監訳（2000）『香港の競争優位——競争力を支える四つの均衡を分析』ユニ

オンプレス。
　香港経済の競争力を支え，単純製造業基地から高度知識集約型の経済に変貌させた間合いの良い均衡のコンビネーションを分析している。

リー・サオユエン，リンダ・ロウ／岩崎育夫訳（1992）『シンガポールの企業家精神——民間と国家』井村文化事業社。
　外資依存型経済発展を遂げたシンガポールで，地場企業家精神に焦点をあて，企業家活動の実態を紹介し，その振興策を探っている。

第 11 章

ASEAN の市場統合と企業成長

　本章では，ASEAN 原加盟 4 カ国（マレーシア，タイ，フィリピン，インドネシア）を中心に，急成長を遂げている東南アジア地域の市場統合と企業成長を説明する。まず，戦後，ASEAN 諸国における産業政策，資本構成の変化および地域市場統合の動きを概観する。次に，ASEAN 諸国の企業動向，特に国営・公企業，華人企業および民族系企業の活動を紹介する。さらに，ASEAN における華人企業の所有と経営の状況およびその経営戦略を分析していく。

Keywords：経済ナショナリズム，土着民族，国営・公企業，民族系民間企業，ブミプトラ政策，アジア通貨危機，華人企業，ネットワーク状，現金回収サイクル，アリババ企業

1　ASEAN の経済成長と市場統合

1　権威主義体制と産業政策

　東南アジアの経済発展の起源は，植民地時代より以前のアジア地域内貿易に求められる。そこでは，仲介者としての華僑商人の集団およびそれを管理する現地の官僚組織が融合・混血し，彼らの中から官僚資本家が現れた。その後の欧米列強による植民地支配は東南アジアを「貿易国」から「農業国」に押し戻した。農産物の貿易で華僑・華人の資本家化が進んだが，在来のネイティブの商人・職人は没落して農民となった。こうして，宗主国白人，中間的な華僑・華人，ネイティブ農民という三層の階層化からなる「複合社会」ができた。

　独立当初の経済政策は，「経済ナショナリズム」に基づき，外資系企業の接収や，華僑資本を排除し，民間企業の国有化・公営化を行った。人種対立，ナ

ショナリズム，冷戦の中で，労働組合や左翼が台頭し，彼らを抑えるため，権威主義体制（⇨第4章第1節 2 「アジアの『開発独裁』体制」参照）が出現した。権威主義体制は，60年代以降の外資導入による経済発展の段階になると，外資の合弁相手として，華僑・華人資本の成長を促進した。国によって70年代からネイティブ資本家を育成する「経済ナショナリズム」政策を取り入れた場合もある。

その中，工業の比率が小さい産業構造を打破するために，ASEAN 諸国は60年代から家電・自動車などの耐久消費財生産を中心とした輸入代替工業化政策（⇨第4章第2節 1 「輸入代替工業化政策」の解説参照）に取り組んだ。それまで輸入していた製品を国産で代替するという意味で，工業製品は国内市場向けに生産された。「輸入代替」の主役は，50年代のように国有企業ではなく，外資中心の民間資本となった。この工業化政策は，東南アジア各国の政府自身が選択した道だが，当時の冷戦体制下では，アメリカによる「共産主義封じ込め」戦略の意を受けた世界銀行と IMF の政策の主導下にあった。

しかし，「輸入代替」で生産された耐久消費財が狭い国内販路・市場の壁にぶつかり，国産化できない資本財・中間財の輸入が増え，貿易赤字となった。これを打開するため，70，80年代から「輸出志向」工業化政策（⇨第4章第2節 1 「輸出志向工業化政策」の解説参照）に取り組み始めた。繊維や一次産品加工製品などの輸入代替工業がそのまま輸出工業に転化し，競争力のない原料下流部門や高級技術部門などの輸入代替工業は合理化や業種転換を迫られた。ただし，産業構造高度化のための国産化も必要であり，実際には，「輸出志向」と「輸入代替」の方向は併行している。

2 華人の存在と経済活動

東南アジアでは，国民人口に占める比率に違いがあるとはいえ，どの国にも数多くの中国系住民が居住する。2009年現在，中国，台湾以外，世界には約4530万人の華人がいて，このうち70％以上が東南アジアに居住するといわれている（『朝日新聞』2010年6月13日付）。東南アジア全体では総人口の約5.5％を占める。最大のシンガポールが74％（370万人），最低のフィリピンが1％未満

(80万人)と，国によってかなり違いがあるが，インドネシアが3％(740万人)，マレーシアが24％(720万人)，タイが10％(600万人)も居住しているなど，多くの国で「大規模」な「少数民族集団」を形成している。

東南アジアへ中国人移民が本格化したのは19世紀末のことで，ゴムや砂糖キビの農場，あるいはスズ鉱山などで「出稼ぎ」労働者として働き，次第に，東南アジアと中国間の貿易，あるいは小売商売に従事する人々も現れるようになった。東南アジア諸国が独立すると居住地の国籍を取得して土着化・現地化した。華人が注目されるのは，東南アジア諸国が経済開発を開始すると，植民地時代に蓄積した企業活動のノウハウや資本を武器に工業化の担い手として参加し，大半の国で巨大企業グループを形成したことにある。

政治社会的には華人は大半の東南アジア諸国で権力構造から「排除」されたものの，経済開発においては，積極的に「参加」していった。東南アジア諸国の土着民族も独自の経済活動を行ってきたが，国民経済に占める華人系企業の比率がどの国でも土着民族企業よりも高い，という共通の特徴がある。それだけでなく，80年代後半にアジア経済のボーダレス化の進展や中国経済開発の本格化により，投資と貿易を通じての相互依存関係が深まると，華人系企業は投資を通じてアジア経済圏を創出する原動力にもなった。

東南アジア社会に目を向けると，華人は土着化したとはいえ土着民族との間にさまざまな軋轢が存在し，少なからぬ国で華人の企業活動に対する制約があり，華人系企業の海外投資を見る目にも厳しいものがある。それだけでなく，華人のアイデンティティ（国家や社会への帰属意識）についても懐疑的な見方がある。とはいえ，華人が政治・社会の領域で軋轢を抱えながらも，いまや東南アジア経済を牽引するアクターであること，アジア経済の担い手の1つであることは変わらぬ事実である。

3　工業化と多国籍企業

東南アジアにおける工業化，特に輸出志向工業化の顕著な特徴は外国資本の圧倒的な主導力，牽引力にある。輸出志向工業化は，製品の販売市場を国外に求めて国内市場の狭小さを乗り越え，生産と輸出の拡大により雇用問題や外貨

問題を解決しようとする。しかし世界市場で競争力を有する工業製品を生産するには外国資本，特に先進国巨大資本の卓越した資本＝技術力と市場アクセスのノウハウなど経営資源の導入が必要となるため，輸出志向工業化は輸入代替工業化以上に大きな役割を外国資本に期待する。

ASEAN諸国は，比較的長期間，輸入代替工業化を基本としながら次第に輸出志向性を加味してきたが，80年代前半，原油を含む一次産品国際価格が軒並み暴落する中，産業政策を全面的に見直し，出資100％の外資企業を認めるなど従来の規制を大幅に緩和するとともに，税法上の特典を含む優遇措置を拡大していった。

投資環境の格段の整備により，「プラザ合意」（⇨第7章Column「プラザ合意」参照）後の国際通貨調整の中で，国際競争力の低下に直面する日本企業，国内賃金コストの上昇を受けて急速にグローバル化しつつある台湾などNIEsの企業，グローバル化において先行する欧米企業のさらなる誘致を図ったのである。先進国多国籍企業をはじめとする個別企業の極大利潤追求の動きと，輸出志向工業化の進展を図るASEAN各国の政策が合致したのであった。外国資本の投資ラッシュは80年代後半マレーシア・タイに，さらに90年代にはインドネシアやフィリピンにも及んだ。

その中，「プラザ合意」で急激な円高のもとで日本の輸出産業は大きな打撃を受け，電気機器産業を中心に輸出用加工工場の海外移転が行われた。この行き先が東南アジア，とりわけタイとマレーシアであった。一方，フィリピンとインドネシアは移転先として敬遠された。「投資環境」と「熟練形成の経験」に差があったからである。フィリピンとインドネシアへの投資が増加し始めたのは90年代に入ってからである（⇨第7章第2節「プラザ合意後の日本企業のアジア進出」参照）。

4　経済統合とアジア通貨危機

ASEANは80年代の後半の外資ブームに触発されて，次第に「経済的問題」を取り上げてきた。1993年1月からAFTA（ASEAN自由貿易地域）をスタートさせ，CEPT（共通効果特恵関税）制度により相互に関税を引き下げていくとい

う「関税同盟」が発足した。当初は工業製品を中心に2008年を目標に5%まで地域内関税を引き下げることとし，その後目標年次を2003年までに前倒しすることとした。さらに，1998年12月の首脳会議において予定されていた品目のCEPTを，2000年までに5%まで引き下げることで合意した（⇨第3章第3節 2 「ASEAN自由貿易地域（AFTA）の進展」参照）。

そうした中，1997年7月2日，タイのバーツと米ドルのペッグ制（自国の貨幣相場を米ドルと連動させる固定相場制）は終わり，変動相場制への移行により始まったバーツの暴落は，またたくまに東南アジア諸国へとドミノ的に波及した（⇨第2章第1節 3 「アジア通貨危機と経済復興」参照）。通貨防衛の措置としてとられた高金利政策は株式市場の大幅下落をともない，またIMFの融資条件の実施を義務付けられたタイ，インドネシアは一連の金融，国内経済の引き締め策を強いられ経済的な大混乱に発展した。集団的自立の理念とそのための努力を放棄していたASEANは，アジア通貨危機に際しての求心力と主体性を欠き地域経済協力機構としての本来の役割を果たせなかった。

ASEANにとって危機から脱出するために残された方法はただ1つ，域外に頼る以外になく，外資に一層依存する道を選択するしかなかったのである。1998年12月の首脳会議の「緊急経済対策」はそのことを示している。AFTA前倒し実施による地域内貿易拡大の真の狙いは，ASEAN域内貿易の拡大よりもむしろ外国直接投資（FDI）の導入にあり，何よりもFDIの導入のための優遇策がふんだんに盛り込まれている。しかし，現実にはASEANから中国に工場を移転する企業が増えてきており，新規投資も中国にもっていかれてしまう危機がある。

また，低付加価値製品の分野でもASEAN諸国は中国によって，海外市場を食い荒らされているため，ASEAN諸国は，アジア地域においてその存在意義を模索していかなければならない。中国の台頭に押しつぶされず，来るべきインドからの圧力を受け止めるためにも，周辺国と競争しながら自国の強みをもっと強化する必要があるだろう。このような背景があり，2001年11月にブルネイで開催されたASEAN＋3（日本，中国，韓国）の首脳会議において，ASEAN諸国は中国と今後10年間の間に「自由貿易地域・FTA」結成を検討

することの合意を得た。

2 ASEAN 諸国企業の構成と特徴

1 主な企業構成

　ASEAN 諸国の上位企業を考察すれば，次の特徴が見られる。第1に，先進国に比べると国営・公企業の大企業に占める比重が高く，またその産業基盤も公益事業に限らず多岐にわたっている。第2に，国内民間大企業（華人系と民族系）の大半は独立系の大企業ではなく，特定の企業グループの傘下企業に所属している。しかも，その企業グループは特定の家族・同族が所有と経営を支配する，いわゆる「財閥型」ファミリービジネスの形態をとっている。第3に，外国人企業の大半は欧米もしくは日本に本社を置く特定の多国籍企業である。

　ASEAN には，資本市場や株式市場が十分発達する前に工業化を本格化させたため，所有と経営を創業者一族が支配しているようなファミリービジネスや，ファミリービジネスを巨大化させ多角化させた財閥型企業（華人系と民族系）が重要な地位を占めてきた。また，政府が経済に積極的に介入するために，政府系企業や国営企業の比重も大きい。さらに，「輸出志向型工業化」を外資の積極的な導入のもとで実施すれば，日米欧の外資系企業やそのような外資系企業との合弁企業が圧倒的地位を占めることも，業種によって珍しくない。

　ASEAN 経済は図11-1に描かれたように，政府系企業，民族系国内民間企業，華人系と外資系企業という4つのタイプの企業によって担われている。ただし ASEAN 諸国においても，マレーシアやインドネシアのように主要な国営・公企業が大きな比重を占めている国もあれば，外国投資を奨励し外資を積極的に誘致してきたタイやフィリピン，シンガポールのような国もある。これは各国政府の外資に対する政策と国内民間大企業の発展の度合いに拠っている。後者の国々では，世界的な多国籍企業や地元の財閥が投資を展開してきた。

　政府系企業，民族系国内民間企業，華人系と外資系企業という4つの支配的資本が国民経済を支え，かつ政府の政策が4つの企業活動を一定程度規定する。4つの支配的資本は「合弁事業」を行えるし，またそれぞれの支配的資本は相

第Ⅱ部 アジアの産業発展と企業成長

(A) シンガポール売上高上位500社（1986年）

■ 政府系企業　■ 華人企業　□ 外資企業

(B) マレーシア・クアラルンプール証券取引所上位20社（1993年）

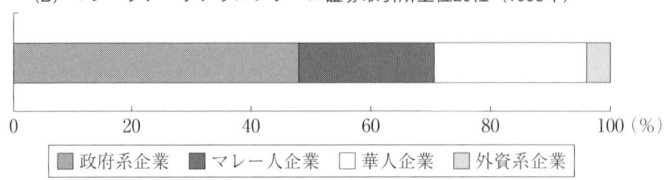

■ 政府系企業　■ マレー人企業　□ 華人企業　□ 外資系企業

(C) インドネシア売上高上位100社（1993年）

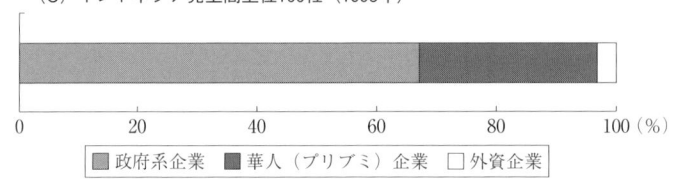

■ 政府系企業　■ 華人（プリブミ）企業　□ 外資企業

(D) タイ売上高上位30社（1988年）

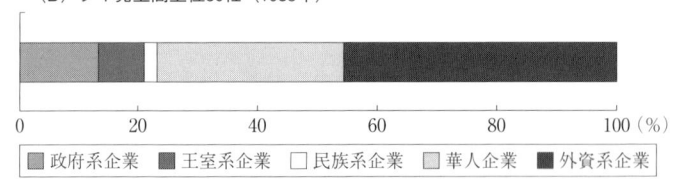

■ 政府系企業　■ 王室系企業　□ 民族系企業　□ 華人企業　■ 外資系企業

(E) フィリピン売上高上位30社（1988年）

■ 政府系企業　■ 民族系企業　□ 華人企業　□ 外資系企業

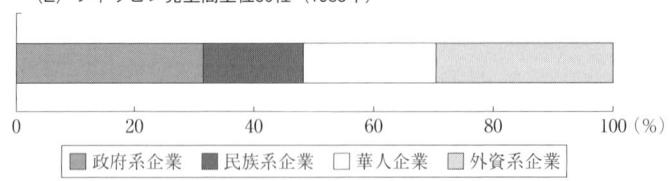

図11-1　東南アジア諸国の資本タイプ別シェア
（出所）　岩崎育夫（2006）「華人経済――在外華人は東南アジアをどう変えたか」渡辺利夫編『アジア経済読本』東洋経済新報社を基に作成。

第11章　ASEANの市場統合と企業成長

表11-1　東南アジア諸国の国営・公企業数の推移（1960-90年）

国　名	1960	1970	1980/81	1985/86	1990/91
フィリピン	40	65	212	327	256
タ　イ	102	72	73	67	65
マレーシア	22	109	656	1,014	1,139
インドネシア	987	—	222	214	203

（出所）末廣昭（2000）『キャッチアップ型工業化論——アジア経済の軌跡と展望』名古屋大学出版会，169頁を基に作成。

互に協調的であると同時に，競合的であることも重視すべきである。4つの支配的資本の中では，とりわけ民族系国内民間大企業，華人系の活動に着目し，その政商的性格や従属的性格ではなく，所有と経営に見られる特徴や，技術形成，市場開拓の方法の特徴に注目すべきである。

2　国営・公企業の拡大と改革

　表11-1は，1960～90年までの，東南アジア諸国における国営・公企業の企業数の推移を示したものである。フィリピンはマルコス政権期（1965年12月～1986年2月）に一気に国営・公企業（政府企業）の数が増加し，インドネシアもスハルト政権期（1966年3月～1998年5月）に200以上の国営・公企業の数を維持した。中でも，最も急速に国営・公企業の数を増加させていったのは，新経済政策（ブミプトラ政策），別名「マレー人優遇政策」（⇨本章Column「ブミプトラ政策とアリババ企業」参照）を実施したマレーシアである。実際マレーシアでは，1989年末には国営・公企業の数が1139社に達し，あらゆる分野に進出していた。

　通常，国営・公企業が設立され，かつその経済根拠が広く容認されているのは，「公益事業」，つまり固定設備投資の金額が大きく，かつ外部経済効果が発生するために，民間ではなく政府機関が当該事業に進出する分野である。鉄道，道路，灌漑，水道，保健衛生などの「公共サービス」の分野がそれであった。また，電気通信のように国防や軍事に関わる分野も，政府が直接管理してきた。また，石油精製，鉄鋼，造船，セメントなどの重化学工業分野や，産業関連効果が大きい自動車や電子産業などにも及んだ。

ところが，東南アジアのいずれの国でも80年代の半ばを転機に，次々と「国営企業（政府企業）改革委員会」の設置や「民営化基本方針」の策定がなされている。こうした国営・公企業の見直しと方針転換の背景には，70年代末の第2次石油危機が引き金となる経済不況の長期化と国債金利の上昇が密接に関係していた。つまり，公的対外債務の増大（投資のための海外借入の増大）の原因になり，かつ国内の民間企業の活動を圧迫する国営・公企業の見直しが浮上してきたのである。

そのうち，1つは各国政府が自主的にとった政策転換である。そこには不況の克服だけではなく，経済自由化の潮流に対する積極的な対応も含まれていた。もう1つのパターンは国際機関の外圧による方針転換である。東南アジア諸国のうちフィリピン，タイ，インドネシアは，1997年以降の経済不況を克服するために，1998年にいっせいにIMFの救済融資と世界銀行の「構造調整融資」を受けることに同意したが，融資を受ける際の調整条件の中に，政府の経済介入の見直しと国営・公企業の事業改善が含まれていた。

3　華人系民間企業の成長

東南アジア諸国の政府が短期間で工業化を達成し，経済基盤の強化を望んでいたが，植民地時代に東南アジア諸国は欧米諸国の一次産品供給基地と位置づけられていたため，土着民族には企業経営の経験者が皆無に近かった。そのため，政治社会的には土着民族を軸にする工業化が望ましいといってもそれは現実的ではなく，そこで登場したのが，華人であった。華人は植民地時代からすでに貿易，金融，軽工業分野を中心に活発な経済活動を行っており，企業経営の経験も技術も，そして資本をも擁していた。

華人系企業が外資系企業とともに工業化の一翼を担ったために，東南アジアの多くの国で軽工業，重化学工業，ハイテク産業と，あらゆる工業部門で華人系企業が生成・発展を遂げた。他方では，植民地時代から得意にした貿易，商業，金融部門の企業も維持され，華人系企業はあらゆる産業部門に広がることになった。こうした中，有力華人系企業は発展の基礎となった産業にとどまらず，最初にビジネスを始めた産業分野である程度の発展を遂げると，関連分野

や非関連分野に投資して巨大企業グループを形成した。

　工業化過程における華人系企業の生成と発展は，大きく3つの類型に分けられる。第1タイプが「政治癒着型」である。これは大統領や首相，政府高官など，有力政治家と結びつくことにより企業を発展させたタイプである。第2タイプが，「外資合弁型」である。これは東南アジア企業（華人系企業）と，日本など先進国の外資系企業が合弁会社を作り，これが発展の要因になった企業である。第3タイプが「自助努力型」である。これは権力者や外資系企業に依存することなく自らの努力で発展した企業である。

　華人系企業グループは80年代後半になるといっせいに海外投資を始めた。投資先は，近隣東南アジア地域から香港や中国など東アジア地域，さらには世界各地へと広がっている。海外投資をする理由として，東南アジアの小さな市場から大きな市場を求める，規模の経済を追求する，安い労働力コストを求める，東南アジアの政治社会的不安から逃れるなど，さまざまな要因があげられる。このように，華人系企業は積極的な投資と貿易を通じて，東アジア経済と東南アジア経済をつなぐ役割，換言すれば，アジア経済圏を創出する役割を果たしていた。

4　民族系民間企業の育成

　東南アジア諸国は独立後に農業国から工業国への転換を図った。植民地時代に残された「豊かな華僑」「貧しい土着民族」の経済格差を考えると，政府にとって最も望ましいのは，民族系企業を育成・振興することであった。例えば，インドネシアで50年代に採用されたベンテン政策は，経験，資力のないプリブミ（土着インドネシア人）に政府調達契約と外資割当を与え，最も簡単な輸入業から企業家を育成しようとするものであり，プリブミ振興策の原型として現在に至るまで繰り返されてきた。同じような政策はマレーシアでも，フィリピンでも，タイでも見られる。

　マレーシアには，1969年に「新経済政策（NEP）」が導入された。NEPは「ブミプトラ政策」ともいわれ，マレー人を中心とするブミプトラ（土着の民）の経済活動分野である商工業部門への参加を促進することによって，種族間の

経済的不均衡を20年間で是正しようとする政策であった。NEPの導入後，企業の出資が，国民経済全体でマレー人資本の比率を1971年の約4％から1990年までに30％に引き上げられ，個別企業の出資資本金のうち50％はマレー人資本でなければならないとされた。

1970～90年まで実施されたNEPと1991年にそれを引き継いだ「国家開発政策」（NDP）とのもとでブミプトラ企業が成長した。例えば，目覚しい発展を遂げる新興ブミプトラ・コングロマリット（産業複合体）のモファス（Mofaz）社は，1978年に販売業者として設立し，90年代では，4つの主要部門，すなわち通商，航空，海洋事業，観光から成る巨大グループに成長した。また，国営企業のマレーシア重工業公社（HICOM）は，国産車プロトン・ブミプトラ下請計画を通じて多数のブミプトラ中小部品企業を育成した。

ただし，東南アジア諸国では，90年代の高度成長を通じて土着民族の経済地位は全体的に向上したものの，種族間の経済格差は依然として解消されていないばかりか，土着社会内部での格差や対立が表面化している。また，華人大資本家は有力な民族政治家と個人的なコネクションを結ぶこともあり，一般華人系企業家が土着民の名前を借りて政府の規制をクリアし，実質的な会社の支配権や経営権は従来通り華人の手中に置くこともあった。さらには，土着民と便宜的に結婚して所在国国籍を取得し，ビジネスを続ける華人も増えたのである。

3　華人系企業の組織構造と経営戦略

1　華人系企業の成長と多角化

東南アジアの植民地時代において，初期段階の華人系企業の資本は，主に外国企業の販売代理などを経て徐々に蓄積されていった。契約出稼ぎ労働者や移民出身の華人は小さい商店からスタートして事業を拡大し，資本をある程度確保してから商工業や農園に投資して資本を蓄積した。19世紀後半になると一部の華人は一定の資本を蓄積し，小型の工場を経営し始めた。20世紀初め，華人経営の銀行と華人商会が出現したことは，東南アジアにおける華人資本の形成を示していた。

戦後，東南アジア諸国が次々と独立し，外国資本の独占的地位が弱まり，華人資本を含む国内の民族資本が発展する条件と環境が整っていった。特に各国が推進した工業化政策のもとで華人資本は，商業資本から産業資本への転換が促進され，資本規模と経営分野を拡大させた。60年代末から70年代初めには，一部の華人系企業は現地の株式市場に上場を始め，その後，こうした上場企業は，企業買収や関連企業の設立などを通じて経営規模を拡大していった。そして70年代半ばになると，新しい華人系企業グループが現れ始める。

80年代半ば以降，東南アジア諸国は経済の高度成長期に入り，華人系企業グループも急速な発展の時期を迎えた。この時期の華人系企業グループの発展には，製造業部門への進出，大規模な不動産開発，コングロマリット化などの特徴が見られ，新しい企業グループが大量に現れた。また，先進国の企業に比べると，第3次産業部門に偏っている傾向があるが，インドネシアのサリム・グループ，シンガポールの豊隆グループ，タイのCPグループなど，代表的な華人系企業は海外投資をしはじめた。

90年代に入って東南アジア経済の高成長が続く中，華人系企業グループは一層の発展を遂げ，積極的な対外投資によって多くのグループが多国籍企業となった。また新しい分野，特にインフラ整備，情報・通信などのハイテク分野に進出し，産業構造の転換が積極的に行われた。さらに，企業の上場，買収を通じて株式市場を積極的に利用するようにもなった。しかし，1997年のアジア経済危機で地域経済が萎縮すると，アジア経済を担うアクターに成長していた華人系企業も厳しい試練にさらされた。

2 東南アジアの主要華人企業（表11-2）

中国広東潮州からの華人が多いタイでは，民間企業・企業グループの大多数が華人資本であるが，その中でもバンコック銀行とCPグループの力が突出している。CPグループは，謝氏兄弟が1912年に農作物取引を始め，世界有数の食糧生産国であるタイ農業により事業を拡大した。農業関連事業で資本を蓄積したCPは，タイに進出する外資製造業の合弁相手となり，製造分野へも本格的に進出した。タイの銀行は，潮州華人の独壇場であるが，その中でもバン

表11-2　東南アジアの代表的な華人資本

(単位：億米ドル)

タイ資本（総帥）	資産	主要事業	インドネシア資本（総帥）	資産	主要事業
CP（謝国民）	70	飼料，畜産	サリム（林紹良）	80	金，不，製，農
盤谷銀行（陳有漢）	60	金融，不動産	Gガラム（蔡道行）	60	煙草，金，不，ホ
SSP（李石成）	55	鉄鋼，不	Sマス（黄奕聡）	50	紙，不，金
泰華農民銀行（呉捷撲）	40	金，不	バリトP（彭雲鵬）	40	木，石油化学
意泰（猪育，幹那戊）	40	建設，製造	Sブルナ（林天宝）	40	煙，金，不
大城銀行（李智正）	30	金，製	ジャラム（黄恵祥）	30	煙
玲栄豪（馬陳茂）	27	不，ホテル，金	Bハッサン（鄭建盛）	20	木，金，メ
マレーシア資本（総帥）	資産	主要事業	フィリピン資本（総帥）	資産	主要事業
郭兄弟（郭鶴年）	70	農業，食品，ホ	亜洲世界（鄭周敏）	130	金，不
雲頂（林梧桐）	55	観光，電力，製紙	陳永栽（陳永栽）	70	煙，金，不，航空
豊隆・馬（郭令燦）	55	金，製，メディア	首都銀行（鄭少堅）	32	金，不，製
常青（帳暁卿）	30	木材，メ	許實歌（3分家）	30	農，通信，食，製
山林（丘徳星）	25	木	巓峰控股（呉奕輝）	26	食，不，製，金
東方実業（酩清燕）	20	不	鞋荘（施至成）	25	小売，金，海運
馬化控股（林木栄）	20	農，不，交通	揚応琳（揚応琳）	13	鉱業，製，食，金

(注)　資産は推定個人。
(出所)　高木雅一（2001）『東アジア論入門』大学教育出版，214頁を基に作成。

コック銀行がガリバー的存在である。

　インドネシアでは，福建華人を中心に華人が経済の7～8割を握り，アジア通貨危機前は，民間上位30企業グループのうち22までが華人資本であった。華人資本では，サリム（三林）グループの力が突出し，製粉，食品，セメント，流通，自動車，銀行など，600社から成る巨大企業グループを築いた。また，部品輸入と製品国内販売の自動車を主力とするアストラや，国内産原木の製材や，紙・パルプの輸出を主力とするシナル・マスも有力な存在である。また，タバコ王ボブ・ハッサンと金融のリッポーも上位に入る華人資本である。

　ブミプトラ政策のマレーシアでも，華人資本・企業は経済の50％以上を占める強力な存在である。マレーシア華人資本のビッグ・スリーは，郭（クォック）兄弟グループ，観光リゾートを主業務とする雲頂（ゲンティン）グループ，豊隆（ホンリョン）グループで，三者とも約200の系列企業を有し，製造業や不動産など多くの事業に進出している。郭兄弟グループがアジア・太平洋地区で最大ホテル・チェーンの「シャングリラ」を運営し，豊隆がシンガポールで最大

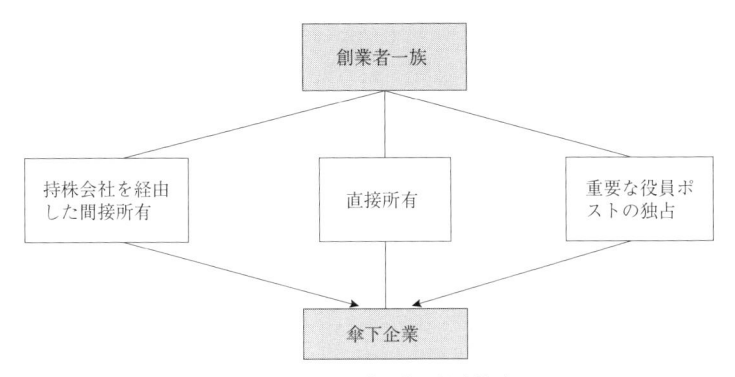

第11章　ASEANの市場統合と企業成長

```
         ┌──────────┐
         │ 創業者一族 │
         └──────────┘
         ╱     │     ╲
┌──────────┐ ┌──────┐ ┌──────────┐
│持株会社を経由│ │直接所有│ │重要な役員ポ│
│した間接所有 │ │      │ │ストの独占 │
└──────────┘ └──────┘ └──────────┘
         ╲     │     ╱
         ┌──────────┐
         │ 傘下企業 │
         └──────────┘
```

図11-2　華人系企業の統治構造

（出所）　王効平（2001）『華人系資本の企業経営』日本経済評論社，66頁を基に作成。

の華人資本となるなど，マレーシアの華人資本は国際的なところも特徴である。

　フィリピンは，華人資本に比べ現地大手資本がやや優勢である。地場資本がソリアノとアヤラの二大財閥に集中しているのに対し，華人資本は多くのグループに分散している。不動産と金融のタン・ユー，保険を中核としたユーチェンコ，食品など製造が中心のゴコンウェイ，タバコと酒造のルシオ・タン，百貨店シューマートのヘンリー・シー，ハイテク製造業にも進出するメトロ・バンクの六大グループが中心的存在である。アキノ大統領が出身の農園資本のコファンコも有力華人財閥であるが，3つに分家してしまった。

3　華人系企業の組織構造

　華人系企業は，図11-2に描かれたように，一族によって創設され，株式会社に改組されても創業者一族によって所有，経営されているケースが多い。多くの華人系企業は規模が小さくて構造も単純であり，たいていの企業は製造，販売，サービスのいずれか1つに集中している。大規模な企業においてさえ，大規模な職能部門を発達させているところはほとんどなく，規則やシステムが完備していないため，各職位の役割も明確に割り当てられていない結果，専門化のレベルは非常に低く，多くの分野にわたる活動に従事している人が多い。

　リーダーシップ・スタイルの多くは権威主義的であり，決定はトップ自身に

よってなされるが，だいたいが彼の直感や経験に基づいて行われる。トップ・マネジメントは，しばしば，「経営者への忠誠」の度合いを特に重要視する。家族所有を前提とすれば，経営者の個人的目標と企業の目標は一致するから，組織目標実現への強烈な動機付けが与えられる。それにもかかわらず，こうした文化は，トップ・マネジメントが，ボーナス，昇給，従業員訓練，さらには従業員の社会的行動に関する決定まで支配しようとする傾向を助長する。

これらの華人系企業は，クモの巣のように，ネットワーク状に連結されている。これは公式的に組織化されているわけではないし，公式的な契約もない。すべてのビジネス上の交際は，親類であろうと友人であろうと，実質的には個人的な関係に基づいている。個人的な関係がビジネスを提供すればするほど，信用はそのビジネス上の関係を維持したり，これらの結びつきを拡大することを可能にする。ビジネス上のコネのネットワークは，小規模な家族企業の資源が限定されていることを補完する。

華人系企業の強みとして，ネットワーキングの利点に加えて，コスト削減が大変得意であり，事業機会をとらえるために柔軟性を維持する能力がある。また，華人系企業は権威主義的ではあるが，迅速な意思決定に適している。弱みとして，わずかな家族構成員や所有者にごく近い人を除いて，構成員は企業自体との一体感の意識を欠いていること，リーダーシップ・スタイルが専門的才能を抑圧すること，制度化された継承メカニズムがないために，寿命が短縮化され，規模の拡大や多角化が阻害されることがあげられている。

4 企業文化と成長戦略

華人の強い企業家精神が，彼らの成功の最も重要な基盤の1つとなっている。華人は一生懸命働き，大いに節約するという文化をもっており，多くの華人系企業家は企業を展開する過程で，長時間働き，節度ある生活をした。成功への強い願望と環境の不確実性が，彼らを無慈悲なまでに目標追求に駆り立てたのである。何年にもわたって，彼らの多くはほとんど休暇も取らず，長時間働き続けた。そして，彼らの企業が成功した後でさえ，多くの人は依然として節度ある生活を維持し，同じようなペースで働いたのである。

現金回収サイクルの加速は，早い回転率に貢献する。東南アジア諸国の政治的不確実性のために，現金が眠っている期間が最も危険である。つまり，軍事クーデター，政権交替，民族間衝突が多発するため，商売をできるだけ早めに成立させることを強いられている。現金の休暇期間を短くして，小さなマージンで取引するという華人の傾向は，現金の早い回転率を志向する。華人系企業家は，低価格と小さなマージンで満足することにより，より早く売ることができるということを認識しており，こうして現金の休暇期間を短縮した。「早く仕入れて，早く出荷」という考え方は，ASEAN地域の至る所で華人系企業家の間に広く行き渡っている。

東南アジア諸国では，さまざまな政策的制限を受けたにもかかわらず，多くの華人系企業は，政府と良好な関係を築いたり，巧みな政治交渉を行ったり，相対的な強みを巧妙に利用し，政府の開発政策から利益を得てきた。華人系企業グループは，国家資本および政治権力との相互参入，結合の関係によって築かれてきた。こうした企業グループは，大きな資本規模と競争上の優位性を保ちながら，政府との密接な関係を活かし，政府からの低利融資，独占的な経営強化，専売の権限など各種の便宜を取り付けた。

華人系企業は不動産や金融，流通などの分野でかなりの経験を蓄積したが，産業技術の蓄積が少なかったため，華人系企業の製造業への進出は，ほとんど現地に投資する外国企業との合弁から始まったのである。一方，外資にとっては，進出先の現地企業のうち，華人系企業は規模，経営体質，人材と人脈などの面でパートナーにする上では優れていた。華人系企業と外国企業との協力は，一般的に製品の輸入から始まり，その後現地での販売代理，最後に合弁企業を設立して現地生産をするという形で行われている。

5 対外投資と今後の課題

規模拡大と経済力の増強にともない，東南アジアの華人系企業の対外投資と海外展開は90年代から急速に拡大した。華人系企業の投資は主にASEANと中国，すなわち華人系企業が集積する地域に集中し，現地で企業買収，子会社と合弁企業の新設といった直接投資および共同プロジェクトなどの方法で進め

第Ⅱ部　アジアの産業発展と企業成長

▶▶ *Column* ◀◀

ブミプトラ政策とアリババ企業

　マレーシアのブミプトラ（土着の民，サンスクリット語源から）はマレー人とサバ・サラワク両州および半島部に居住する先住民を指す。2000年センサスでは，ブミプトラはマレー人のほかに，36の先住民グループがリスト・アップされている。ブミプトラは憲法153条によって，特別な地位が保証されている。それは，公務員の採用，奨学金の給付，政府の許認可ライセンス発給においてマレー人およびその他の先住民を優先するよう規定されている。

　ブミプトラ政策は新経済政策ともいう。マレー人およびほかのブミプトラの経済的地位向上のため，1971〜90年に実施された社会再編政策である。株式資本の保有比率を1990年までにブミプトラ30％，非ブミプトラ40％，外国資本30％に再編し，種族別人口構成比に見合った雇用比率を達成することなどを目標にしている。1991年以降は種族別経済格差の是正という基本方針が，「2020年ビジョン」に引き継がれている。

　ブミプトラ政策を実施してから，マレーシアの各地で「アリババ企業」という企業が増えてきた。「アリ」はマレー人のごく普通の名前で，「ババ」はマレー語を話しマレー文化に融合した中国人男性を指す言葉（女性は「ニョニャ」）である。ブミプトラ政策によってマレー人持株比率が30％以上という規定が導入された後，その条件を満たすためにマレー人から名義を借りて華人が実質的な経営権をもち続けた企業は「アリババ企業」といわれる。

られている。華人系企業は，それらの対外投資により，香港とシンガポールを国際業務の基地として，アジアを中心とする海外展開のネットワークを構築した。積極的な対外投資と海外展開によって，華人系企業の多くはすでに多国籍企業になっている。

　1997年のアジア経済危機で地域経済が萎縮すると，アジア経済を担うアクターに成長していた華人系企業も厳しい試練にさらされた。それまで右肩上がりの成長だけしか知らなかった華人系企業は，初めて企業存亡の危機に見舞われたのである。経済危機は金融・通貨危機から始まったが，銀行から無制限に資金を借りて不動産などの投機的投資をしたり，確実なリターンを計算すること

なく手当たり次第に事業を拡大してきた華人系企業は，事業の縮小，海外投資からの撤退，あるいは外資への身売り，企業グループの解体などを余儀なくされた。

　経済危機の影響でダメージを受けたが，華人系企業は手をこまぬいていたわけではなく，早い段階で対策をとっていた。多くの華人系企業は，事業再編成の一環として傘下の事業や企業を一部売却した。売却で得た資金は主に債務返済にあてたが，手元資金を蓄えたり，新たな企業買収に備えたりすることもあった。また，事業の再編成で海外展開を整理し，中核事業に集中して国内事業に回帰する動きも見られた。一方，危機の被害が比較的軽い企業は，危機を逆にチャンスとして利用して，新規投資，新たな企業買収を始めた。

　とはいえ，華人系企業が今後も生き残り，さらに発展するには，いくつかの点で改革が要求されている。政治癒着，家族や一族メンバーへの過度な依存からの脱却，企業情報の非公開性の改善（企業活動の透明化），経営におけるコーポレート・ガバナンスの重視（企業活動の社会や国民への説明責任），投機的投資の抑制などがその一例である。華人系企業も「グローバル・スタンダード」の企業になることが要求されており，そうなった時に華人系企業は東南アジアの特殊な存在の企業ではなく，その正統な一員となるであろう。

[推薦図書]

北原淳・西口清勝・藤田和子・米倉昭夫（2000）『東南アジアの経済』世界思想社。
　　グローバル化の中で構造改革を迫られている東南アジアの経済を政治経済学的アプローチにより解読している。

末廣昭（2000）『キャッチアップ型工業化論――アジア経済の軌跡と展望』名古屋大学出版会。
　　アジア諸国の経済発展とその危機を，タイの事例を導きの糸として，工業化の担い手，イデオロギー，制度・組織を焦点にとらえている。

王効平（2001）『華人系資本の企業経営』日本経済評論社。
　　華人ベンチャー企業等代表的な事例をあげ，経営学の視点からその構造を分析し，金融危機の影響も含めて検討している。

第12章

中国の市場変化と企業成長

　本章では，中国製造業企業の能力構築と組織再編，およびその海外進出動向を説明する。まず，政府の産業政策や市場環境の変遷，および閉鎖から開放への対外経済関係を概観しながら，外部環境の変化にともなう企業行動のプロセスを認識する。次に，中国企業の製造，販売，開発などの能力構築，および内部組織構造や人材移動などの組織変革を見る。続いて，製造業界の上位企業となった家電，IT，自動車メーカーの成長戦略を考察する。最後に，中国企業の海外進出，その立地戦略，製品戦略および直面している問題を分析する。

　Keywords：計画経済システム，国有企業，対外開放，技術導入，企業の自主権拡大，国産化，WTO加盟，企業の能力向上，海外進出，農民工

1　政府の産業政策と市場環境の変遷

［1］　市場閉鎖の計画経済統制時期（50年代初〜70年代後半）

　1840年のアヘン戦争での敗戦をきっかけにして，中国は兵器，機械など近代的な製造業の導入を開始した。1937年，日中戦争が勃発し，日本軍の侵攻によって多数の中国工場を沿海部から奥地へ転々と移転させ，その中で大半の設備を失った。後に，中国の工場は，日本の敗戦と同時にソ連軍の略奪や破壊を受け，さらに国民党と共産党の激しい国内戦争の中で，徹底的に破壊されて衰退した。そのため1949年の建国当時，中国の工業基盤は極めて弱かった。一方，朝鮮戦争など政治・軍事の情勢は依然不安定で，迅速に工業基盤と国防力を強化することが求められた。

第12章　中国の市場変化と企業成長

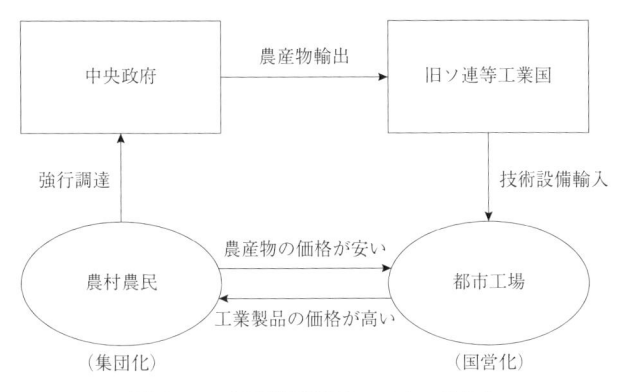

図12-1　中国計画経済システムの仕組み
(出所)　著者作成。

　政府によって重工業，特に鉄鋼・石炭・電力などの原材料産業やエネルギー産業の発展が優先され，消費財工業の発展を抑制する政策がとられた結果，消費財の供給能力は最小限に抑えられて売り手市場が形成された。人口の多数を占める農民を踏み台にした工業化は，農民による国家蓄積への貢献度を異常に大きくさせたが，その貢献に対する見返りとしての農民の生活向上は甚だしく遅れた（図12-1参照）。

　また，国民経済の根底にある所有制を，私有制から共有制に切り替える政策が政府によって行われた。これにより私営工場は事実上の国有企業になった。国有企業は，隷属的な関係によって中央政府に直属する大型国有企業と，各級地方政府に所属する中小国有企業に分けられる。国有企業のほかに，手工業的な生産協同組織や町内工場からできた中小零細集団所有制企業が存在していた。

　国有企業の生産財は国家によって供給され，製品は国家の統一販売と統一調達に委ねられた。企業の雇用と賃金分配も完全に国家の計画によって決定された。また，新製品の研究開発は政府の研究所によって行われていた。ただし，国有の大企業が資源配分の面で優遇されたため，地方の中小企業や集団所有企業は分散資源を活用しながら，消費財分野でローカル市場のニーズを開拓していた。

2 技術導入と国産化時期（70年代末〜90年代半ば）

　長年の重工業優先政策は，中国の農業生産停滞や生活水準の停滞・悪化，厳しい失業問題などを引き起こしていたが，70年代の末から，中国の産業政策は重工業優先から軽工業などの消費財優先へと転換し始めた。先進国との技術格差を解消するため，政府は対外開放政策を推し進め，さらに食糧の買い上げ価格と労働者の賃金引き上げを行うことによって農村や都市住民の収入は増加し，購買力が高まった。

　一連の経済管理権が中央政府から地方政府に移管され，各地方政府は積極的に地方産業の育成政策を打ち出し，地方企業の自主権を拡大した。それに地方企業，郷鎮企業（村，町などの地場の中小企業）は市場ニーズに応えて消費財生産に新規参入し，先進国から技術を導入し，積極的に市場のニーズに応え始めた。同時に，政府の方針で計画経済体制から市場経済体制への移行は急速に進んだ。国の指令性計画による生産額が国有企業総生産額に占める比率は，1984年の80％から1988年には16％，1993年には7％にまで低下した。

　また，80年代半ばに起きた消費財を中心とする生産ラインの導入ブームに対して，中央政府は国際収支の危機から高関税で国内市場を保護し，導入された製品の国産化を促進していく方針を打ち出した。一連の規制緩和が進むにつれて，個人への国民所得の分配に拍車がかけられるとともに，国民所得の増加にしたがって80年代の半ばから都市部の洗濯機・電気冷蔵庫・カラーテレビなど家電製品の普及率は順調に拡大した（表12-1参照）。

　また，国有企業に対する規制緩和は，企業の自主権拡大の試行から始まった。利益上納後の残余の利潤はすべて企業に留保され，企業の自主的な運用に任されるようになった。企業収益が増大すれば，企業の自由になる留保利益（企業の生産発展基金・福祉基金・報奨基金に使用される）も相応に増える。一方，80年代の半ばから集団所有制企業や郷鎮企業，私営企業，外資系企業が急速に拡大してきた。これら非国有企業は，国有企業と違って初めから製品の生産量だけを追求するのではなく，市場ニーズの変動に適応しながら利益の最大化を優先していた。その結果70年代末から工業総生産額に占める非国有企業の比率が毎年3％ポイント近く上昇し，1978年の22％から1996年の72％に上昇してきたの

表12-1　中国都市と農村住民100世帯あたり主要耐久消費財保有量推移（1985～2012年）

(単位：台)

項目		1985	1990	1995	2000	2005	2010	2011	2012
洗濯機	都市	48.3	78.4	88.97	90.5	95.51	96.92	97.05	98.02
	農村	1.9	9.12	16.9	28.58	40.2	57.32	62.57	67.22
電気冷蔵庫	都市	6.6	42.3	66.2	80.1	90.72	96.61	97.23	98.48
	農村	0.06	1.22	5.15	12.31	20.1	45.19	61.54	67.32
カラーテレビ	都市	17.2	59	89.8	116.6	134.8	137.43	135.15	136.07
	農村	0.8	4.72	16.92	48.74	84	111.79	115.46	116.9
エアコン	都市		0.34	8.09	30.76	80.67	112.07	122	126.81
	農村			0.18	1.32	6.4	16	22.58	25.35
オートバイ	都市		1.94	6.29	18.8	25	22.51	20.13	20.27
	農村		0.89	4.91	21.94	40.7	59.02	60.85	62.2
パソコン	都市				9.7	41.52	71.16	81.88	87.03
	農村				0.47	2.1	10.37	17.96	21.36
携帯電話	都市				19.5	137	188.86	205.25	212.64
	農村				4.32	50.2	136.54	179.74	197.8
自家用車	都市				0.5	3.37	13.07	18.58	21.54

(出所)　『中国統計年鑑』1986年～2013年を基に作成。

である。

3　グローバル化への移行期（90年代後半～）

　90年代半ばからWTO（世界貿易機関）への加盟に備え，政府は産業・企業に対する監督部門や規制内容をしだいに縮小して撤廃し，内外企業を競争させる政策に転換していった。中国は2001年末にWTO加盟が承認され，それにともない関税障壁を引き下げ，市場開放を進めるとともに国内企業の優遇政策を撤廃し始めた。同時に，政府は輸出の拡大や中国企業の海外進出などの政策を提唱した。

　中国の経済発展のさらなる加速にともない，農村部から都市部へ人口移動が進み，1995年から都市部の人口は毎年2000万人ずつ増え続けた。中国の都市部と農村部は1人あたりの所得格差が実質3倍程度あり，都市部の人口の増加は

国内消費を刺激する大きな要素と見られた。同時に沿海地区の都市では90年代の半ばから「中産階級」という一部富裕層（ニューリッチ）が次第に拡大し，「3M（乗用車＝My car，住宅＝My home，携帯電話＝Mobile telecom）」という消費ブームが起きている。また，一般家庭において家電製品が急速に普及し，エアコン，DVD機，デジタルカメラ，パソコンの保有率も急増している。

1998年から，本格的な国有企業改革が実行段階に入り，国有企業の株式化や株式合作が推進され，銀行が持っていた国有企業の債権は新設された国有資産管理会社に移され，国有持株に転換させられた。同時に国有企業に対して，外国資本を含めた多数の出資者の投資が許され，企業を行政への所属から脱却させる独立した法人制度も導入され始めた。また，中国のWTO加盟にともない，多数の多国籍企業が中国で現地生産に乗り出し，市場競争はますますグローバル化していった。

2000年代中期以降，特に2008年の世界金融危機以降，中国政府は内陸振興政策を打ち出して，内陸や農村部の消費を奨励してきた。経済の成長に合わせて，内陸部・農村部の国民収入も増加し，沿海部だけではなく，内陸部にも豊かな中間層（⇨第5章 Column「中間層」参照）を急速に拡大している。

4 外部環境の変遷と企業行動の中心の転換

以上に見られたように，中国の経済環境は日本や欧米と違って，これまでの三十数年間，純粋な市場経済ではなく，政府の計画統制から市場の自由競争へと移行している最中である。したがって，中国企業の戦略行動は変化が激しい経済環境の中で，図12-2に示したように政府政策の変化と市場環境の変化に対して，同時に「両面作戦」を強いられている。

外部環境の計画統制から市場競争への移行にともなって，中国企業に対する政府の統制力は中央から地方に移りながら，次第に弱化していった。一方，市場環境は閉鎖的なものから開放へ，さらにグローバル化へ進み，企業に対する市場の影響力がますます強くなってきた。こうした環境変化の中，企業の行動は次第に方向を修正し，従来の政府に働きかける方向から市場変化に適応する方向へと中心を移し始めている。

第12章　中国の市場変化と企業成長

```
              50年代初→70年代後半           70年代末→90年代前半         90年代半ば→
              (市場閉鎖と計画経済統制時期)    (技術導入と国産化時期)      (グローバル化移行期)
        ┌── 政府政策の変化（中央集権から地方分権，強力統制から次第に弱化）
     環  │   政策制約 ↕ 働きかけ                          企業行動の中心
     境  │   企業の行動（戦略構築や競争力蓄積）
     変  │                                                           業界競争度合い
     化  │   市場制約 ↕ 環境創造
        └── 市場環境の変化（クローズからオープン，グローバル化）
         政策変化と市場変化の間にタイムラグが生じる
```

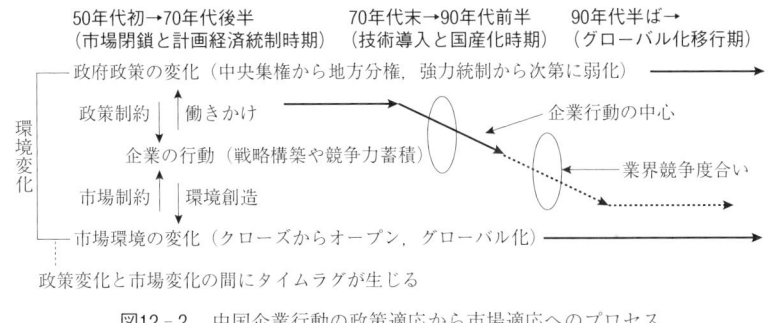

　　　　　図12-2　中国企業行動の政策適応から市場適応へのプロセス
（出所）　著者作成。

2　企業の能力向上と組織変革

1　製造能力の蓄積

　建国初期，旧ソ連の設計院や工場が一部中国国有大企業の技術設計と工程設計を担当したり，企業の建設と生産を指導したり，企業の幹部や技術者，労働者を訓練したりして，製造技術や計画管理のノウハウを伝えた。一方，地方の中小企業は大量生産方式の設備はなく，そのため少量生産で部品の製造から完成品の組立てまで，すべて手作業で行っていたのである。品質は悪く，いったん製品が市場に出た後も故障が多く，つねに修理しなければならないため，メーカーは長年専門の修理チームをもっていた（図12-3参照）。

　その後80年代半ばまで，先進国から技術や設備を導入したが，ニーズの拡大と製品の供給不足の市場環境の中では，物を作ればすぐ売れるため，生産管理や品質管理などについての関心を，ほとんどの企業はもつことがなく，製造能力の進化も緩慢であった。また，企業間には競争がなかったため，企業は政府の生産認可と生産量の拡張以外に，品質の向上や性能の改善，新製品開発などには強い関心をもつ必要がなかった。

　80年代後期からの厳しい市場競争に対応するため，企業は積極的に日本をはじめとする先進国から生産管理のノウハウを導入し，品質管理に力を入れ始めた。中国メーカーはブランド戦略を実行するために，基本的な企業管理体制の

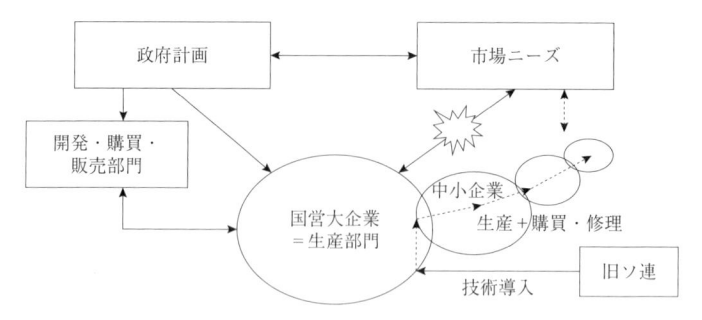

第Ⅱ部　アジアの産業発展と企業成長

図12-3　計画経済体制下の中国製造企業
(出所)　著者作成。

整備を経て品質管理システムの一環として，人的資源管理システムの確立に着手し始めた。具体的には従業員一人ひとりが担当するその日の業務内容に対して遂行義務をもたせる，というものである。評価値に基づき業績評価と報酬基準値が確定され，ミスが出た場合の罰金額まで明示されていた。さらに，完成品メーカーは部品供給メーカーに対しても従来の部品の量だけを求めることをせず，その品質向上やコストダウンに対する要求も次第に厳しくなっていった（図12-4参照）。

90年代末から中国のWTO加盟と市場競争のグローバル化にしたがって，中国の企業は社内での競争力を高めるために，企業内部でも徹底した実績主義を実施していた。予め目標を決め，その達成度によって給与が決まり，目標達成率が比べられ，上位の担当者が奨励され，連続して最下位になった場合，責任者は解雇されるという明確なシステムである。ただし，中国企業は離職率が高く，従業員の職場ローテーションも少ないため多能工の養成が進まず，より複雑な技術吸収や現場の改善活動もなかなか進まないという問題もあった。

2　販売とアフター・サービス能力の蓄積

計画経済の管理体制が強かった時代，企業は政府計画にしたがって生産していたため，販売活動の経験がほとんどなかった。製品の販売について，ほとんどの企業は80年代の半ばまで計画経済の販売ルートである国有卸売や小売企業を通じて行い，自社販売ネットの構築や販売促進に力を入れていなかった。

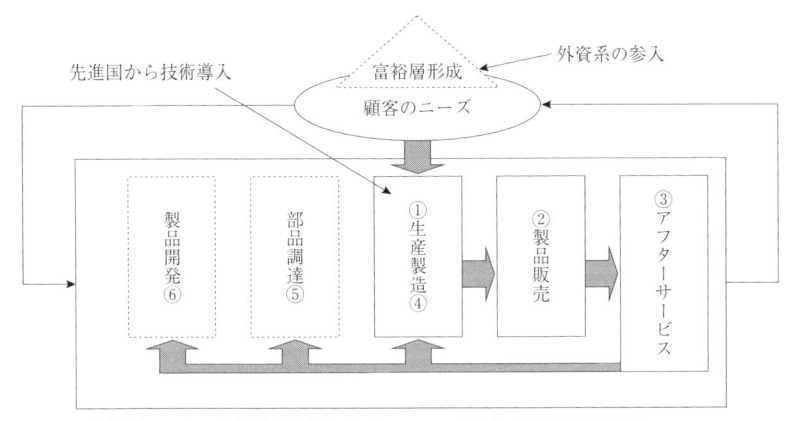

第12章　中国の市場変化と企業成長

図12-4　中国企業能力蓄積のプロセス
(注)　中国企業の能力向上は，①技術導入と生産規模の拡大→②販売の促進→③アフター・サービスの強化→④品質向上→⑤低コスト良い部品の調達→⑥製品のコピー的改造という順に展開している。
(出所)　著者作成。

　しかし，80年代の後半以降，市場競争が激化するにしたがって，企業は販売・サービスに力を入れ始めるようになる。まず，大都市から中小都市にいたるまで自社ブランドの専売店を相次いで設立し，自社の販売ネットワークを構築していった。それと同時に，専門知識をもった販売員・サービス人材を養成し，サービス面を強化した。家電の場合，顧客に対しては，徹底的に自社製品の性能や特徴，使用方法を説明し，販売後は無料で製品を配達して取り付け，また定期的に訪問して使用状況を把握し，修理などのアフター・サービスを提供した。

　さらに，実力ある中国企業は一定のレベルのアフター・サービス，例えば24時間ないし48時間以内の訪問修理サービスなどを実現したが，競争の激化にしたがって，ユーザー意見のフィードバックと改善，訪問修理マニュアルの公示と厳守，製品の修理保証など，さらにサービスの水準を向上させていった。90年代の半ばになると外資系の自主販売に対する政府の政策制限もあり，中国国内のエレクトロニクス企業の製品は品質や技術レベルの面で輸入品と互角であったが，サービスのレベルでは輸入品を上回った。

193

90年代半ばになると新しいニーズを狙った外資系の新規参入が増え，そもそも過剰であった生産能力は，さらに拡大していった。製品の価格競争がますます激化し，例えば90年代末になると多くの家電製品の販売価格は90年代半ばに比べて20～30％引き下げられ，カラーテレビの価格も50％以上下落した。その上，家電などを扱う量販店が価格競争に参戦し，高性能製品を生産した外資系メーカーも自販ネットワークを構築し始め，そもそも減益していた中国メーカーをさらに苦しめた。

3 開発能力の貧弱さとコピー的改良

計画経済の管理体制のもと，中国の大型国有企業は50年代に，工場設計からプラント設備，製品，生産方式までワンセットで旧ソ連から導入した。その後対外開放まで，先進国との技術交流からはほぼ全面的に隔離され，新製品の研究開発は政府の研究院（所）や設計院（所）によって行われていた。国内の技術移転は，国家のR&D機構によって開発された新製品をまず国有大型企業に量産化させ，成熟化させてから中小企業に移転していくというパターンが一般的となっていた。

対外開放にしたがって，中国企業が先進国企業との間に存在していた技術格差が明らかになり，各企業は先を争って先進国の製品製造プランをワンセットで導入していった。ただし，国有にしても非国有にしても，中国メーカーはいずれも自らの開発能力をもっていないため，導入した技術の初歩的な理解から始める必要があった。80年代後半からは部品や素材メーカーも相次いで先進国から設備を導入し，技術を吸収し始めた。

その後，激しい市場競争に対応するために，中国企業は導入した技術を吸収すると同時に，より安く劣悪な素材を使って，同じようなデザインと性能を出すために設計を工夫したり，機能を減らしてコストを抑えたり，中国独特の多様化ニーズに対応して，差別化の工夫を凝らしていった。ただし，中国メーカーは自社の開発能力と製造能力が弱いため，洗濯機やパソコンのような組合せ型（モジュラー）アーキテクチャ（構造）だった製品の生産が得意であるが，乗用車のような擦り合わせ型（インテグラル）アーキテクチャだった製品に対す

る苦手は近年まで克服されていなかった。

　そのため，中国企業にとってまったく新しい技術を用いる場合には外国企業との提携で技術導入を行い，ある程度の技術把握が済むとそれを基盤にしたコピー的な改造や開発を行った。すなわち，高度な技術が要求される基幹部品を日本や韓国企業から輸入しながら，苦手とする擦り合わせ型アーキテクチャ品を汎用部品からコピーし，わりに製造しやすい組合せ型製品に改造していくという方法をとったのである。このため，積極的に外国製品を模倣して次々と新製品を市場に出したが，外資系メーカーから知的所有権損害で提訴されるケースが相次いで発生していた。

4　企業組織構造の変遷と人材の流動化

　計画体制の下で，中国の国有企業は政府から与えられた生産計画と利潤計画の数値目標（＝「ノルマ」）にもとづいて生産任務を遂行するだけで，製品開発，販売，資材供給や利潤管理などの本社機能を抜きにした，単なる一生産工場に位置付けられており，たいていの場合，特定の一地点（一定の敷地あるいは地域内）に存在していた。すなわち日本企業のように全国（さらに海外）に複数の事業所を持っているような存在ではなかった。

　しかし，市場の拡大に合わせ，中国企業は次第にローカル地域を出て多地域に工場を建てるようになった。また，業界間の相互浸透によって企業間の買収・合併を加速させ，多地域にまたがり，複数の製品で生産量の上位に立つ巨大メーカーが順次形成されていった。また製品多角化の展開と生産規模の拡大にともなって，中国企業は，従来の本社による工場の直接管理という方法を変えて，事業部制を導入していった。さらに，上位メーカーは海外に進出し海外の現地生産を拡大していたため，海外事業部も設立していった。

　企業体制改革にしたがって，国有企業も利益を中心とする経営方針を打ち出した。その重要な手段の1つとして組織のスリム化と合理化があげられる。また，生産部門も従来の政府方針に沿った体質から，商品開発・生産量決定にいたるまでの市場ニーズを汲み取る体質へ転換し，人員の再配置などに取り組んだ。企業は旧来の政府が定めた賃金体系を企業の事情や戦略に合わせて改変し，

独自の体系を作った。新規採用の手続き,企業内の教育・訓練制度,昇給と昇格の制度,現場の作業組織,ジョブ・ローテーションなどについても組織規約,作業指示書,労働争議処理制度と調停委員会の設置などによって明文化された。

一方,経済改革によって,中国の農村部から大量の余剰労働力が発生した。毎年,内陸の農村から数多くの出稼ぎ労働者が農民工として沿海都市に来るようになった。これらの農民工は非常に勤勉で,賃金も都市部の労働者よりはるかに安く,沿海都市の民営企業や外資系企業の主力の労働力になっていた。ただし,農民工は都市の戸籍をもたず,都市に永住できないなど政策の制限で,ほとんどの人が3～5年の短期間的に都市で働いてから里帰りするため,多能工として養成するまでには至っていない(⇨本章 Column「農民工」参照)。

3 製造業における上位企業の成長戦略

1 中国企業の構成と変遷

中国では70年代の末から一部国有企業に対して国家から下達された計画を達成することを条件に,計画外での生産と販売を行い,利潤の一部を留保することが認められたところから国有企業改革が始まった。80年代の半ばからは企業の生産,販売,価格設定,雇用などに関する自主権の拡大が政府の決定によって確認された。ただし,政府計画の作成やプロジェクトの実行は常に市場の変化に追いついておらず,それを追求する国有企業のマーケティング行動もまた遅れかねないという問題は残されていた。

90年代半ば以降になると,経営業績の悪い製造業の一部国有企業は身売りされ,非国有企業に買収・合併された。このような状況下で,国有・国有持株企業数は1997年には7万4388社であったものが,2002年には4万2696社と大幅に減少した。また,公有中小企業(都市部の国有中小企業,集団所有制企業や農村部の郷鎮企業)の私有化は本格化していった。経営不振の中で国有企業は,製品開発・販売・経営管理などの重要な人材が郷鎮企業,私営企業や外資系企業に流出し,ますます衰退していくこととなった。

これに対して,都市部の集団所有制企業や農村部の郷鎮企業および多数の個

人（私営）企業は，市場経済化にともなって自力で設立されたものが多く，初めから市場ニーズの変動に適応しながら利益の最大化を優先していた。これらの非国有企業が，現場の生産管理能力，市場の販売・サービス能力や製品の開発能力などを高めて，先発の国有企業に入れ替わって頭角を現し，ついに業界の上位に上ってきた。

　21世紀に入って，特に2008年のリーマン・ショック以降，中国政府が内需拡大やインフラ整備のため，巨大な財政支援を主に国有企業に投入し，内陸振興政策を行い，国有企業の経営状況が改善されている。時価総額を見ても，上位ランキングは政府の政策で保護され，国内市場を独占している金融やエネルギーなど国有企業が占められる。しかし，これらの企業は国際市場での競争力がまだ弱い。ここで，国際的競争力を身につけている代表格である中国の家電，IT，自動車産業における企業の成長戦略を見てみよう。

2　世界白物家電のトップになったハイアール

　家電産業は，中国でも最も競争の激しい産業であるが，ハイアールはその中で最も知名度が高いメーカーである。

　ハイアールは，80年代半ばまでは無名の小型集団所有制企業であったが，経営の失敗で巨額の赤字を抱えていた。深刻な企業危機から脱出するために，内外の市場を調査した上で，中国で冷蔵庫の高級ブランドを創ることを企業戦略とした。冷蔵庫の売り手市場においても，急いで生産量を拡大せず，企業内部に厳しい品質管理システムや賞罰制度を導入し，きちんとした品質管理に力を入れ，ブランドイメージの確立を最優先にし，市場競争に備えて経営基盤を強化した。さらに，市場シェアを拡大しながら販売ネットワークの設立やアフター・サービスの強化など，マーケティング活動にも力を入れていた。

　冷蔵庫ブランドのトップの地位を確立した後，92年から外部環境の変動を利用して，生産の範囲を冷蔵庫・洗濯機などの白物家電製品からテレビ・ステレオなど黒物家電製品，さらに家電製品関連の住宅設備にまで次々と拡大していった。製品多角化の過程でもブランド戦略をあくまで堅持し，品質管理システムを新しい生産分野にも徹底的に導入し，市場の価格競争に参加せず，終始顧

客のニーズに応えながら高品質で勝負していった。その結果，1996年に販売高は中国で白物家電業界のトップに立ち，2000年から販売高，経常利益，輸出額，ブランド価値など主要な経営指標では，すべて中国の家電企業をしのぎ，トップの地位を占めている。

　市場のグローバル化にともなって90年代末から海外進出を本格化し，海外市場に対しては開発，生産，販売機能の強化を加速させていった。海外進出に際し，当初からの品質管理を強化しながら自社ブランドを全面に打ち出す方針を堅持し，ブランドイメージを確立しながら範囲と規模を拡大していた。90年代前半からヨーロッパに，1995年からアメリカ，1998年から日本向けの輸出を開始し，欧米，東南アジアや中東での現地生産も展開していた。その結果，2010年現在，白物家電のブランド別世界販売台数シェアで，2年連続の第1位となっている。

　ハイアール製品の日本市場への輸出は1998年頃からだったが，当初は日本企業ブランドのOEMを行っていた。自社ブランド製品は，2001年1月にエアコン3万台を東京にある電気取次販売業者に納品したことが最初で，その後冷蔵庫や洗濯機の輸出も開始した。2002年以降三洋電機と提携しながら，単独出資の「ハイアールジャパン」を設立した。2010年には日本の白物家電市場に本格参入すると発表し，日本人技術者が開発を担当したドラム式洗濯乾燥機のフラッグシップモデル（同種の中で最上級，シリーズの顔となるもの）を発売，中型・大型冷蔵庫や洗濯機を順次発売し始めた。2011年7月に三洋電機の白物家電事業を買収し，三洋のブランドを活用して日本市場を開拓している。

3　世界パソコン製販の1位に上るレノボ

　中国政府は，輸入関税や独自技術の開発などの政策で国内IT産業の保護を図っていたが，その保護政策自体は，90年代に入り自動車産業や家電産業よりも早く撤廃され，世界メインフレームの利用を中心とする現実的な産業政策へと転換した。このように，中国におけるIT産業のローカルメーカーは，比較的早くからグローバル競争にさらされることになった。そうした中で，90年代に入ると，中国経済の成長にともなってIT市場もニーズの拡大や多様化など

で大きな変化を見せ始めた。パソコン市場では従来の政府部門や研究機関だけでなく中小企業や個人ユーザーが急増し，ニーズの多様化が進んだ。その中での成功例がレノボである。

　レノボは，1984年に設立された「中国科学院計算所新技術発展公司」に始まるパソコンならびに周辺機器のメーカーである。外国製品の代理販売から始め，1990年には初めて自社ブランドのパソコンを市場に送り出した。しかし，厳しい競争に直面したレノボは，外資系メーカーに対抗する措置として中国ユーザー用パソコンを供給する市場戦略を打ち出した。中小企業，教育機関，家庭などの特定なユーザー向けに特化された低価格の新製品を次々と開発していった結果，パソコン販売量は1994年から4年連続で前年より倍増し続け，1997年には中国におけるパソコン業界のトップメーカーに成長した。

　さらに同時期，製品の多角化を展開し始め，パソコン，商用コンピュータ，ノートパソコン，サーバーなどの系列製品の開発・生産・販売事業を行っていた。2000年からは海外進出を図り，2004年12月にはアメリカIBMのパソコン部門を買収し，デルとヒューレット・パッカード（HP）に次ぐ世界のパソコン業界の「トップ・スリー」となった。そして，2011年1月には日本最大手のNECと合弁して，日米欧のパソコン市場を本格的に開拓し始めた。中国で成功したビジネスモデルを活かし，インド，ロシア，ブラジル，中東などの新興市場にも進出している。そして2013年にレノボはついに世界パソコン販売の1位になった。

　近年，特にリーマンショック以降，世界的な景気後退に対処して業績を改善するため，レノボは戦略転換を行っている。すなわち，世界企業用市場での中核業務を強固すると同時に，新興市場と「取引志向型」業務市場でのチャンスをとらえて展開していくことである。中国国内でも内陸振興や農村振興政策に適応して蓄積したブランド力と広い販売ネットワークを利用し，優位性を拡大している。さらに，フラット型パソコン，多機能携帯電話，多機能テレビなどの生産に参入し，最新のニーズに適応しながら事業を拡大している。

第Ⅱ部　アジアの産業発展と企業成長

4　民族系自動車メーカーの急成長

　中国の自動車産業，特に乗用車産業は90年代半ばまで政府の高い関税（輸入関税率は1994年1月1日から110〜150％になったが，それ以前は180〜220％）で保護され，大手国有メーカーは外資系企業と合弁で導入された外車モデルを生産していた。その後，WTO加盟に備え関税が下がったことで，外資系の進出が加速した。中国の自動車生産台数は2000年に世界の第8位だったが，2009年にアメリカや日本を抜いて世界一になった。その中，競争が激しくなったセダン市場で，中国民族系の「新ビッグ4」といわれる奇瑞汽車，BYD汽車，吉利汽車と長城汽車の成長が目立っている。2001年の民族系乗用車のシェアは2.3％であったが，2010年には30.89％に達した。

　先発した内外のメーカーに比べて，奇瑞，BYD，吉利と長城の経営歴史は短く，資本と技術も不足していた中，乗用車の生産を開始したのが2000年前後である。これらの中国ローカル企業は中国乗用車市場ニーズが富裕層から中間層へ移行する動きに適応し，外資系のモデルを模倣しながら低価格の小型車を中心に市場へ参入してきた。外車を模倣する時に，外資系からの提訴を避けるため，事前に外車の知的財産登録状況を調べ，特許が申請されていない部分をそのままコピーし，申請されている部分を微調整してコピー的改造を行っていた。

　一方，部品調達については部品開発能力の蓄積・部品品質の保証とコストの削減を同時に追求し，独自のサプライヤー・システムを構築してきた。生産現場で品質を確保するため，複雑な製品を簡単な部品に分解し，賃金が安い作業員に簡単な作業を任せ，同時に治具（加工や組立の際，部品や工具の作業位置を指示・誘導するために用いる器具）を使用させ，機械生産と変わらない品質のものを低コストで大量製造することができた。さらに，完成車を低利益率に設定し，外資系の車を大幅に下回る価格で市場に出し，中小都市や農村まで構築してきた販売ネットワークを通じて大量販売を行い急成長を遂げた。

　ただし，民族系メーカーの国内「新ビッグ4」といわれているものの，国内販売台数の順位は常時第5位以下で上位の外資系に比べるとシェアはまだ低い。小型低価格車中心で営業利益率も低く，輸出も少ない。データを見ても，2010

年の自動車の総生産台数1826万4700台のうち輸出台数は54万4900台で，全体の2.98％にすぎなかった。そのうち，乗用車の輸出台数は全生産台数の2.04％となっている。中国の輸出台数は，世界の主要自動車生産国の中でも最も低い水準にとどまっており，タイ，メキシコ，インドといった新興国にも及ばなかった。

4　中国企業の海外進出

　90年代の初期まで，中国企業が生産したエレクトロニクス製品や自動車製品の海外への輸出は，それほど多くなかった。逆に，中国市場における海外からの輸入品は多かった。90年代の半ば以降になって代表されるエレクトロニクス製品やオートバイが，大量に輸出されるようになった。例えば，2003年に中国のカラーテレビ生産量6541万台の約半分の3268万台，冷蔵庫生産量2208万台の約4割の881万台，エアコン生産量4813万台の約3分の1の1644万台，洗濯機生産量1943万台の約2割の363万台が輸出された。

　製品輸出について，多くの中国企業はまず新興工業国や途上国から国際市場を開拓し始めた。例えば，IT大手のレノボや華為(ファーウェイ)は，97年に中国に返還される香港を海外進出の要所として選んだ。香港に続き，ロシア，インド（主に人材吸収と開発協力），中東とアフリカ，東南アジアと南米など，新興工業国や発展途上国に次々と進出していった。これら新興工業国や発展途上国において，中国企業は先発の世界上位メーカーと競争するために，主に低価格とサービス強化の戦略で事業を展開した。

　中国企業は海外への輸出を拡大すると同時に，販売先国の幼稚産業保護政策など非関税障壁を乗り越えるために，東南アジア，中東，アメリカ，ヨーロッパなどの海外で多くの生産拠点を作り，現地生産を拡大していった。ただ，中国企業の対外投資は経験が少なく，試行錯誤の段階にある。中国企業は中国国内市場を主戦場と見なしながら直接海外の技術者や経営者を雇用したり，先進国の企業を買収したり，自社株を海外や香港で上場して国際資本の調達に努め，積極的に海外の経営資源やノウハウの導入を図っている。

▶▶ Column ◀◀

農民工

　農民工とは非農業の仕事に従事する農業戸籍者のことを指す。農民＝農業戸籍というのは，職業が変わっていても農業戸籍を非農業戸籍に変えることが難しい。農民工はまさにこのような戸籍制度の作り出した産物であり，農業戸籍をもつ農民でありながら，農業と関係のない仕事に従事する工人であり，「農民工人」なのである。調査によれば，中国の農民工総数は2010年末に2億4200万人に上るが，地元の非農業就業者が8900人，出稼ぎ者が1億5300万人と，後者は6割以上を占める。

　農民工の大量発生は90年代後半以降のことである。高度経済成長が続く広東省の珠江デルタ，上海市と江蘇省と浙江省からなる長江デルタでは，労働力に対する受容が90年代に入ってから急速な拡大を見せた。それに応じて，内陸部農村を中心に大勢の若者が移動し出稼ぎを始めた。

　ところが，戸籍制度による移住規制のため，彼らのほとんどが自分の戸籍を故郷（戸籍登録地）から転出し現住地に移すことが許されず，都市戸籍住民のみを対象とする多くの公共サービス（教育，医療，年金など）を受けられないため，まるで二等国民かのような格差が広がる。長時間・低賃金の重労働が日常化し，失業・医療・年金・労災など，あって当然のような社会福祉が非農業戸籍の都市住民に著しく不足し，住居をはじめとする生活環境は劣悪であった。

　2004年の夏季には，珠江デルタなどで企業の求人数が満たされず，「民工荒」と呼ばれる人手不足の現象が発生した。農民工の1割にあたる200万人が足りないという予想せぬ緊急事態の出現は各方面に大きな衝撃を与えた。このことから内陸農村の労働力が枯渇し，中国経済がすでに労働過剰から労働不足への転換点を通過したとの指摘もある。

　多くの中国企業はそもそも国内の低収入の消費者に適応するために，先進国からローエンド製品の技術を導入し生産し始め，輸出を拡大させてきた。しかし，多数メーカーの参入と競争の結果，製品の販売価格が下落し利益は低下の一途をたどった。さらに，2000年代の半ばから，労働者の賃金高，人民元高，原材料・エネルギー高が進んだ。その上，中国政府は生産技術の導入方針をローエンドからハイエンドへと転換する政策を推進した。これら一連の外部環境変動によって，多数の中国企業は先進国企業の買収を通じて開発能力を強化し

ていく動きも見せた。例えば，家電大手の TCL は2004年に仏トムソンからテレビ事業，仏アルカテルから携帯電話事業を買収，南京汽車は2005年に英 MG ローバーを買収，パソコン大手のレノボは IBM の PC 部門を買収，レノボは2009年に日本のシステム開発会社 SJI を傘下に収め，翌年に日本パソコン業界のトップ・メーカーである NEC と合弁で日本パソコン事業を統合した。家電販売大手の蘇寧電器は2009年に日本ラオックスの筆頭株主になり，民営自動車メーカーである BYD は2010年に日本の金型メーカー・オギハラの工場を買収し，吉利汽車は米フォード傘下のボルボを買収した。

[推薦図書]

藤本隆宏・新宅純二郎編（2005）『中国製造業のアーキテクチャ分析』東洋経済新報社。
　アーキテクチャ（＝設計思想）という分析枠組みに沿って，現場からのミクロの視点を積み上げ，中国産業の実態に迫ろうとしている。
安室憲一（2003）『中国企業の競争力』日本経済新聞社。
　ベールに包まれた中国企業の実力を，長年の現地調査と経営学の論理で解き明かし，将来を展望している。
陳晋（2007）『中国製造業の競争力』信山社。
　中国自動車，家電，IT 産業の歴史，競争の度合い，産業政策，企業の行動パターン，戦略構築過程などを比較しながら解明している。

第13章

インドの市場拡大と企業成長

　本章では，インドの産業政策転換と消費市場成長，インド企業の経営組織と成長戦略，および外資系企業のインド進出戦略を説明する。まず，インド独立後，特に1991年の経済自由化以降のインド経済成長やサービス産業の躍進を概観する。続いて，公企業から民営企業への移行や，成長牽引役が財閥へと交代していった経緯など，インドの企業構造の変化を考察する。その後，財閥企業，特に最大財閥であるタタ・グループの成長戦略と海外拡張を考察し，最後に，日本企業を含めた外資系企業のインド進出戦略を解明していく。

　Keywords：市場の成長，IT 産業，ソフトウェア，後発医薬品，在外インド人，優秀な人材，新興財閥企業，家族経営，タタ・グループ，カースト制度

1　インドの産業成長と市場拡大

1　経済の転換と市場の成長

　インドでは現在，「中間層」（インド応用経済研究協議会〔NCAER〕の定義によれば，20～100万ルピーの年収世帯，ちなみに2011年現在1ルピー＝0.5日本円）と呼ばれる旺盛な購買意欲をもつ人々が急増し，消費の喜びに目覚め，大量の商品を買い始めたインド人が「消費革命」を起こしている。すでに2005年度の時点で，11億7000万の人口を抱えるインドの GDP は7304億ドルに達し，世界第10位（購買力平価では世界第4位）の大きさにある。将来性豊かな市場の争奪戦も激化し，いち早く現地に適応した商品を開発し先行している韓国企業を日本企業が追い上げようとしている。

第13章 インドの市場拡大と企業成長

表13-1 最近の5カ年計画（実績と予測）

	第9次5カ年計画 (1997/98-2001/02)	第10次5カ年計画 (2002/03-2006/07)	第11次5カ年計画 (2007/08-2012/13)
GDP成長率（％）	5.5	8.6	8.5
農　業	2.0	1.8	3.9
工　業	4.6	8.0	9.9
サービス	8.1	8.9	9.4
総国内投資（対GDP比％）	23.8	27.5	23.6
経常収支バランス(対GDP比％)	-0.7	0.7	-2.6
財政赤字（連邦＋州）	8.8	8.4	
インフレ率（卸売物価指数）	4.9	4.8	

（注）　インドの会計年度は4月から翌年3月まで。
（出所）　An approach to 11th Five-Year Plan, Planning Commission, June 2006. を基に作成。

　インドの製造業は，閉鎖的な経済体制のもと，長期間にわたる中央政府の国内産業保護政策によって，粗雑な製品でも国内市場で販路を確保することができていた。インド製品は外国企業および外国製品との競争にさらされずにいたため，技術開発で諸外国に大きく遅れをとり，国際競争力を欠いた。そのため，産業不振にあえぐようになり，国際収支が悪化し，国の財政が逼迫していた。その同時期に湾岸戦争（1990～91年）が勃発し，海外からのインド系移民の送金が途絶え，インドは未曾有の外貨不足に陥った。このような背景が，インド経済に変化をもたらした。

　インド経済が急激な発展を見せるようになった契機は，1991年7月に採用された経済自由化の導入と見られ，アジア諸国では最も遅い部類に属する。1990年代以降の経済発展は，幾分変動はあるものの全体として5～6％の成長を実現した。2002年度以降，経済成長は一段と加速し，2002―06年度の期間中，GDP成長率は平均8.6％に上昇した。特に2005年度，2006年度にはそれぞれ9.0％，9.4％の成長率を記録している（表13-1参照）。インドはいわゆるBRICsの1つとして，ブラジル・ロシア・中国とならびその発展性が注目されるようになった。

　90年代以降，インドの経済成長をリードしてきたのはサービス部門である。1992年度から2003年度までの期間中，サービス部門の成長率は工業部門の6.5％に対して，8.0％の高い成長率を示した。サービス部門のGDPのシェアは

1990年度の41％から2003年度には51％に上昇したのに対して，工業部門は同期間，逆に28％から27％に低下した。2003年度以降，鉄鋼業や自動車産業を筆頭に工業部門が力強い成長を示すようになり，サービス部門とならんで成長のエンジンとしての役割を果たすようになっている。

2　産業の主役の移り変わり

　独立以来，インドは長期にわたって輸入代替の開発戦略を推し進め，その結果，表面上は先進国と同じように先端技術分野に属する多くの産業を抱えるようになった。しかし，このような国産化された製品が内外で商業ベースに乗ることとは別物であった。経済自由化（1991年）以降の輸出品を見てもあいかわらず宝石・繊維製品・工芸品のような労働集約的製品が主力であり，工作機械にしても汎用品が多く，それ以外の工作機械・部品の国内需要分は輸入に頼らざるをえないのが現状であった。

　一方，90年代に入って，インドはそれまでにない新たな顔を世界に向けて見せるようになった。本格的な国際競争力をもったIT産業の登場である。2005年度現在，インドのIT産業は364億ドルの規模に達し，その売上はGDPの4.7％を占めるまでになっている。インドIT産業の特徴は，ハードウェアよりもソフトウェア（ITサービス）に大きく傾斜した構造になっていることとともに，典型的な輸出指向型という点である。IT輸出はアメリカ向けを中心に1990年代を通じて年平均50％，また21世紀に入っても約30％の成長を示している。

　ITに続いて最も世界に注目されているのは，医薬品産業である。インドの医薬品産業の売上高は世界第13位，生産高では世界第4位（2004年）にランクされている。特に特許切れの後に開発メーカー以外の企業が製造販売を許される後発医薬品（ジェネリック）に比較優位をもち，この分野ではインドは世界で最も国際競争力をもっている。インドの医薬品産業は，IT産業と同様に輸出主導型の産業である。インドの大手企業は，最近ではヨーロッパをはじめとする海外の医薬品企業をM&Aによって買収するなど，活発な国際展開を図っている。

また，近年インドの自動車産業も急速な発展を見せている。インドの製造業のうち競争力が高いとされているのは，ダイヤモンド加工業などの労働集約的な伝統型産業であるが，近代的な製造業部門の中でも近年少しずつ力をつけてきたセクターがバイオ・医薬品と自動車部品である。自動車部品は，日本のスズキをはじめとする外資系自動車企業のインド進出にともない，下請け産業として育成してきたことによる効果が大きい。続いて競争力を有しているのは化学産業である。加えて最近では，鉄鋼業も輸出競争力を備えてきている。

3 人材の輩出と印僑（在外インド人）の役割

ITは，インフラの開発が遅れていたインドの弱点をカバーする新しい産業である。ITがインドに適していた理由として，ソフトウェアの開発は工業製品を作るのと違って巨大な生産ラインや工場，それに原材料調達の必要がないことがあげられる。また，インドは先進国からのソフトウェア開発委託により携帯電話，旅客機の設計，個体認識をする流通システムなど，各産業の最先端技術を学ぶことができた。さらに，完成したソフトウェアの技術をコピーすればいくらでも国内で生産することができる。これらの要素と，英語を使えるという言語力がマッチし，インターネットはインド人の強力な武器となり，インド製品が世界に流通するようになった。

コピーは後発のメリットであるといえる。インドではITと同じように，コピーの可能な医薬品産業が新たな経済の牽引役となっているのである。安価な人件費と，欧米の下請仕事で伸ばした技術力で，販売実績を伸ばしている。このようにインドは，多くの先進国と違って，1次産業から2次産業を通り越して，一気に3次産業にジャンプした。IT，医療（製薬を含む），映画，インドを賑わす分野はいずれも3次産業である。こうした3次産業のサービス産業は，インド旧来のカースト（身分）制度（⇨本章 Column「カースト制度」参照）に縛られていないという利点もあった。

IT産業を中心に急発展し続けるインドの武器は，大量に輩出される優秀な人材である。数学が強い国民性に加え，独立後のインドは科学技術によって国家の振興を図ろうと超エリート教育のシステムを作り上げてきた。その象徴と

なっているのがインド工科大学（IIT）である。論理的思考を徹底的に鍛える独自の教育は，数多くのITエリートを生んでいる。貧しさから抜け出したい，親を楽にしてあげたいという学生の学習意欲がインドの経済発展を後押ししてきた。IITの卒業生は世界の大手ITサービス企業が獲得を狙うほど，質が高いと評価されている。

　一方，インドの経済成長にとって，在外インド人の存在も大きい。在外インド人は全世界に約2000万人程度いるとされ，そのネットワークは世界に広がり，インドと世界をつなぐビジネスの窓としても機能しているのである。産業界で活躍する在外インド人も数多く，マッキンゼーのグプタ元社長，世界最大の製鉄メーカーであるミタル・スチールのミタル社長などは代表的なインド系ビジネスマンとして知られる。多くの在外インド人は，外資系企業などのインド子会社に派遣されたり，インドでITサービス企業を起こしたりしている。

4　経済発展の課題

　近年，インド経済のイメージは上向きととらえられることが多いが，数億人の貧困層が存在することも事実である。国連の報告によると，所得が1人1日1ドル以下しかない人の割合は34.7％である（UNPD『人間開発報告書2005』）。国民の3人に1人が1日80円そこそこで生活していることになる。全世帯の6％程度を占める上位中間層ですら手が届く「自家用車」は，年収の25〜50％で購入できるバイクなどの二輪車であり，「乗用車」は廉価なものでも年収の2倍以上になってしまうという「中間層」の規模と購買力の弱小さを認識することは重要であろう。

　また，インドのインフラは非常に劣悪である。特に電力，道路と鉄道運輸，港湾の設備，通信などの能力不足と混雑はアジア諸国の中でも最悪の部類に入る。インド経済が持続的に発展していくためには，制約条件となっている道路・港湾などの遅れたインフラの整備とならんでエネルギーの持続的確保が重要である。インドの原油埋蔵量は少なく，その輸入依存率は1997年の51％から2004年の74％へと高まっている。

　さらにインドの自由化政策の限界として，労働関係法，金融・サービスなど

への外資規制，公企業民営化および煩瑣な行政手続きなどがあげられ，いまだ取り組まれるべき課題は多い。特に問題なのは，正規雇用が比率，絶対数ともに少なく，経済成長が「雇用なき成長」と呼ばれる点である。都市部での非正規雇用は90年代には60％に達し，その後もグローバル化の進展とともに拡大している。膨大な農村過剰人口と都市部における農村部からの流入者には非識字者が多いため，臨時雇用となり，最低賃金を下回る賃金でも生存のために職を求める人が後を絶たないのである。

継続した経済発展をするために，隣国パキスタンとの関係はとりわけ地域の安定にとって不可欠である。2006年8月と2008年11月に起きたインド西部の商都ムンバイでの同時多発テロ事件で数百名もの死者が出るなど，印パ関係を悪化させかねない事件がしばしば起きている。また，国内の人種問題としてインドの有名な被差別問題であるカースト制度は近代的な工場内にも残っている。例えば，インドの工場で，機械周りの掃除はオペレータではなく，掃除を担当する身分低下のカーストが行っているところが多い。このような国際関係，身分制度の是正も大きな課題であるといえる。

2　企業組織構造の変化

1　政府政策と公企業

インドでは独立以前から財閥が活躍し，繊維産業，鉄鋼業，電力業などの分野で産業基盤の形成が図られていた。しかし独立後インドでは政府主導型の混合経済体制が確立されてきた。混合経済体制のもとで公共部門拡大優先の原則が打ち出されると，財閥企業は脇役に追いやられ，限られた業種のみ参入・拡張が許されるだけとなり，その活動は大幅に抑制されることになった。雇用確保という観点から，民間部門の中で手厚い保護が提供されたのは小規模工業だけである。

インド経済構造の特徴は，公共部門が非常に大きいということである。公共部門とは，行政府部局の直営事業，特殊法人や株式会社の形態の公企業などから成り立っている。特に公企業の多くは製造業に従事し，「社会主義型社会」

の旗印のもとで，インド重工業化路線の担い手であった。公共部門の雇用数は民間部門の2倍強であり，公共部門への投資は全体投資額の4割を占める（1992年度）など，雇用人数や投資額で見ると実に巨大である。しかし，生産額では全体の3割弱程度であり，利益額でもシェアは数％でしかない。

つまり，雇用，投資の観点から見ると巨大であっても，生産，利益という面から見ると規模が小さいのがインドの公共部門である。「1990年度工業統計表」からインドの工場における公共部門のシェアを見ると，総投下資本額では49％を占めるが，総生産額では28％，純付加価値では33％と低い数値になっている。従業員1人あたりの固定資本額を見れば，公共部門工場は32万ルピー，民間工場は9万ルピー弱であり，公企業は民間企業に比べて約4倍資本集約的になっているが，公企業の総投下資本に対する純付加価値の比率は18％で，民間部門の比率37％の半分以下に過ぎない。

したがって，中央政府公企業の半分近くが赤字企業になっていた（1993年度）。公企業の経営不振の理由は，まず，もともと経営の難しい重化学工業分野中心であったことがあげられる。また，公企業は高級官僚の天下りの格好の場である。さらに，後進地域の公平な発展をめざし，政府が経済規模に至らないような小規模の工場を各地にばら撒いて設立したことも，公企業赤字の背景である。政府は1995年から公益事業を除いた赤字企業への財政支援を停止する方針を打ち出し，国営企業株式の部分的民間売却も徐々に推進するようになった。

2 民間企業の復活

インドの強みの1つは，中国など後発途上国とちがって，大小様々な多数の民間企業家が経済の自由化以前から各方面で活躍してきたことである。彼らは新しい政策の枠組みに活発に反応して，旺盛な起業活動と，新規・拡張・多角化の設備投資を手がけている。経済自由化により国内外での資本市場へのアクセスが自由化されたため，企業，特に民間企業の資本調達が内外の資本市場から活発に行われるところとなった。ここに，水を得た魚のように，あらゆる財閥がいっせいに事業の拡張計画を練り着手し始めた。

独立前のインドの産業資本家層は，もともと商人層から転化したものが多く，

ボンベイ（現在のムンバイ）を中心に綿紡績業が発展していくことになるが，この分野こそが最も民族系資本の勢力が強かったのである。また，綿業に限らず，1907年にタタ財閥はインド鉄鋼業として初めの企業である TISCO を創立した。独立後，これら民族系資本は多角化経営に乗り出し，多くの傘下企業を擁するようになっていったが，後に続いた大・中堅財閥も特定のビジネスコミュニティを出自としていることで共通している。

　代表的な各財閥における傘下の業種は多様化しており，経営組織も財閥によって異なっている。タタ（Tata）は綿紡績と鉄鋼のほかに，自動車・コンピューター・ソフト・セメント・銀行・化学・ホテルを，ビルラ（Birla）は自動車・製紙・アルミを，ラーヒン&トゥブロ（Larsen & Toubro）は電子製品・建設・セメント・機械・金属を，シュリラーム（DCM Shriram）は製糖・化学・陶磁器・機械自動車を，バジャージ（Bajaj）は自動車・鉄鋼・製糖・セメント・電気を，マヒンドラ（Mahindra）は自動車・機械・自動車部品事業をそれぞれ有している。

　インド国内における資本額から見た上位企業の多くはインド石油，インド鉄鋼会社のような公企業が占めているが，繊維のリライアンス（Reliance），TISCO，タタ・エンジニアリング&ロコモーティヴといった財閥系企業も，これら公企業に匹敵する規模を誇っている。むろん単独の企業ではなく各財閥ごとに資本額・総資産を総計すれば，実際はさらに上位に位置すると考えられる。外資との資本・技術提携によってこれら財閥は，自動車をはじめとして事業活動領域を拡大しており，財閥間の競争と協力も進展しつつある。

3　新興財閥企業の躍進

　伝統的なタタやビルラのような財閥が経済自由化に対応しているが，IT産業のインフォシス・テクノロジーズ（Infosys Technologies）のように新興資本が既存の財閥とならんで活動の場を拡大している。また，インド出身者が支配する国際的規模の企業も生まれている。ミッタル・スティール（Mittal Steel）社（オランダ）は世界各地の鉄鋼会社を買収して成長した世界最大手の鉄鋼会社であるが，インド人のラクシュミ・ミッタル氏が一代で築き上げた企業であ

る。また，国内中心でも急成長している財閥もあり，特に勢いのあるのはバルティ（Bharti），マヒンドラ，バジャージなどである。

バルティ財閥は，インドでも最大手の携帯電話会社を営む一方，米ウォルマートと組んで小売ビジネスに進出している。最近では農作物流通ビジネスも開始し，契約農家に大規模な土地リースを行い，豆や人参，オクラ，ベビーコーンなどをヨーロッパや中東への輸出向けに栽培している。また，トラクター生産を中心に行ってきたマヒンドラは，本業の商用車だけでなく通信や特別経済区（SEZ）の開発など，成長性の高いビジネスに積極的に投資しており，最近では日産自動車とのインドの合弁事業にも乗り出した。バジャージはオートバイで高収益をあげ，ヒーロー（Hero）はホンダとの二輪合弁事業で大成功を収めている。

巨大新興財閥の代表格はリライアンス・グループで，今日インドにおける最大の民間企業集団の1つとなっている。このグループの活動は石油・ガスの探査と生産，精製と販売，石油化学（ポリエステル・ポリマーと中間財），金融サービスと保険，電力，テレコム，情報産業という広範な分野にわたっており，インド産業の主要な先端部分のほとんどに関わっているコングロマリット（複合企業）である。2003年の売上の8割は国内であるが，その製品は全世界100カ国以上に輸出されている。

さらに，ウィプロ（Wipro）のようなIT企業やランバクシー（Ranbaxy）やドクター・レディ（Dr. Ready）といった医薬品企業も，その株式時価総額で計ると古くからある財閥を凌ぐ規模となっている。これらの企業の大半は，本業から大きく逸脱した事業への投資を行っておらず多角化していないので，「財閥」と呼ぶことは難しいかもしれないが，創業者がまだ株式の大半を保有している企業も少なくない。このように，インドの「財閥」の勢力地図は近年大きく様変わりしており，今後は一代で急成長を遂げる企業グループも，さらに増えてくるであろう。

4　大量の中小企業の存在

インドでは多彩な財閥や大規模企業が活躍している一方，経済底辺部で活躍

する安価なローカル商品を生産する生産者もある。小工業にはさまざまな異質事業体が含まれていて，インド工業を著しく多様なものにしている。言い換えると，小工業の一部は非常に発展的ということである。特に小規模工業，パワールーム（動力織機），養蚕・生糸，手工芸工業が活発である。これらは生産の上でも，雇用・輸出の上でも大工業より成長率が高いのである。なかでも小規模工業とは，近代的技術を使い，かつ機械設備の額が600万ルピー以下のものと定義される。

　希少な原材料の配給や小規模工業向け開発金融機関による融資など，各種の優遇制度が整備されている。小規模工業の高度成長が大いに注目された理由としては，これらが将来中堅・大企業へと発展する温床でもあると見なされているからである。こうした将来の役割を期待するインド政府は，836品目の小規模工業について大型財閥の新規参入を許していない。小規模工業は近代的大企業と機械や部材の相互取引を行っており，この点ではローカル商品生産者とはまったく違う。ローカル商品生産は，近代的大企業が製造する機械や部材に依存していないからである。

　インドには各種各様の工業が活躍しているが，従業者数を見れば，小工業が圧倒的である。小規模工業だけでも大規模工業の工場労働者数を上回っている。ここで「工場」とはインド工場法の規定するもので，動力使用の場合は従業員が10人以上，非使用の場合は20人以上のものをいい，労働環境などの諸規制の対象となる。「家内工業」は家族従業員数が雇用労働者数を超える事業所である。つまり，資本主義的生産関係にまだ至っていないものである。これは「小工業」と重複して含まれているものと推察される。

　従業員ないし被雇用者の賃金については，財閥系の最上位規模工場の場合は，1990年度に3万5000ルピーとなっている。これに対し，最小規模の工場の賃金水準は約7000ルピーである。これは小規模工業の賃金水準に非常に近い水準だと考えられる。大小工場間の格差は5倍であり，日本の場合は2倍であったのだから，インドの格差は絶大であるといえる。手工芸業では被雇用者の1人あたりの年平均賃金は3282ルピーであり，小規模工業従業員の半額である。さらに，激安なローカル商品生産に従事している者は貧困線ぎりぎりか，それ以下

の水準であり，賃金水準が総じて低い。

3　財閥企業の家族経営と成長戦略

1　家族経営と財閥分裂

　インドの工業化は，19世紀末から20世紀初頭におけるイギリス企業との綿取引に端を発している。それまでイギリスはアメリカから綿を調達していたが，南北戦争によって調達ができなくなった。そのため，イギリスはインドの綿を原材料として利用するようになり，インドの商人がイギリスに綿を供給することになった。これによって，インドの財閥は発展する機会を得たのである。インドでは今日でも財閥の力が強く，同族の経営によるコングロマリット（複合企業）の形で企業が発展している。

　売上高上位の500社のうち450社は同族，あるいは財閥経営である。インドの財閥は70以上あり，その中でも中核として知られている有力なのが，タタ，ビルラ，リライアンスの三大財閥である。家族経営および一族経営は，インド，ネパールなど南アジアの各国では古くから根強く行われている経営形態である。しかし，国の経済に大きな役割を果たしてきた有力な財閥の多くは旧態依然としたビジネスゆえに自由化の波に乗り切れず，遺産相続時に親族間の争いを行っているうちに，縮小に追い込まれることが多かった。

　財閥は，家族あるいは一族によってグループ所有・支配を行い，各事業会社のトップにはグループ総帥の血縁者が任命される。家族経営では，事業規模が拡大し企業の多様化が進んでいくと，世代交代の過程において事業の分割や経営権をめぐる骨肉の争いが生じて，やがて家族経営は分裂するという結末になる。世代交代における財閥の分裂は，インド特有の伝統的家族観，家族法，特に相続法が影響しているといえる。この法によって，すべての財産は，男性だけが相続し，平等に分配されることになっている。

　それゆえに，家族の争いで財閥が分裂することも珍しくない。新しい事例としては，2005年6月，最も有力とされていたリライアンス財閥の分裂である。この財閥は分裂する以前，インド輸出高の6%超，インドGDPの3.5%を占

めていたが分裂後は財閥としての経済の規模が縮小してしまった。20年前にはリライアンスと同規模でタタやビルラの4分の1程度の売上規模があったタパール（Thapar），スィンガニア（Singhania），マヒンドラ，モディ（Modi），バングル（Bangle），シュリラーム，ラーセン＆トゥブロなどの財閥も，その多くは今では影の薄い存在となっている。

2 最大の財閥タタ・グループの経営組織

　インドで最も古いタタ財閥は，インド経済の中でも有力な財閥の1つである。2011年3月期でグループ連結売上高は3兆7000億ルピー（約5兆5000億円）で，インドの国内総生産（GDP）の5％を占めている。2012年3月期のグループ連結売上高は，前の期比2割増の1000億ドルに達し，その約6～7割が国際業務からの収入であり，すでに多国籍企業といえる構成比である。傘下には100のグループ企業を抱え，従業員総数は海外含め42万人に上るインド最大の財閥である。

　インドの財閥の大半は，経営のプロ化が後手にまわり「同族経営」から脱却できずにいるため，多かれ少なかれ後継者問題に伴う内輪もめで，グループが分裂する場合が少なくない。こうした中で，130年以上の歴史があるタタは，経営のプロ化を断行することで「同族経営」の弊害が回避され，インドの財閥の多くが直面する内輪もめに伴う分裂からは無縁であった。タタは「同族経営」の近代化を図るために経営のプロ，タタ行政職（TAS）と呼ばれる幹部候補生コースやタタ経営研修センター（TMTC）を発足させている。

　タタの事業は7つの業種にまたがっている。部門別に売上高の割合を見ると，2005年度現在，自動車や建機などのエンジニアリング部門が最大で32％を占め，次いで鉄鋼や非鉄金属などの素材産業が23％，通信および情報産業が全体の20％を占め，これら3つの業種でグループ全体の売上の75％を占めている。以下，ホテルや金融・保健サービスなどのサービス部門が9％，電力および太陽光発電などのエネルギー部門が7％，紅茶やさまざまな消費財生産部門が5％，そして肥料・農薬などの化学部門が4％になっている。

　タタは，持株会社であるタタ・サンズおよびタタ・インダストリーズを頂点

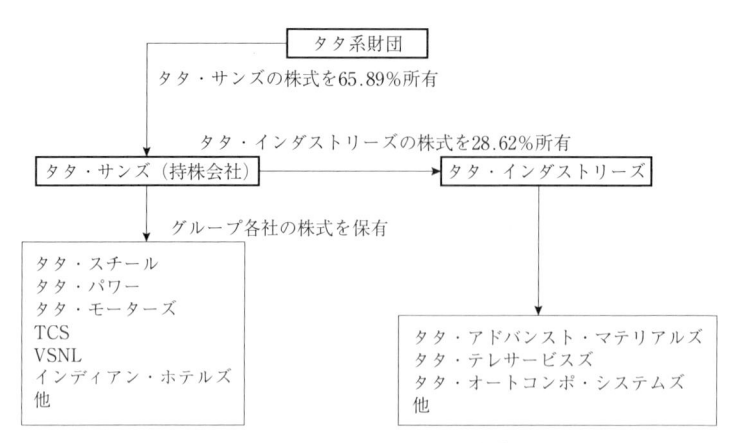

第Ⅱ部　アジアの産業発展と企業成長

```
                    ┌──────────────┐
                    │  タタ系財団   │
                    └──────────────┘
                      │
              タタ・サンズの株式を65.89%所有
                      ↓
                      タタ・インダストリーズの株式を28.62%所有
   ┌──────────────────┐ ──────────────→ ┌──────────────────┐
   │ タタ・サンズ（持株会社）│                  │ タタ・インダストリーズ │
   └──────────────────┘                  └──────────────────┘
           │    グループ各社の株式を保有
           ↓
   タタ・スチール                          タタ・アドバンスト・マテリアルズ
   タタ・パワー                            タタ・テレサービスズ
   タタ・モーターズ                        タタ・オートコンポ・システムズ
   TCS                                    他
   VSNL
   インディアン・ホテルズ
   他
```

図13-1　タタ・グループの組織

（出所）　小島眞（2008）『タタ財閥──躍進インドを牽引する巨大企業グループ』東洋経済新報社，41頁。

に，7つの産業分野にまたがる98のグループ企業を傘下に持つコングロマリットである（図13-1参照）。タタ・サンズは，「TATA」ブランド，タタの商標の所有権をもっている。タタの98のグループ企業のうち，株式市場に上場しているのは上位の23社である。その中で，タタ・モーターズ，タタ・スチール，そしてTCSの3社がグループの中核企業である。これら3社だけでグループ全体の売上総額の70～80％を占めている。

3　財閥の経営方式と経営戦略

　タタの経営陣には，欧米のMBA取得者が多い。経営近代化にあたって，タタが最大限参考にしたのが，ゼネラル・エレクトリック（GE）の経営手法であった。しかし，タタはアメリカ流の企業統治（コーポレート・ガバナンス）をあえて採用しなかったといわれている。タタの企業統治において最もユニークな特徴は，持株会社であるタタ・サンズの株式の65・89％をタタ一族の慈善事業財団が保有し，これらの財団はグループ全体の収益の多くをインド国内の慈善事業に投じている点にある。

　1990年代の半ば以降，グループ企業には改めて「TATA」ブランド使用許

可のための合意書を取り結ぶことを義務付け，署名を拒否した企業に対しては，ブランドの使用権を剥奪することとした。さらにブランドを使用できる適格グループ企業に選別されるための基準として，優良企業への到達をめざした「タタ・ビジネス・エクセレンス・モデル」(TBEM) を実践することが求められている。TBEM において，ビジネス・エクセレンスの達成のみならず，ビジネス倫理および企業の社会的責任の実行も評価の対象となっている。

　タタ系財団が財閥の3分の2の株式を所有し，財閥の一体性が維持されていることや，財団を家族で運営しても，直接に財閥所有に関与せず争いが起きなかったこと，さらに専門経営機関で構成される戦略部門を設立し，財閥と傘下の企業の意思決定を行い，経営活動を監視する体制が整っていることなどがタタの発展し続けている理由とあげられる。一方，グローバル化に伴うタタ・サンズ本体が株式公開化へ踏み切った場合，これまでのような慈善事業への資金配分は，海外株主たちの圧力によってスムーズにいかなくなる恐れもある。

　タタの経営戦略は，伝統的な経営を守りながら，戦略的経営を展開しているといえる。その経営戦略については大きく2つある。一つは，自動車産業と鉄鋼産業の企業買収をすることである。もう一つは，消費財産業からサービス産業への移行，通信産業の拡大などである。特徴的なのは IT 企業の TCS がニューヨーク証券市場への上場を狙って資金調達する戦略をとっていることである。また，ソフトウェアのアウトソーシング受託の増加に力を入れ，有名大学を卒業している優秀な人材を採用し，人材資源を確保する動きも見せている。

4　財閥企業の海外進出

　2000年以降，タタでは伝統的な成長戦略から大きく舵を切った形で，企業のグローバル化のプロセスを速める有効な方法として，海外での企業合併・買収 (M&A) を本格化させるようになった。2000年には，タタ・ティーによる英紅茶製造企業大手テトレーを4億4123万ドルで買収した。この買収によって，タタ・ティーは世界第3位の紅茶製造企業となった。それに続き，タタ・ティーによる米エイト・オクロック・コーヒーの買収や米飲料メーカー・エナジーブランズへの資本参加など，大胆な海外拡張路線が目を引く。

タタ・モーターズでは2004年3月に韓国の大宇自動車のトラック部門を1億2000万ドルで完全に子会社化し，2005年2月にはスペインのヒスパノ・カーロセラ（バス車両メーカー）の21％の株式を1200万ユーロで取得，これにより世界5番目のトラック・メーカー，世界3番目のバス車両生産会社となった。また，南アフリカでは日産の子会社を買収し，組立工場を建設した。さらに，2007年12月にフォードが売却した英ジャガーやランドローバーを買収した。

　そして，2007年1月末に，タタ財閥の基幹企業であるタタ・スチール（TISCO）による英蘭コーラス製鉄の買収が発表された。その買収額は70億ポンド（約1兆4000億円）に及び，その結果，これまで世界生産ランキングで50位前後であったタタ・スチールは，一気に世界第6位の鉄鋼メーカーとなった。タタ・スチールはコーラス製鉄買収に先立って，シンガポールのナット・スティールやタイのミレニアム・スチールも買収しており，さらにバングラデシュでは大規模な製鉄所を建設する計画を進めている。

　世界のトップ10社に入るIT企業をめざしているTCSは，2005年10月にオーストラリアのフィナンシャル・ネットワーク・サービス（FNS），同11月にチリの大手BPOサービス会社であるコミクロムSA，2006年3月にはイギリスのBPO会社ディリジェンタを買収した。また，2006年6月，中国で中印合作弁公室（SICO）に戦略的パートナーとして参画した。その狙いは，まず欧米多国籍企業の中国ビジネスに対してITサービスを提供すること，次に中国を拠点として日本や韓国市場を攻略すること，さらに中国の地場企業の開拓である。

　一方，インド企業のアジア進出も積極的に展開している。2009年秋，IT大手ウィプロの子会社，家庭日用品メーカー，ウンザ・ホールディングス（本社シンガポール）がマレーシアで洗顔料販売の第1位を花王から奪った。二輪車大手のTVSが2010年にインドネシアで現地生産を始め，タタ自動車がミャンマーで大型トラックの現地生産を計画している。ウィプロやインフォシス・テクノロジーズなど，インドIT大手がフィリピンでアメリカ向けのコールセンターを設置し，アパレル大手のレイモンドがマレーシアで店舗を開設した。フィナンシャル・テクノロジーズがシンガポールで金や原油を扱う商品先物取引

所を開設した。これら事例が示すように,近年アジア進出も急ピッチで進められている。

タタ・グループが日本企業と連携し,アフリカ,中南米などでの市場開拓をめざしている。同グループトップで持株会社タタ・サンズ会長のラタン・タタ氏が,アフリカや中南米などでの鉱山開発や発・送電,IT（情報技術）の分野で「日本企業と市場開拓を進めたい」と,日印企業間の協力で技術力と資金力を活かし,新興市場でインフラ整備などに乗り出す可能性を示した（『日本経済新聞』2012年5月17日付）。タタ・グループは日本国内へのIT事業進出では三菱商事と,インド国内での建機製造・販売事業では日立グループと合弁会社を設立するなど,日本企業と提携の実績がある。

4　外資系企業のインド進出

1991年7月にインドでは新経済政策が発表され,多国籍企業の投資が歓迎されることになった。新経済政策への転換以来,アメリカをはじめとして欧米諸国からの直接・間接投資が急上昇を始めた。特にアメリカ企業の対応は早く,活発な投資を決めた。90年代までのインドソフトウェア産業は,主としてオンサイトでのいわば人海戦術によるコスト競争力を武器としていた。次第に,オフショアリングサービス（サービス資源の海外供給・輸出）も台頭してきたが,利得の大半が先進国に帰属するような極めて下請色の濃いものであった。

インドでは英語能力をもつ科学・工学系の豊富な人材と,教育機関および提携相手となる企業が低コストで多数存在するので,ソフトウェア・情報通信技術（ICT）活用産業や医薬品産業の発展に加えて,中国およびシンガポールなどとともに研究開発の途上国におけるアウトソーシング拠点として新展開が見られる。モトローラ,マイクロソフト,ダイムラーベンツ,インテル,GEなど多数の多国籍企業のインドでの研究開発機関が,設立されるようになった。それらの大部分はインド国内の製造活動にはつながりをもたないものであった。

一方,インドでの韓国企業の躍進には目を見張るものがある。1990年代後半にインドに進出したLG,サムスン,現代自動車の3社は,積極的なトップダ

ウン経営スタイルと現地の事情に即したマーケティング戦略が功を奏し，2008年現在ではLG1社で家電のシェア3割，現代自動車も2割近いシェアを獲得するに至った。自動車・家電に続いて，ポスコは120億ドルを投資して，製鉄所だけでなく鉄道から港湾までを開発するという壮大な計画を進めている。また，シンガポール，マレーシア，インドネシアの大手企業もインドに対する大型投資や，ITパーク建設など，積極的な動きが目につく。

　欧米やアジア企業に比べて，日本企業の対インド進出には慎重であった。2007年現在，インドへ進出した日本企業は500社に近づいているが，タイ，中国の上海近郊や広東省，北京近辺などには数千単位の日系企業が進出していることと比べると，比較できないほど規模が小さい。70年代からインドに進出したパナソニックの製品も，インドでの販売は総販売数の数％程度とされる。インドで存在感を示しているのは日本の自動車と二輪メーカーである。なかでもインドで外資自動車として初進出したスズキは，日本式経営をインドで定着させた。

　日本の対中国ODA（政府開発援助）が減少傾向に入ったため，2003年度には日本の対インドODAは国別では最大となっており，官民ともインド重視の姿勢を強めている。90年代の半ばからソニー，ホンダ（4輪），トヨタなど代表格の企業は相次いでインドに進出し始めた。これにともない，2007年11月，新日本製鉄とタタ・スチールがインドでの合弁生産に正式に合意した。好調なインド自動車産業で増産を計画する日系自動車メーカーへの鋼板供給体制を整える狙いの裏に，ミッタルを迎え撃つ包囲網の一環としての両社の思惑が見え隠れする。

　また，シンガポールとインドの包括的経済連携協定（CECA, 2005年締結）を活用して，日本企業がシンガポール法人からインドへ投資するビジネスの中介をしようという動きがある。同じく，タイとインドは2003年にFTA枠組み協定を締結しており，タイからインドへの工業製品の輸出が急増している。日本企業の中にも，タイの拠点からインドを攻略しようという動きが増えており，すでにソニーやパナソニック，トヨタ，ホンダといった日本企業はこの拠点を活用している。

▶▶ Column ◀◀

カースト制度

　カースト制の基本は，ヴァルナ（種姓＝先祖・出自＝出身階級），すなわち支配者と被支配者の色分けである。バラモン・クシャトリア・ヴァイシャ・シュードラ＋奴隷（アウト・カースト）で構成される。今でもインド人の上層階級は人間の色分けを，偉い順に，白色・アーリア＝インド色・黄色・褐色・黒色と内心思っている者が多い。カースト制は1000年の時をかけ，2世紀に，カースト制を固定化し，カースト制のもとでの生活規範を定めた「マヌの法典」が完成され，7世紀に「マヌの法典」を基盤としたヒンズー教が集大成された。インドの社会生活の基本はヒンズー教＝カースト制でもある。

　階級は，種姓・出自・職業・同職業内階級など数千種の階級に細分化され，生活規範が定められ，各ジャーティ（「出自」「生まれ」）は世襲化・固定化され，上の階級には終生移行できない，違うジャーティの職に絶対ついてはならない，という厳格な戒律である。カースト名は名前でもある。インド人は名前を聞けば，ヴァルマとジャーティがわかるという。カーストは胎児の時にすでに決まっているのである。他方，厳格なカースト制は「終生ワークシェアリング」である。「労働問題が起きない構図」となる。

　現在，財閥・資産家はクシャトリア・ヴァイシャ階級がほとんどである。南インドでは，ヴァイシャ階級，職姓は農民カースト，職能は商人カーストという財閥が多い。バラモンでも経済的理由で世襲が継続できず門番をしている者もいる。ヴァルナとジャーティの直接的関係は薄れており，最近は新しい職種が増え，カーストを超えた職業環境になりつつある。

　カースト制では，不可触民はアウト・カーストという階級で，カースト保持者とは，完全に区別されている。「不浄な者」とされ，不可触民は3500年の間，悲惨な状態に置かれ続けているという問題もある。

　さらに，2011年2月に日本とインドの両政府は経済連携協定（EPA）に署名した。両国の貿易総額の94％分の品目の関税を10年以内に撤廃するほか，日本の小売業のインド市場への参入自由化も明記した。段階的な関税の引き下げや撤廃で日本からの自動車部品や鉄鋼の輸出拡大が見込める。日本政府はインドの主力輸出品である後発医薬品の承認手続きを迅速化するなど，経済関係の拡

第Ⅱ部　アジアの産業発展と企業成長

大に取り込んでいく構えだ。

[推薦図書]

伊藤正二・絵所秀紀（1995）『立ち上がるインド経済——新たな経済パワーの台頭』日本経済新聞社。
　　インドのマクロ経済から経済自由化の要点，外資ラッシュの現状，産業動向，ビジネススタイルまで描いている。

小島真（2008）『タタ財閥——躍進インドを牽引する巨大企業グループ』東洋経済新報社。
　　海外企業買収を本格化させるなどグローバル企業として急速な成長を続ける，株式時価総額800億ドルの老舗財閥の実像に迫っている。

松田健（2007）『台頭するインド——知られざる世界の巨大市場「インド」の事情に迫る』カナリア書房。
　　台頭するインドの実情を，製造業，IT分野，サービス業，バイオ産業など広い分野にわたり，ビジネスの魅力と課題，将来の展望まで解説している。

第Ⅲ部

アジア企業の組織進化と競争力上昇

第14章

アジア企業の組織構造と多国籍化展開

　本章では，アジア企業の組織構造，企業ガバナンスと多国籍化の展開を詳解する。まず，アジア経済成長におけるアジア企業の生成と発展，経営スタイルや組織形態およびその企業文化の特徴を概観する。続いて，アジア企業の所有と経営の様態，およびそのメリットとデメリットを解明する。さらに，アジア企業の多国籍化の展開とその特徴を考察する。最後に，アジア企業のコーポレートガバナンスが直面している問題，改革の方向を検討していく。

　Keywords：経営スタイル，組織形態，企業文化，同族企業，家族支配，血縁関係，ワンマン経営，国家的な枠組，多国籍化，家族企業の改革

1　アジア企業の経営スタイルと組織形態

1　アジア企業生成・発展の環境背景

　アジア諸国は独立後，ほぼいっせいに工業化を開始し，1980年代以降になると大企業の一群が誕生した。これは高い成長を遂げたNIEsだけでなく，それを追いかけるように成長国の仲間入りを果たしたASEAN，中国やインドでも同じであった。アジア諸国で大企業が誕生した理由は，何よりも工業化に求められる。その工業化を推進した理由は，政治的自立の確保，一次産品依存型産業構造からの脱却，貧しい国民に生活の糧を与えることなどにあったが，敵対国に対する優位の確保という特殊な理由も加わっている。

　工業化を強力に推進する過程で多くの政府は，経済開発促進には安定的な政

治体制が絶対的条件であると唱え、国家に権力を一元的に集中する体制をつくり上げた。開発体制（⇨第4章第1節「開発独裁体制」の解説参照）のもとで進められた工業化がアジア企業の生成・発展に深く関わっていた理由は、いずれの戦略段階でも政府が工業化の担い手となる企業の育成に努め、政治的保護を含むさまざまなインセンティブを提供したことにある。創始産業法、優遇税制措置、高関税による国内市場の保護、独占輸入権、輸出補助金、低利資金の融資などが、その具体的手段である。

アジア企業の発展には、日本や欧米諸国など外資系企業が深く関わっていることも無視できない。外国企業との合弁で大企業に発展したアジア企業も少なくなく、とりわけ社会の技術基盤が弱い東南アジア諸国の企業によくあてはまる。また、国内に進出した外資系企業の活動によって経済が発展すると、アジア企業のビジネス機会が新たに創出され、その生成・発展にも寄与した。改革・開放政策を契機に外資系企業の導入策に転じ、その結果90年代に有力国内企業の台頭が目覚ましかった中国がこの格好の例である。

アジアで活躍する企業はアジア企業や外資系企業だけでなく、政府系企業も含まれる。アジア各国の企業売上高リストを見ると、ほぼすべての国で政府系企業が上位に顔をならべており、その比重は決して小さくない。政府系企業が参入した分野は、軍事関連産業、公共性の高い産業（電力や水道）、一次資源開発型産業（石油や天然ガス）、それに金融（銀行や郵便局）などの特定分野に限定されるのが一般的であり、工業化の中核である製造業は民間企業にゆだねられたのである。

2　アジア企業の経営スタイル

アジアでの企業経営スタイルも多様である。現在の主要な経営スタイルは、華人企業、韓国やインドの財閥企業、中国国有企業、系列を中心とする日本企業グループの4つである。ブミプトラなど東南アジアの地場資本は華人資本に比べ規模的に小さく、国有企業は民営化の流れに向かっていることを考慮すれば、現時点では主要システムとは言い難い。また、第6章では、多数の関係会社を擁する日本の企業グループについて詳しく書いたので、ここでは主に華人

企業や財閥企業の組織特徴について説明していく。

1990年代中国大陸以外に住む5500万にのぼる華人の経済力は、すでにドイツやフランスに匹敵するものとなっていた。世界の華人のうち約9割は東アジア地域に居住するが、華人経営においては台湾、香港、シンガポールなど華人社会または華人中心社会での例よりも、少数派として逆境に耐え抜いてきた東南アジア華人企業が研究対象として興味深い。

韓国の財閥企業は、今や誰もが知る世界有数のグローバル企業へと躍進を遂げた。90年代末に韓国財閥で第1位だったサムスンは世界最大級の総合家電・電子メーカーに、同第2位の現代自動車は世界第5位の自動車メーカーに、同第4位のLGは白物家電の世界トップメーカーとして、その社名やブランドが世界の津々浦々まで浸透している。また、インドを見ると売上高上位の500社のうち450社は同族、あるいは財閥経営が特徴的である。インドの財閥は70以上あり、その中でも中核として知られている有力なのは、タタ、ビルラ、リライアンスの3大財閥である。

一方、市場経済の進展に適応するため、中国中小国有企業は国有セクターから完全に撤退し、大型国有企業は完全に民営化せず、集団化、分社化、株式会社制度導入、株式上場などによる国家資本以外の資本の参加の実現というシステム改革を行っている。

3 アジア企業の組織形態

アジア諸国の大企業の特徴として、特定企業や所有者支配下には、銀行、ホテル、電子製品、不動産などがあり、複数の産業分野にまたがる企業グループが多い点にある。例えば、韓国のサムスンは小さな貿易会社から始まり、現在は半導体、電子製品、建設、造船など多様な分野にまたがる巨大企業群になった。香港の長江実業も造花プラスチック工場から始まり、その後、貿易、不動産、電力、港湾など多分野へと投資を広げていった。これは東南アジアの華人企業やインド財閥とまったく同じである。かつて日本に存在した三井、三菱、住友の3大財閥もこの典型であった。

企業グループの中でも、幅広い分野にまたがって事業展開をしている形態を

コングロマリット型と呼ぶが，アジアの大企業にはこのタイプが多い。それは，各企業が有望と目される産業分野に広く進出し，あるいは政府の工業化政策に沿って新規事業に進出してきた結果である。その中には，タイのサイアム・セメント（王室系企業）のように，国内の主要産業すべての分野に大企業を擁する「ワンセット型」を志向しているように見えるものもある。しかし，インドネシアのサリム，マレーシアのクォック（郭兄弟），タイのCP，フィリピンのソリアノ（地場資本）など，大部分の企業グループでは各事業間の関連性が弱く，60年代のアメリカに多数出現した複合企業に似た性格のものが多い。

特定の，あるいは少数の産業での「垂直的統合」を中心として形成されるのが「関連産業型」の企業グループである。かつての日本では，浅野，古河，川崎などの財閥がこのタイプであった。台湾では台湾プラスチックといった大手企業から中位，下位の企業にまでこのタイプが多い。韓国でも，大手のLGをはじめ，中位，下位の多くの財閥企業がこのタイプに属する。東南アジアの華人企業の中には外国品の輸入業者から出発し，外国企業との合弁による製造業に進出して，次第に関連産業にも手を広げてきた例が多い。

銀行，証券，保険やその他のサービス産業分野での垂直的および多角的統合によって形成されたものは，「金融・サービス型」企業グループである。かつての日本では安田，野村などの財閥がこのタイプであった。このタイプの財閥の多くは，金融機関（例えば，タイのバンコク銀行，シンガポールの豊隆金融）を中核とする直系のグループをもつほか，株式保有や金融サービスを通じて，さまざまな産業分野の企業にも影響力を及ぼしている。一方，「サービス産業型」の財閥とは，金融機関を中核とせず，不動産，海運，貿易，ホテルなどサービス部門に活動する企業を中核とし，主として各種サービス産業への投資でグループを構成しているものである。

4 東アジア諸国の企業文化

華人企業，韓国の財閥，中国国有企業，系列を中心とする日本の企業グループなど，東アジアの主要経営システムの共通点は，儒教文化に影響されていることである。儒教文化とは，年長者を敬い，家族を大切にし，個より和を重ん

じるなどである。1970年代以降，日本に続き東アジア諸国が高度成長となるや，倹約精神や勤労意欲などの儒教的な文化や価値が，資本主義に適合し，経済成長や企業活力を引き出す重要な要素であると見なされ，欧米先進国の学者からも評価が変わり始めた。

　東アジア各国では，教育熱心な親は進んで子どもを有名大学に進学させ，そうした優秀な人材が企業へと供給されている。また，儒教的価値観では，家族のつながりや絆，人的ネットワークが重視される。東アジア企業，特に華人企業と取引を行う際，良い「関係（中国語でグアンシー）」を結べば成功に近づくとされる。いったんサークル内に入り込めば，外部とはまったく異なる扱いを受けることができる。華人企業との取引では契約書を交わさないこともよくあるが，形式的な契約書より信頼関係を重視するからである。

　儒教的価値観では，関係とともに，「面子」と「人情」も鍵となる。日本でも面子（メンツ）は重視されるが，中国や韓国において面子は日本と比べものにならないほど重視される。中国人は，人から受けた恩義には恩義で報いる人情に重きを置き，不義に対しても同様である。関係とともに，人情が世界に張り巡らされた華人の人的ネットワークの強化・拡大に貢献することになる。また，華人は家族，親族，同郷などの関係により，一地域に集中的に居住するようになるが，そうしたつながりもビジネス・ネットワークとして機能する。

　一方でアジア企業には「政治」（具体的には権力者との関係）が色濃く影を落としている。政府が経済基盤の整備や企業活動の環境づくりに努めたことは，企業を興し何とか成功したいと野心に燃えながら，発展に必要な「資源」を欠いていた企業家にとって，またとない恰好の機会であった。彼らは政府の支援策を巧みに利用・活用して企業を発展させたのである。その際注目されるのは，企業家の利用した国家資源が企業振興策などの経済資源だけでなく，有力政治家とのコネクションなどという政治資源も含んでいたことである。

第Ⅲ部　アジア企業の組織進化と競争力上昇

2　アジア企業の所有と経営

1　アジア企業の所有構造

　先発工業国や先進国でのビジネスでは，資本市場の発達と並行して生じた株式会社組織の発達と，「所有と経営の分離」に基づく専門経営者の台頭と企業経営管理組織の発達の2つが，大きな特徴となっている。しかし後発のアジア諸国の場合には，資本市場や株式市場が十分に発達する前に工業化が本格化したため，国有企業や外資系企業以外にも，所有と経営の双方を創業者一族が支配している家族企業や，家族企業を巨大化させ多角化させた財閥型企業が重要な地位を占めてきた。

　所有という側面から見ると，財閥型企業の傘下企業に対する所有関係は強固であり，かつ封鎖的である。傘下企業の株式が公開されていない場合はもとより，仮に公開されている場合でも，実質的に財閥家族やグループ内企業の持ち株が高い比率に達していて，「排他的な所有関係」を維持しているケースが多い。財閥家族が中核企業もしくは中核持株会社を所有し，それが多数の傘下企業の株式を保有するという形をとっているグループも少なくない。

　また，持株の分散を防ぎ，あるいは高率の課税を免れるために，財閥家族がその所有株式の一部もしくは主要な部分を，社会事業や文化事業を目的とする財団に移管し，それが家族による所有を代行もしくは保管しているケースも増えている。財閥によっては，財閥家族が傘下の主要企業の株式を分散保有するほか，傘下企業が相互に株式を保有するなどして，やや複雑な所有関係を形成していることも多い。これは財閥家族内での財産継承，あるいは株式の公開などによって生じる所有の分散を，グループ企業間での所有関係を形成することで補い，財閥グループ全体としての結合を維持しようとしているためである。

　「金融・サービス型」のグループでも，財閥家族による株式保有と，グループの中核にある銀行や事業会社の株式保有が絡み合い，所有関係が複雑になっていることが多い。また，このタイプのグループでは，財閥や銀行の「直系」と目されるグループとは別に，少数資本参加と金融サービスなどによって影響

力を及ぼしている「傍系グループ」，もしくは「サブ・グループ」をもっているケースもある。各財閥グループに属する多数の傘下企業の中には，外国企業との合弁会社も多く，特に日本企業との合弁会社は多数にのぼる。

2　同族企業の家族支配

　アジア財閥企業の大部分は第2次世界大戦後に創業され発展してきたものであり，創業者がまだ健在であるか，二代目，三代目が引き継いだ段階にあるケースが多い。しかも，かつての日本の財閥に見られたような「番頭制度」は，アジアの財閥には見られない。財閥家族自らによる封鎖的な所有関係と同時に，財閥家族自らによる経営支配がごく一般的な形態となっている。創業者や二代目が「総帥」として，経営上のあらゆる権限を一手に握っている。総帥の能力の限界を補う形で，その兄弟，息子たち，あるいは娘婿などが一定の役割を演じる。総帥を補佐するためにスタッフ機能を備えるチームを設けるケースも増えている。

　もっとも，中には創業者や総帥にあまり権限を集中させず，兄弟，親戚，あるいは協力者，専門経営者などにも重要な役割を与え，いわば「合議制」によってグループの運営にあたってきたケースも見られる。東南アジアの一部には，財閥の中核会社が経営者や経営スタッフの派遣などを通じて参加企業の経営にあたっているケースもある。この場合にも，一般に権限は分散され，「合議制」の色彩が強くなる。

　事業が創業者から二代目，三代目へと引き継がれていく場合，一般には先代の息子を後継者とする場合が多い。先代の兄弟や娘婿が後継者になることもしばしばある。しかしいずれにせよ，事業が発展し経営が複雑になる中で，家督相続の伝統を守りながらも，家族の中の有能な人材を後継者に選ぼうとする傾向が強まっている。他方，事業が次世代に引き継がれていく段階では，先代の時代よりも総帥の権限が弱まり，それだけ「合議制」の果たす役割が大きくなる傾向もある。またその際，後継者を補佐する意味で，信頼できる専門経営者を重要なポストに据え，大きな権限を与えるケースも増えている。

　しかし，これらのさまざまなケースを通じて，今日でもアジアの財閥企業の

多くは家族による経営支配を維持している。その背景には，血縁関係を重視する民族的な伝統，あるいは儒教の精神などもある。しかしそれ以上に，信頼関係の根拠をしばしば血縁に求めざるをえないという社会的な諸条件も，その重要な理由になっていると思われる。

3　アジア企業形態のメリットとデメリット

今日のアジアでは，財閥や家族企業の多くがまだ形成されて日が浅く，資産の継承もそれほど繰り返されてはいない。資金調達のため株式を公開するにも，香港やシンガポールを除けば，証券市場や大衆投資家が十分には育っていない。専門経営者に責任を負わせるにも，それだけの信頼しうる人材がまだ少ない。すなわち，先進諸国が体験してきたような，家族による所有・支配を崩すだけの要因がまだ形成されていない。むしろ，今日のアジアでは，経済・産業に財閥が積極的な貢献を果たしているという面が多い。

アジアの財閥や家族企業グループは後進国の工業化過程において特有な企業集団である。まだ未熟な発展段階にあるこの地域の経済や産業を急速に発展させていくためには，限られた経営資源，つまり資本，技術，人材などを集中的，効率的に活用していくことが必要である。また，すでにこの地域に広く進出している多くの先進国企業に対抗する，あるいは協力するための交渉にも，関係のある企業の間の協力関係が必要になることは多い。これらの点で，多くの企業を結合させる企業グループという形態は，しばしば有効となる。

同族企業はオーナーを軸に優秀な社内幹部，外部スカウト組，コンサル会社が支えるハイブリッド経営で独自に進化している。先を読めない時代おいて，独善に陥らなければ同族経営の決断力は武器となる。これは日本でも例外ではない。『日本経済新聞』（2013年4月22日付）によれば，日本の上場企業を対象に，在任中に最も株価を上げた経営者を調べると，上位10社の全社がオーナー系企業であった。このことは所有と経営が分離しているゆえに，経営者のインセティブが株主のそれと乖離し，倫理の欠如を招く懸念があると考えられる。また，代理機関コストを軽減させる一つの方策として，経営者に株式を保有させ，利害の不一致を軽減することがあげられる。

しかし一方で，封鎖的な所有・支配の形態には大きなデメリットもある。例えば，事業の急速な発展に対応するだけの資本調達が困難であることや，少数株主の利害と相反すること，家族の「ワンマン経営」や独善的な暴走を止められないこと，有能な人材や専門経営者が育ちにくいこと，家族内の不和が経営を危うくする危険性のあること，後継者への事業継承リスクや求心力の低下などが指摘できる。これらのデメリットが表面化して，財閥や家族企業の経営危機，倒産，崩壊などが起こるケースもある（図14-1参照）。

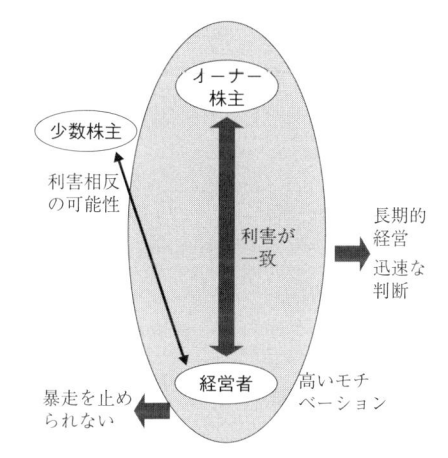

図14-1 同族企業の特徴
（出所）柳川範之「同族企業の利点に注目」『日本経済新聞』2013年3月18日付を基に作成。

4 アジア諸国政府からの拘束

アジアの企業は，それぞれの属する国・地域のナショナリズム，国家主義，経済・産業政策など，いわば「国家的な枠組み」からの制約や拘束が，まだ強く残されている。多国籍企業の進出先である多くの発展途上国では，国家主義や国家利益が侵害されることへの脅威や不安から，現地政府がそうした制約や拘束を残しているケースが多く，またその間にしばしば摩擦や衝突も生じている。政府が企業の活動に介入するケースも多い。外国から進出してくる多国籍企業に対して制約や拘束を課しているのもその一環である。

このため，アジアの企業とそれぞれの属する国・地域の関係は，先進国における企業と国の関係に比べると，より相互依存性が強い。政府は，その国家主権を活用して企業の発展を支援するのと引き換えに，企業が国家利益に貢献することを求め，そのために制約や拘束を課している。実際，アジアの国有企業や財閥グループの中には，政府から引き出したさまざまな特権や保護策，例えば独占輸入権，保護関税，低利融資などを利用して大きな利益をあげ，資本を

蓄積してきた例が多い。外国企業との取引や合弁事業についての交渉で，政府の支援を得て有利な条件を引き出してきたことも多い。

　他方，これと裏腹の関係にある事情として，政府の進める経済建設や工業化政策に，企業が「義務的」に，あるいは「強制的」に協力させられる場面も多い。例えば，政府の重化学工業育成政策に沿って基幹産業への投資に参加したり，政府の要請を受けて経営不振に陥った企業を救済したりといったケースはしばしば起こっている。アジア通貨危機以降では，サムスン，現代や大宇などの韓国財閥のように，政府による「政治的強制」によって，傘下の企業を接収されたり，企業そのものが解体させられるといった例もある。

　さらに，アジアの企業が海外で活動しようとすることについても，政府がそれに警戒心を示し，制約や拘束を課そうとする場面が見られる。それは，アジア企業の海外投資にこれまでしばしば「資本逃避」の性格を帯びたものがあり，政府がそれを防ごうとしてきたためである。一方，一党独裁を実行している中国共産党が，同族経営の民営企業家取り込みに力を入れている。中国共産党は資本家の入党を認め，建設機械メーカー最大手である三一重工の梁穏根会長のように，党員から選ぶ5年任期の全国党大会代表にも民営企業家を選出している。

3　アジア企業の多国籍化

1　アジア企業の多国籍化の動機

　アジア各国・地域の経済が他の地域に比べて順調な経済発展を続ける中で，アジアの企業の多くは，事業を急速に拡大しつつある（⇨第1章第4節「アジア企業の規模と実力の増大」参照）。海外での投資や企業買収への動きも活発になっている。このような海外事業拡大にともなって，多国籍企業としての経営理念も広く定着しつつある。その中には，トヨタ，サムスン，台湾プラスチック，ハイアールなどのように国外で大規模な製造業投資を行っている例もあれば，インドネシアのサリム，インドのタタ，タイのCPなどのように，多数の国にまたがって事業を展開している例もある。

第14章　アジア企業の組織構造と多国籍化展開

　アジアの企業グループの多国籍化の動機やそのプロセスには，先進国から育った多国籍企業とは共通点が見出せる半面，違った多くの要素も含まれている。例えば，製造業部門での海外投資を積極的に進めている韓国・台湾の企業グループの場合，その投資の動機は，かつての日本企業がそうであったように，まず貿易摩擦の回避，次に資源確保，そして低賃金労働力の活用，さらには新しい市場の開拓などである。特に90年代以降，低賃金労働力の活用と新しい市場の開拓をねらった対 ASEAN，対中国投資が増えつつあり，投資の規模も大きくなっている。しかしいずれにせよ，先進国企業のように，製品開発能力や製造技術での優位性を理由とした海外投資はあまり見られない。

　また，香港や東南アジア諸国に大きな勢力を占める華人企業グループの場合は，もともと居住国・地域での自らの不安定な立場に対応するために「リスクの分散」を図ろうとしたことが，海外投資の重要な動機となってきた。またその投資対象は，主として非製造業分野であった。これらも，先進国育ちの多国籍企業ではあまり見られなかった事情である。1997年のアジア通貨危機以降，これらの華人企業は国外への投資をより積極的に展開し，その対象も製造業やインフラ部門での大規模投資に広がっており，事業の多角化と多国籍化を同時に加速しつつある。

　このほかにも，アジア企業からは特徴的な多国籍化動機や要因をいくつか見出せる。例えば，韓国や台湾，中国の企業グループに見られるような「先進技術の獲得」を狙いとした先進国への投資がある。特に世界を舞台とした M&A（合併・買収）で中国企業の存在感が急速に高まっている。資源やブランドを狙った国有大手や政府系ファンドの国策 M&A だけではなく，民営企業の経営者も，技術やノウハウを求めて積極的に M&A を仕掛け始めた（⇨第12章第4節「中国企業の海外進出」参照）。

　製造業から小売りまで対象はさまざまだが，技術やブランド，経営ノウハウなどソフト面の資源に注目した案件が目立つ。日本のシステム開発会社 SJI を傘下に収めた神州数碼控股（Digital China）は日本の先端技術を中国市場に持ち込むと明言している。自動車大手の BYD の狙いも技術である。買収した金型のオギハラ館林工場が生産する金型は，中国国内の乗用車生産拠点に供給さ

235

れる。家電量販大手の蘇寧電器集団（江蘇省）は日本ラオックス（家電・免税品量販）を通じ，売り場づくりや接客ノウハウの吸収を狙う。

２ 国益重視と多国籍化の「両面作戦」

　アジアの企業は，国家の枠組みを乗り越えて多国籍化していくにあたり，それぞれの属する国・地域のナショナリズム，国家主権から大きな制約や拘束を受けている。しかしその半面，アジアの企業は押し寄せる国際化への潮流に対応し，またそこで拡大するビジネス・チャンスに挑戦するため，積極的に多国籍化を進めていく必要にも迫られている。アジアに進出してくる先進国企業の勢力に対抗するのはもちろん，海外市場を開拓するため，貿易摩擦を避けるため，あるいは低賃金労働力も活用するため，さらにエネルギーや原材料の供給源を獲得するために，海外への投資を展開していくことが必要になっている。

　こうした状況の中で，アジアの企業グループにとっての選択は，国家利益への貢献と多国籍化のいわば「両面作戦」を進めることである。実際に，多くの企業はこの両面のバランスに気を配りながら，それぞれの経営戦略を構築しているように見える。例えば韓国の財閥グループは，80年代まで政府の指導のもとに国益優先，輸出重視の姿勢を守り，海外投資についても貿易摩擦の回避，原材料の確保，ハイテク技術の獲得などにねらいを絞ってきた。ところが90年代から，海外進出の必要性がさらに高まり，経営者の世代交代も進む中で，国益重視の姿勢を守りながらも，各財閥グループが自主的な判断を強め，独自の戦略を構築してきた。

　東南アジアの華人企業の多くは，国家の枠組みからの拘束を嫌い，リスク分散のためも含めて国際的に事業を展開してきた。90年代からは，この地域の経済成長への期待もあって，それぞれの属する国の経済建設や工業化により積極的な役割を果たし始めた。

　多くの中国企業は先進国からローエンド製品の技術を導入・生産し，海外への輸出を拡大した。同時に，販売先国の保護政策など非関税障壁を乗り越えるために，東南アジア，中東，アメリカ，ヨーロッパなどの海外で多くの生産拠点を作り，現地生産を拡大していった。しかし2000年代以降，労働者の賃金高，

人民元高,原材料・エネルギー高が進み,利益は低下の一途をたどった。その上,中国政府は生産技術の導入方針をローエンドからハイエンドへと転換する政策を推進した。これら一連の外部環境変動によって,多数の中国企業は先進国企業の買収を通じて開発能力を強化していく動きも見せた。

4 アジア企業のガバナンス改革

アジアの経済・産業は急速に発展し,そこに進出する先進国企業の活動も活発化しつつある。アジアの各国・地域も,それぞれの置かれた状況に合わせて,経済の自由化,市場の開放を進める方向にある。こうした中で,アジアの企業グループも激化する競争に備えて近代化を進め,経営を合理化して,競争力の強化を図ろうとしている。アジアの企業グループが近代化,合理化を進めていく上での大きな課題の1つは,同族による封鎖的な所有・支配の形態からどう脱皮していくかである。

所有面での封鎖性を打破しようとする試みは,政府レベルでも,企業グループのレベルでも,徐々に進んでいる。例えば韓国では財閥グループの封鎖性を弱め,また資本市場や大衆投資家を育てようとする政府の方針のもとで,有力財閥が傘下企業の株式公開を進め,財閥家族あるいは傘下企業相互間の持ち株比率を低める方向に動いてきた。台湾でも同様に当局誘導の下に,有力企業が株式公開を進める方向にある。香港では,主として巨額の資金調達を進める必要から,有力な財閥グループが中核企業の増資や社債発行を活発に進めて,外部資本の比率を高めている。

タイ,マレーシア,シンガポールなどでも,株式市場がある程度まで発展してきたこともあって,財閥グループの中核企業の中に,株式を公開し,外部資本を導入する例が急速に増えている。このため,特に大手の財閥系企業や銀行では,財閥家族の出資率が低下する傾向にある。フィリピンやインドネシアでも富の集中を排除するため,あるいは華人企業を現地社会に融合させる狙いから,政府が有力企業に株式を公開させる方向で動いている。その方向で株式公開を進め,あるいは社員持株制を導入するなどしている財閥グループも多い。

経営面でも同族経営の殻を破って，有能な専門経営者を登用しようとする傾向が広がっている。韓国や台湾の大手企業グループでは，厳格な「採用試験」で優秀な人材を採用し，充実した研修制度や信賞必罰の人事政策を通じて幹部の育成を図ってきた。その効果があって，有能な若手の専門経営者が多く台頭しており，同族の経営面で果たす役割が相対的には低下する傾向にある。東南アジアでは優秀な大学生，あるいは欧米や日本から帰った人たちの就職先として，官庁や国営企業よりも有力企業グループの人気が高まっている。また，アジア企業グループをリードする財閥家族の二代目，三代目や専門経営者の中に，欧米諸国への留学経験者が多い。それは，アジアの企業経営を近代化し，国際化していく上での大きな力になりつつある。

1997年7月からの通貨危機が瞬く間にアジア諸国に伝播し，アジア企業を直撃したが，その後株主の利益を重視する英米型のコーポレートガバナンス（企業統治）への改革が進められ，情報開示では一定の前進が見られた。例えば韓国では，財閥の活動規制，ワンセット型事業の整理，財閥間の事業トレードなどが政府の手で断行されいくつかの財閥が解体されただけでなく，残った財閥もスリム化を強いられた。それだけでなく，国内市場も外国資本に大幅に開放され，外国資本による資本市場に上場された韓国企業の持ち株比率は，危機の際中の1998年1月は14.5％だったが，2002年1月には37.2％へと急増するなど，構造改革が一気に進められた。

しかし，近年のパフォーマンスが良好なアジア企業の大半は依然として家族が所有・経営する企業であり，所有の変化によりガバナンス構造が大きく変わったとはいえない。これから，一部のグローバル大企業は海外上場などを経て英米型のガバナンスを実現するかもしれないが，大半の企業では家族による所有と経営は持続し，市場環境からは株主より，むしろ銀行の企業監視に期待したほうが現実的な面さえある。家族企業の改革は，試行錯誤とともに多様な経路での漸進を続けると見られる。

推薦図書

井上隆一郎（1994）『アジアの財閥と企業』日本経済新聞社。

急成長を続けるアジア新興国の中で影響力を強める財閥・企業グループの戦略を探り，成長の経緯から最新動向までを紹介している。

岩崎育夫（2003）『アジアの企業家』東洋経済新報社。

アジアの経済発展とともに誕生した企業家を，各国に特有な政治，経済，社会構造との関連でとらえながら，その実像を描いている。

野中郁次郎・徐方啓・金顕哲（2013）『アジア最強の経営を考える――世界を席巻する日中韓企業の戦い方』ダイヤモンド社。

リーダーシップ，グローバル戦略，イノベーション，人材マネジメントなど，「アジア発の強い経営モデル」を提示している。

第15章
アジア企業の技術進歩と競争力上昇

　本章では，アジア企業成長の内外要因，特にアジア企業の競争力上昇の原因を探究する。まず，アジア企業急成長の事実を確認してから，アジア諸国の経済成長や市場競争など企業成長の背景を考察し，次に製造業のアーキテクチャ変化と水平分業がアジア企業成長に与える影響を分析する。そして，アジア企業の経営システム進化にともなう競争力の構築，およびその強みと弱みを重点的に解明し，その生産にとって鍵となる重要な機械，部品や半製品，および省エネと生産性向上のノウハウが日本企業に依存していることに注目する。

　Keywords：国際競争力，市場の開放，アーキテクチャ，製品モジュール化，水平分業，ODM，裾野産業，スピード経営，特許出願件数，事業モデル

1　競争力上昇と市場環境変化

1　アジア企業の競争力上昇

　国際経営論で戦後アジアの経済や企業を論じる際，雁の群れの形，すなわち雁行形態（⇨第2章第1節 2 Column「雁行型発展」参照）を一種のモデルにする。雁の群れの先頭は日本であり，その後を NIEs あるいは ASEAN4（マレーシア，タイ，インドネシア，フィリピン）の国・地域がつづき，さらに中国，ベトナムやインドがつづく。企業の成長度についても，米経済誌『フォーチュン』が2003年7月に発表した世界企業500社番付によると，国別企業数で日本企業は88社を占め，アジアの中で抜きんでている。一方，当時の番付では，日本以外のアジア企業は27社しかない。その内訳を見ると，韓国企業が13社で，一番

第15章　アジア企業の技術進歩と競争力上昇

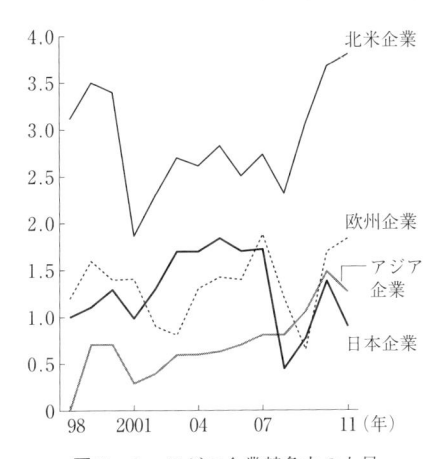

図15-1　アジア企業競争力の上昇
(注) 日本機械輸出組合調べ。約320社の収益力や世界シェアをもとにして比較。
(出所) 『日本経済新聞』2013年5月14日付を基に作成。

多い。次に中国企業が11社であり，残りはマレーシア，シンガポール，台湾の各1社であった。

　しかし近年，この状況は大きく変化した。第1章でも示したが，同誌が2014年7月に発表した世界企業500社番付を見れば，2位の中国が95社になり，首位のアメリカの128社に近づき，3位日本の57社との格差が拡大している。またアジア全体では韓国が17社，インドが8社，台湾から4社，シンガポールとインドネシアが各2社，マレーシアとタイから各1社が入った。

　アジアNIEs，ASEAN，中国，インド諸国・地域の多国籍企業の中には，特定の製品，事業，技術などで，日本企業と並ぶか日本企業を上回る企業もある。アジアの企業は外国資本や外国技術に依存する面もあるが，自らの資本力を強め，技術のレベルを急速に向上させている面もある（⇨第1章第4節「アジア企業の規模と実力の増大」参照）。

　技術力で定評のある日本の製造業だが，攻勢を強めるアジア勢を前に競争力は揺らいでいる。日米欧アジアの製造業の国際競争力を利益率と世界シェアを基に算出している日本機械輸出組合によると，北米に次ぐ第2位を保ってきた

日本は2007年にヨーロッパに抜かれて第3位に転落した。2008年にはアジアにも抜かれた。円高修正が進む前の調査だが，2010～11年2年連続で最下位に沈んだ（図15‐1参照）。

現に，ソニーは2012年3月期の連結最終損益が4566億円の赤字になり，パナソニックとシャープは2013年3月期の連結最終損益がそれぞれ7542億と5453億の赤字になった。これに対して，サムスン電子は2012年12月期連結決営業利益が前期比86％増の29兆100億ウォン（約2兆3200億円）になっている。日本の電機大手では，日立製作所の2013年3月期の営業利益が4800億円程度で，サムスンの高収益ぶりが目立つ。サムスン電子の2012年の営業利益はアップル，マイクロソフト，IBMに次ぎ，世界第4位に浮上している。

半導体業界を見れば，富士通は2013年3月期第3四半期（2012年4～12月）の決算で最終赤字950億円になり，9500人削減の半導体事業再編を行った。ルネサスは2013年3月期の営業損益が260億円の赤字に，最終損益が1760億円の赤字に拡大した。これに対して，半導体ファウンドリ最大手の台湾TSMCは，2012年第4四半期の営業利益が前年同期比32％増の462.54億NTドル（約1兆4000億円）になっている。また，中国通信機器企業である華為技術は，2011年の営業利益が2280億円（約9％の営業利益率）をあげ，2010年比33.3％の大幅増加を達成した。

こうした中，業績が低迷する日本の電機大手は成長を続けるアジア企業との連携で生き残りを図る流れが加速している。NECが2011年1月に中国レノボ・グループとパソコン事業を統合したほか，同7月にパナソニックはハイアールに傘下の三洋電機の白物家電事業を売却した。そして，シャープは2012年3月に，EMSで世界最大手の台湾・鴻海（ホンハイ）精密工業と資本業務提携すると発表した。その後，液晶パネルを製造する主力拠点の堺工場（堺市）に約46％を出資し，同工場の生産量の半数を引き取ることになった。さらに2013年3月に，シャープは韓国サムスン電子グループから約100億円の出資を受け入れることで合意した。これらの日本企業はアジア勢を脅威として見なさず，アジアの成長から置き去りにされないために，アジア勢の懐に飛び込んで成長を取り戻そうとしている。

第15章　アジア企業の技術進歩と競争力上昇

2　経済成長と市場競争の促進

　第2次世界大戦後，日本をはじめアジア諸国の経済は相次いで高度成長期を迎え，世界におけるプレゼンスはさらに巨大化している。21世紀に入り，特に2008年のアメリカ発の金融危機や2011年のヨーロッパの債務危機以降，欧米の先進国市場はともに，停滞や縮小の状態に陥っている。一方，日本以外の東アジア諸国の市場は急速に拡大し，また韓国，台湾，中国，ASEAN，インドなどアジア企業の競争力も向上してきた。

　アジア各国・地域の経済が他の地域に比べて順調な経済発展を続けているため，アジア企業の多くは事業を急速に拡大しつつある。同時に，海外での投資や企業買収への動きも活発になっている。また，現在の国際経済環境を過去と比べた時，最も重要といえる変化は各国に自由貿易・対外開放が義務付けられていることである。先進国はもちろんのこと，後発国にとっても，あからさまな輸入保護や投資規制は許されなくなっている。アジアの経済・産業は急速に発展し，そこに進出する先進国企業の活動も活発化しつつある中で，アジアの各国・地域もそれぞれの置かれた状況に合わせて，経済の自由化や市場の開放を進める方向にある。こうした中，アジアの企業も激化する競争にさらされたため，近代化を進め，経営を合理化して競争力の強化を努めている。

　人材面でも，アジア企業の経営者や幹部たちには，西洋とアジアの思考方式をわきまえ，国際感覚，近代的な経営感覚に富んだ人たちが多い。それは，現在の若手専門経営者の多くを，欧米留学組を中心とする高学歴エリートが占めていることにもよる。また，アジア企業の多くは先進国育ちの多国籍企業と競争しているが，提携・合弁などの協力関係も増え，国際ビジネス社会との交流はますます深まり続けている。

2　製造業ビジネスモデル変化の追い風

1　アジア企業のアーキテクチャ

　一般的に，多くの製品・工程アーキテクチャは「擦り合せ（インテグラル）」型と「組合せ（モジュラー）」型に分けられている。自動車や工作機器などの生

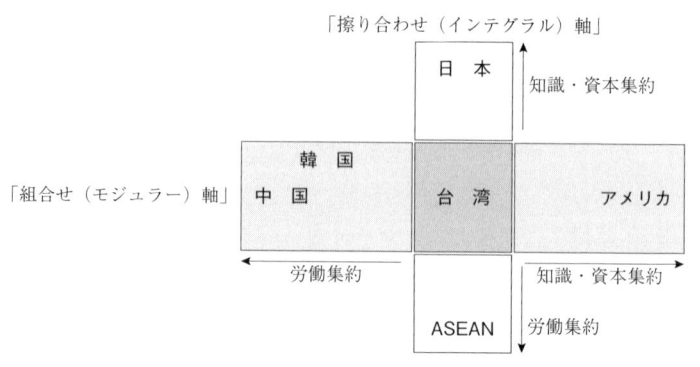

第Ⅲ部 アジア企業の組織進化と競争力上昇

```
                    「擦り合わせ(インテグラル)軸」
                            │
                         ┌─────┐
                         │日 本│    知識・資本集約
                         └─────┘
              ┌─────┐ ┌─────┐ ┌──────┐
              │韓 国│ │台 湾│ │アメリカ│
「組合せ(モジュラー)軸」│中 国│ │     │ │      │
              └─────┘ └─────┘ └──────┘
       ←── 労働集約 ──    ┌──────┐  知識・資本集約
                         │ASEAN │  労働集約
                         └──────┘
```

図15-2　環太平洋製造業のアーキテクチャ

（出所）藤本隆宏・天野倫文・新宅純二郎（2009）「ものづくりの国際経営論」新宅純二郎・天野倫文編『ものづくりの国際経営戦略——アジアの産業地理学』有斐閣，27頁を基に作成。

産システムは「組合せ」型ではなく「擦り合せ」型だと考えられ，その技術特徴は機能要素と構造・工程要素がパソコンや家電製品などのようにシンプルな「1対1対応」ではなく，要素と要素が複雑に絡み合う「N 対 N 対応」という点にある。そのため，部品設計を相互調整し製品ごとに最適な設計をしないと製品全体の性能が出せない。

企業現場のオペレーション能力や企業システム管理のための組織能力は，その企業がたどった歴史的経路・企業間・現場間の能力構築競争を通じた組織的な努力により獲得される。企業が過去に蓄積した組織能力を一朝一夕に変えることは難しいことから，企業は競争上優位に立つために，自社の組織能力と相性の良いアーキテクチャを選択しようとする。

ある企業現場の組織能力と当該製品・工程のアーキテクチャとの相性が良い場合には，その現場の競争力が高まり，市場における製品競争力に結び付くことも多い。そのような市場競争と組織的選択プロセスの結果として，その国のものづくりの組織能力や能力構築の環境と親和性の高い製品・工程アーキテクチャが選択され，国の中で強化されていく。国際競争や国際分業の進展とともに，その国の比較優位は強化される。

図15-2は，縦を擦り合わせ軸，横を組合せ軸としている。日本，ASEAN

は擦り合わせ軸上の対極に，中国，アメリカは組合せ軸の対極にポジションをとっている。韓国は組合せ軸であるが，中国より資本集約的な傾向にあり，台湾は，ちょうど2軸が交差するポジションにあり，どちらにも対応可能である。このように，アジアは，いまや世界的な製造業のセンターであり，中国，韓国，台湾，ASEAN諸国などがそれぞれ歴史に根ざした独自の強みをもつ。この地域では，各国それぞれに偏在する組織能力のタイプに応じて，異なるアーキテクチャの財を輸出し合い，全体として相互補完性の高い貿易構造を維持・発展させている。

2 製品のIT化とモジュール化の動向

1990年代初頭からグローバル化と情報化が重なって，それが製品・工程アーキテクチャに大きな変化をもたらした。日本企業の優位性の根源であった情報共有が，ITを利用したネットワークの構築によって他国企業にも容易になり，それを十分活用した韓国，台湾，中国やインド企業が台頭したのである。まず，パソコンでは新製品がほぼ3カ月ごとに市場に出るといわれるようになり，デジタルカメラでも同じような高頻度で新製品が市場に出る。このような製品は，品質は基本的に設計で決まるといえる。

次に，テレビ，パソコン，携帯電話，DVDレコーダーなど情報家電は，モジュール化が進み，市場で購入できる部品を寄せ集めて組み立てることによって製品を生産できるようになっている。そのため世界の有力な部品企業の部品を購入して使うと，製品の品質に問題が生じない。また，生産に使う設備についても専門メーカーが多数あり，完成品組立企業はそれらの企業から購入できる。すなわち，外部から購入する部品を，これも外部から購入する設備を使って組み立てることによって，製品を生産できるようになった。

最後に，製品の開発コストに占める電子部品とソフトウェアのコスト比率が大きく増えている。1980年頃では，機械や電器などのアナログ設計が開発コスト全体の90％ほどを占めていたが，2005年になるとその比率は10％程度に落ちている。開発工数の点でも，ソフトウェアの開発が製品開発の中心になってきている。このような製品の電子化およびソフトウェアの重要性の増大によって，

日本的生産の強み，すなわち多くの作業者や現場の管理者，技術者，専門家が作業工程で品質をつくりこむということが難くなってきている。

これに対して韓国や中国が導入した技術の多くは，設備によってその技術が具現化されるものであった。そして，その機械で組み立てる部品の熟練を要する部分を輸入に依存すれば，全体としての熟練はさらに節約できる。第1章の表1-2に示された携帯電話端末，リチウムイオン電池および液晶パネルでは韓国勢はシェアを伸ばし，中国企業は太陽電池で首位の座を奪い，洗濯機や冷蔵庫など白物家電の主要3品目でも上位に登場するなどのアジア企業の躍進は，共に製品モジュール化と関係があると考えられる。

3 製造業ビジネスモデルの変化

従来の製造業は，1つの企業（あるいは，本社と系列会社）の中で部品の生産から組立までを行うという「垂直統合」方式の生産が主流であった。自動車産業はその典型である。ところが，90年代からのPC（パソコン）の生産で，水平分業が行われるようになった。これは，個々の企業は製品を構成するさまざまな部品の生産に特化し，組立メーカーがそれらを市場を通じて購入する方式である。水平分業を可能にしたのは，前述したモジュール化である。電機・エレクトロニクスについては，これが顕著に進行した。

また，電気機械における生産の海外シフトは，自動車生産とはかなり違う形で進んでいる。自動車の場合は企業が海外に現地工場を設置しているのに対して，電気機械の場合は，事業自体が外国の企業に移って，OEMやEMSによって行われているのである（⇨第9章Column「OEM/ODM/EMS」参照）。

EMSの典型例は，アップルのiPhoneやiPadなどを生産するフォックスコンである。同社は，EMSの世界最大手である台湾の鴻海精密工業の中核子会社である。アップルのほか，デルやヒューレット・パッカード（HP）などの大手PCメーカーにマザーボードなどのパーツを供給している。ソニーやノキアの携帯電話，マイクロソフトのゲーム機Xboxなども生産している。EMSは，特定のメーカーだけから生産を受託するのでなく，全世界の企業を相手にするので，大規模生産が可能となり，そのためコストが低下するのである。

また，EMSのうち，半導体の受託生産を，ファウンドリー・サービス（Foundry Service）と呼んでいる。半導体LSIのファウンドリーでは，世界最大手の台湾積体電路製造（TSMC）や世界第2位である台湾の聯華電子（UMC）などがよく知られている。これらの企業はよくODMの形（すなわちデザイン，生産を自ら行い，相手方ブランドを付ける）で供給している。ちなみに日本の半導体メーカーは，研究開発・回路設計，半導体の生産，製品化とアプリケーションソフトの開発までを一貫して「統合生産」していたが，半導体生産大国となった韓国や台湾では，ファウンドリやベンチャー企業への水平分業が進んでいる。

4　中国裾野産業の発達と役割

　台湾や香港は，EMSやファウンドリーという業態をアメリカ以外で最初に成功させた地域である。台湾や香港という立地は，最初は労賃の安さや生産シフトの容易さを武器に欧米企業の受託生産場所としてEMSを惹きつけていた。ところが，台湾や香港の土地代，賃金などが高くなると，彼らは工場を中国の華南地方に移すようになった。一方，中国がほかのアジア途上国と異なるのは，改革開放が始まる前から技術的な問題が内包しながらも，鉄鋼，自動車，重電，工作機械，建設機械など，すべての基幹産業を抱えていた点である。中国政府は80年代後半から大型外資の進出業種に優先順位をつけ，組立加工産業ではなく，部品産業を重視する政策をとっていた。この裾野産業重視の政策が，中国の大型アッセンブル（組立）企業の成長素地となった。

　例えば，ハイアール，レノボ，華為，格蘭仕（ギャランツ），格力，美的，TCLなどの後発企業は水平分業を活用しながら，家電やIT製品などの生産規模を急速に拡大し世界トップレベルまでに成長してきた。伝統的な国有企業の垂直統合とは異なり，これらの後発企業は，最初から「委託加工」として出発したか，外資との合弁を通じてEMSに近いコンセプトで出発しているのである。家電製品からスマートフォンまで，心臓部は日系や欧米系の部品・コンポーネント，周辺部は国内裾野産業の製品を装備している。

　さらに90年代後半から，多数の先進国の多国籍企業は中国を海外輸出の拠点として，生産工場を中国で設立し，その製品の関連部品・コンポーネントの生

産企業も中国に集約してきた。例えば，携帯電話世界大手のノキア，モトローラ，サムスンの生産の多数が中国で行われており，アップルのiPhoneやiPadのほとんども中国で生産されている。この動向に従って，米デルファイ，デュポン，独ボッシュなど多数の先進国の部品や素材メーカーが中国で合弁会社を作り，その裾野産業基盤や水平分業体制をさらに促進し発達してきた。

中国の多くの企業は外部から調達した部品を組み立てることに徹し，サプライヤーの提供する共通基盤を積極的に利用することで，旺盛な参入を果たした。この結果，中国の携帯電話産業はあっという間に国内市場を席巻し，さらにアフリカやインド，東南アジアにも安い携帯電話を普及させる原動力となった。2013年に入り，アップルのスマートフォン販売が減速する一方，サムスンが追い上げ，アップルを抜いて世界シェア第1位を走り，小米科技（ジャオミ），レノボ，華為，中興通訊（ジョンシン・トンシュン）（ZTE）など中国現地メーカーのスマートフォン生産も急成長している。

3　アジア企業経営システムの進化

1　選択と集中のスピード経営

韓国，台湾，中国など上位のアジア企業は，トップ経営者の強力なリーダーシップと徹底的なトップダウンにより経営スピードを高め，選択と集中の効果を実現している。競争優位の製品に徹底した一点集中投資を行い，極めて明確な工場立地と戦略をもって経営されている。国際協力銀行が2012年秋に国内製造業を対象に実施したアンケートでは，日本企業の多くが中韓台湾企業に比べて「開発力や製造技術ではまだ上」と答える一方，「経営スピードでは後れをとっている」と認めた。特に電機・電子業界でこの傾向は顕著である。

特に韓国財閥企業は，オーナー経営者のトップダウンによるスピード経営が知られる。1997年のアジア通貨危機をきっかけに，政府主導で大規模な事業集約や産業再編が進められたが，その際，有力財閥同士での事業交換により過当競争を排除したのである。その後，各財閥グループは競合企業と自らを比較する「ベンチマーキング」という作業を継続して行うことで，自分たちの強みを理解し，経営資源を集中させてきた。財閥企業は，外部の企業や事業だけでは

なく，自らの事業同士も例外なく比較し，何が競争優位かを見極めようとしている。

　台湾では，同業者の情報交換，注文の回し合い，繁閑時の仕事量調整など，力を合わせて柔軟に立ち回ることが特徴である。90年代後半以降，台湾エレクトロニクス産業の裾野は拡大し，パソコン・通信機器向けの半導体産業が立ち上がり，EMS・ODMの事業範囲も通信インフラ機器，携帯電話，デジタル民生機器組立てなどへ拡大した。2000年以降はパソコン向けブラウン管モニターの液晶モニター置き換えにともなう液晶産業が拡大し，液晶テレビ向けパネル事業にも拡大した。またデジタル民生機器向けをターゲットとし，設計に特化したファブレス半導体企業が成長した。

　一方，80年代以降に中国後発企業は，例えば世界で白物家電のトップになったハイアール，家庭用エアコンのトップになった格力(グーリー)，世界パソコン製販のトップをめざすレノボ，世界大手になった通信機器の華為，建機の三一重工の成長が目立っている。これらの企業は，厳しい市場競争で鎬を削って，独自の競争力を効果的に発揮・改善し，比較優位を確立してきた。また，インド企業はIT産業のソフトウェア開発やITサービス，製造販売を許される後発医薬品（ジェネリック）に比較優位をもち，世界市場に展開している。

２　新興国・中間層ビジネスの健闘

　韓国や台湾企業は自国の市場が狭いため，果敢な投資で世界市場を相手に，特に新興国の中間層（⇨第5章 Column「新興国」と「中間層」参照）を徹底的に狙った。家電製品，半導体，液晶パネル，携帯電話など電機・電子業界の製品はいずれも生産規模が大きくてであり，生産数量が少ないニッチ市場にはあまり参入しない。日本企業は日本市場が最優先であり外国語を話せる人材は少ないが，対して韓国，台湾企業は自国市場のみではビジネスできないことがわかっているため，母国語に加えて，英語圏，中国語圏に力を入れている。

　21世紀に入り，韓国企業はアジアやアフリカなど新興国や発展途上国の市場を積極的に開拓し，経営の現地化も展開している。途上国の空港を降りると，サムスンやLGの広告があふれ，日本企業の広告が隅に追いやられている。

SKは,エネルギーと移動通信分野が飽和状態の欧米を避けて,市場開拓が望めるベトナムやインドなど環太平洋の新興国をターゲットにしている。現代自動車やサムスン電子は中国,インドで高いシェアを保ち,ポスコはインドネシアやインドに鉄鋼の生産設備を建設している。

　台湾企業は80年代の後半から東南アジア諸国や中国へ進出した。立地は改革・開放政策が先行し,輸出に便利な広東,福建両省に集中した。90年代に入ると,台湾の大手企業グループによる対中国投資が顕著になり,投資規模は拡大し,業種も多様化した。また,投資生産の目的が中国市場に置かれたことによって,立地の重点は上海を中心とする華東地区に移るとともに全国化した。例えばEMSの世界最大手である鴻海精密工業は,1988年に深圳に最初の工場を設立し,1993年には江蘇省・昆山に,2000年には北京に,10年に四川省・成都に,12年に河南省・鄭州に進出し,生産体制を整えた。

　中国企業は自国市場で戦いながら海外にも進出している。製品輸出について,まず新興工業国や途上国から国際市場を開拓し始めた。例えば,IT大手のレノボや華為は,中国に返還される香港を海外進出の要所として選んだ。香港に続き,ロシア,インド(主に人材吸収と開発協力),中東とアフリカ,東南アジアと南米など,新興工業国や発展途上国に次々と進出していった。海外への輸出を拡大すると同時に,中国企業は東南アジア,中東,中南米,東欧などの海外新興国で多くの生産拠点を作り,現地生産を拡大していった。

3　独自技術開発の努力

　特許出願件数は,その国の研究開発力や経済規模を映す鏡の一つである。日本は2005年まで20年以上,世界トップだったが,アメリカにその地位を譲り,2011年にはついに中国が首位に立った。ただ,出願者の国籍別で見ると,世界全体で出願件数が最も多いのは日本である。そうした中,企業のレベルを見れば,国際特許出願件数(PCT)は中韓企業が上位に上っている(表15-1参照)。

　最先端のスマホ業界でもサムスン,LGなどの韓国メーカーやHTCなどの台湾メーカーが上位に上っている。サムスンのギャラクシーシリーズの発売は2010年だが,2011年には首位に立った。そして2013年5月現在では世界市場の

第15章　アジア企業の技術進歩と競争力上昇

表15-1　中韓企業の国際特許出願（PCT）数（2006-2011年）

2006年

	出願者	国籍	件数
1	フィリップス	オランダ	2,495
2	松下電器産業	日本	2,344
3	シーメンス	ドイツ	1,480
4	ノキア	フィンランド	1,036
5	ボッシュ	ドイツ	962
6	3M	アメリカ	727
7	BASF	ドイツ	714
8	トヨタ自動車	日本	704
9	インテル	アメリカ	690
10	モトローラ	アメリカ	637

2011年

	出願者	国籍	件数
1	中興通訊（ZTE）	中国	2,826
2	パナソニック	日本	2,463
3	華為技術（ファーウェイ）	中国	1,831
4	シャープ	日本	1,755
5	ボッシュ	ドイツ	1,518
6	クアルコム	アメリカ	1,494
7	トヨタ自動車	日本	1,417
8	LG電子	韓国	1,336
9	フィリップス	オランダ	1,148
10	エリクソン	スウェーデン	1,116

（出所）『日本経済新聞』2013年3月12日付を基に作成。

3割をサムスンが占め，アップルは2割にとどまる。同時にサムスンは新商品「ギャラクシーS4」を世界で発売した。撮影者の写真合成や画面に触れずに操作できるなど，使い勝手を高める機能が特徴である。ライバルであるアップルのiPhoneが伸び悩む中，新製品の投入で好調を維持する狙いがある。

TSMCなど台湾のファウンドリー・サービス（半導体受託生産）企業は，日本のモノマネや技術導入ではなく，欧米企業との関係を核にしたロジック半導体ファウンドリーという独自のビジネスモデルを構築した。TSMCには台湾でも最も優秀な人材が集まっている。台湾企業の平均的な売上高研究開発費比率の1～2％とは異なり，当社は売上高比で5～6％の研究開発費を投じている。研究開発レベルも高く半導体の最先端の技術開発をけん引する企業となり，半導体業界の中でテクノロジーリーダーたるIBMをも脅かす存在となり始めている。

華為技術は1988年に設立した通信機器企業で，すでに世界の通信業界でトップクラスに上っている。モバイル・ブロードバンド製品，モバイル・ソフトスイッチ，パケットコア製品，光ネットワーク製品では，世界シェア第1位になっている。同社の顧客は中国企業だけではなく，ブリティッシュ・テレコム，シンガポール・テレコム，ドイツ・テレコムなどの外国企業もある。2008年12月の『ビジネスウィーク』誌の「世界で最も影響力がある企業10社」は，アッ

第Ⅲ部　アジア企業の組織進化と競争力上昇

プルやトヨタ自動車，JPモルガン・チェースなどと並んで同社を選んだ。

4　新たな事業モデルの創造

　韓国，台湾，中国企業は日本企業がこれまでに築いてきたハイテク産業のコスト構造を破壊し，新たな事業モデルを創造している。彼らは必要最低限の機能を搭載し，性能は良いが日本製の2分の1，3分の1の製造コストで大幅に廉価な製品を大量に作り出し，世界，特に成長が速い新興国中間層市場で売ろうという発想で製品を作り，製品の品質を向上させ，競争力を構築しながら利益を上げている。特に，モジュール化された情報家電など製品について，この新しい事業モデルの威力を発揮している。

　しかし，この新しい事業モデルの裏側を見れば，その生産にとって鍵となる重要な機械，部品や半製品を国内で調達できず，日本企業に依存していること自体はあまり変わらない。日本企業は引き続き，アジアのテレビメーカーに液晶パネル，エアコンメーカーにコンプレッサー，自動車メーカーにエンジンなど基幹部品を供給している。最も重要なのは，日本企業がアジア企業よりはるかに強い製品のR&D能力や省エネルギー生産ノウハウをもっていることである。これら日本企業の強みが，アジア企業への機械，部品，半製品，素材供給という面での利益最大化につながっている。

　例えば，トヨタや三菱自動車製のエンジンを搭載した中国メーカー製乗用車は，中国製エンジンを搭載した同型車より倍以上の値段で売っても人気がある。ダイキン，東芝，日立が中国エアコンメーカーにインバーター・コンプレッサーなどのコア部品を販売し，大きな利益としている。水平分業が進んでいる日本と韓国の鉄鋼産業においても，日本と韓国との鉄鋼輸出入貿易を見れば，2005年現在，それぞれのトンあたり単価は，韓国1：日本2.8である。その中でも，特に日本から韓国自動車メーカーに供給している性能要求の高い（乗用車外側用）鋼板の価格は，韓国から日本自動車メーカーに供給する（車内側用）鋼板よりはるかに高い。

　一方，経済協力開発機構（OECD）の調査（『日本経済新聞』2013年5月14日付）によると，米アップルのスマートフォン「iPhone4」が生み出す価値（小売価格

600ドル) のうち半分近くを稼ぎ出すのはアップルであり,「蓋を開けると日本製」(60%以上) といわれるほど多数の部品を供給する日本企業の貢献分は1％にも満たないという。日本企業は過度な技術信奉に陥らず,主要な利益源泉(⇨図1-4参照) であるアジアの力を取り込みながら,いかに付加価値を生むか,柔軟な発想が問われている。重要なのは,利益につながる技術が,同時に企業成長にもつながる技術でなければならないということである。

4 日本企業との互恵共存関係

近い将来,アジアは世界の市場として成長する一方,世界の工場としての地位も変わらないだろう。ただしアジア企業の中でも,産業基盤の裾野部分に存在している多数の中小企業は技術レベルも生産効率も依然として低く,資源の浪費や環境の汚染の元になっている。一方,日本の中小企業は現在までの数十年間,アジア企業とのコスト競争にさらされ,省エネ・省労働コストを努力し,生産性と技術レベルを高めてきた。その結果,独自技術をもっている「小さい巨人」が続出し,アジア市場や企業との付き合い経験も蓄積してきた。

環境汚染や生産コスト上昇の圧力のもと,今後のアジア企業は日本を含む先進国の省エネ技術と設備を導入するほか,能力を向上するために日本企業の省エネや生産性向上のノウハウも積極的に導入し始めるだろう。アジアの都市化によって雇用の（出稼ぎ労働者から）長期安定化が見込まれ,日本企業の多能工養成や技術集約型部門の移転条件が整ってくると考えられる。今後さらに日本技術者の現地企業指導や中小企業のアジア進出が活発になると考えられるが,日本マザー工場の存在意義（雇用維持,技術改善,新産業支援）もますます大きくなるだろう。

また,上位企業を含め,アジア企業のほとんどは製品のR&D能力が弱く,部品素材や製造機械は日本に依存している。韓国や台湾は膨大な対日貿易赤字をもち,中国は大量の農水産物・鉱産物や日系企業で生産された工業製品を日本に輸出してかろうじて輸出超過を保っている。つまり,金融危機や欧米経済の衰退により急激に景気が悪化した日本は,新興国の中間層市場を攻めて見事

に成果を上げているアジア企業に支えられるようになった。その結果，日本とアジア諸国はむしろお互い持ちつ持たれつの関係に変わりつつある。

[推薦図書]

泉田良輔（2013）『日本の電機産業——何が勝敗を分けるのか』日本経済新聞出版社。
　日本の電機メーカーが戦いに敗れた理由，そして，今後どう事業を再設計していくのかといった考えを具体的に提示している。

榊原清則・香山晋編著（2006）『イノベーションと競争優位——コモディティ化するデジタル機器』NTT出版。
　優れた製品を開発し，いち早く市場に出しても，イノベーターの利益獲得にはつながらないコモディティ化の動向を分析している。

新宅純二郎・天野倫文編（2009）『ものづくりの国際経営戦略——アジアの産業地理学』有斐閣。
　アーキテクチャ論や組織能力論のアプローチによって，アジアの産業発展の中で国際分業のあり方と，日本企業のとるべき戦略を提案している。

あとがき

　本書の最終編集と校正はアメリカで行ったが，この間，アメリカ政府は製造業を政策的に海外から回帰させ，国内雇用創出に力を入れている。すでに一部アジアで行われていた生産は本国に戻ったが，産業ロボットの導入により自動化率が極めて高まり，ほとんどが機械生産化している状況での「Made in USA」への「回帰」は，どれほどの雇用を創出できるか疑問が残る。一方，アジアの購買力の向上に伴ってアメリカ製商品のアジア輸出は増加しており，Made in Asia から Made for Asia に転換していることは確かである。

　人件費の上昇や通貨為替レートのアップによって，海外へ輸出するアジア・中国製商品の国際競争力は弱められている。特に，アパレルや雑貨など労働集約型製品の生産は，欧米系だけではなくアジア・中国系のメーカーも，中国から東南アジアやアフリカなど労働力コストがさらに安い国へ移転している。加えて，アジアでの生産コスト上昇に伴い，一部の日欧米企業が本国市場向けにアジアで行っている生産は，運搬費用等を含めて採算が取れなくなり，アジアから本国に還流する現象も見られている。

　しかし，成長しつつある巨大市場としてのアジアの魅力は，ますます大きくなっている。日欧米企業が生産した贅沢品，化粧品，乗用車のアジアでの販売量は年々増加している。例えば，BMWの2012年全世界販売台数を見ると，1位である中国市場は28％を占めるまでになった。これは2位以下のドイツやアメリカの16％，イギリスの7％，イタリアやフランスの3％などに比べてかなり高い割合になっている。このような多国籍企業はアジアで積極的にマーケティングを行い，現地ニーズに合わせて製品の性能改善や商品再設計を進め，ショールームの開設を展開している。

　また，輸出製品の生産基地としての競争力が若干弱まっている，とはいうものの，アジアの製造業は依然として競争力を有し，「世界の工場」としての地

位は変わっていない。ベトナム・ラオス・カンボジア・ミャンマーなど後発国に，中国やASEANの先発国から労働集約型商品の生産が移行しており，これらの国々の成長は加速している。一方，アジア・中国企業は環境汚染対策や生産コスト上昇の圧力の下，省エネや生産性向上の技術を導入して産業の高度化に努めている。アジアのエネルギー消費を抑制することは，先進国にとって国益にかなっているし，優れた省エネ技術や生産性向上のノウハウをもっている先進国企業にとっては大きな商機が見込まれる。

　故に，アジア市場での新たな競争はより一層激しくなるだろう。現に，自国の通貨高により欧米市場で苦戦している韓国や台湾などアジア系企業は，アジアでの現地生産を加速している。その他アジア市場の注目度を現わす事例は多数あり，例えばドイツのメルケル首相は，2014年7月に首相として7回目の訪中の際，90人を超える企業家を同行させ，新エネ・省エネ技術，環境保護，都市整備など多数の商談を行った。また，同7月末，アメリカのOSIグループのシェルドン・ラビン会長兼最高経営責任者（CEO）は中国を訪れ，上海の子会社が使用期限切れの食肉を使った加工品を販売していた問題で，事業継続のためダメージを最小限に抑えたいとの判断で異例の直接謝罪を行っている。

　もちろん，ビジネスは常にチャンスとリスクの両面性をもっている。日本企業は，アジアへの技術移転に際し，移転する技術の選別が不可欠となる。最新の特許や企業の基幹技術などについては，アジアのビジネス環境が整うまで見送らざるを得ない状況にある。法務・税務の専門家からなる公的機関をアジアに駐在させたり，政府間交渉によってアジアの商習慣や知的財産に対する認識を信頼性の高い状況に引き上げたりするなど，日本企業のリスクを低減する努力が望まれる。今後のアジア市場には，さらなる注目が必要だろう。

　最後に，本書を手に取っていただいた読者に心から感謝したい。本書の内容が貴方（貴女）の学習に少しでも役立てば嬉しく思う。全力を上げて関連知識を総括し，わかりやすい書籍をつくったつもりではあるが，まだまだわかりにくい点が散見されると思う。これからも，皆様の意見や最新の情報を取り入れ，引き続き改善に努めたい。

著　者

索　引

あ行

IMF（国際通貨基金）　114
ITエリート　208
IT産業　206
IBM　199
赤松要　18
旭硝子　91
アジア・カー　98
アジア開発銀行（ADB）　3
アジア企業　10
アジア経済　3
アジア新興国　56
アジア進出　218
アジア通貨危機　18, 19, 172
アジアNIEs　4
ASEAN（東南アジア諸国連合）　4, 171
ASEAN内の需要　101
ASEAN＋3（日本，中国，韓国）　172
ASEAN＋6（日，中，韓，インド，オーストラリア，ニュージーランド）　38
AFTA（ASEAN自由貿易地域）　36
アフター・サービス　193
アメリカの貿易赤字　27
アリババ企業　184
EMS（受託生産）　246
域内の貿易自由化　37
域内部品調達率　102
域内貿易　29
李健熙　122
一次産品の輸出　48
一般特恵関税制度　28
移動通信分野　125
医薬品産業　206
インドの財閥　214

インフラ　208
インフラ整備　53
薄型テレビ　125
エイサー（Acer）　143
SK　124
NEC　199
エネルギー分野　125
FTA（自由貿易協定）　35
LG電子　126
沿海発達地域　59
円高　96, 171
王永慶　141
旺盛な企業家精神　138
旺盛な起業活動　210
欧米留学組　243
OEM/ODM/EMS　147
大株主　136
オフショアリングサービス（サービス資源の海外供給・輸出）　219

か行

カースト制度　221
海外進出戦略　88
海外ホワイトカラー人材　85
華為技術　251
外資系企業の導入策　226
外資含升型　177
外資不足　205
外資誘致　159
開発独裁　43
開発能力　194
外部要因　14
外部労働市場　118
外来要素　42
価格競争力　11

華僑帰国投資　130
学歴主義　118
加工貿易　33, 145
過剰人口　133
過剰品質問題　61
華人　170
華人（系）企業グループ　153, 176, 179
華人系企業集団　162
家族企業　230
家族経営　214
家族の総力参加　116
家族のワンマン経営　233
家電産業　197
家内工業　213
株式公開　237
株式相互持合　83
官営企業　134
環境汚染　25, 253
関係（中国語：グアンシー）　229
関係企業　137
雁行型発展　16, 18
雁行形態　240
韓国型経済システム　111
韓国財閥　113
関税引き下げ　40
関連産業型の企業グループ　228
基幹部品　69
企業家精神　182
企業合併・買収（M&A）　217
企業間ネットワーク　138
企業グループ　227
企業経営スタイル　226
企業現場の組織能力　244
企業統治（コーポレート・ガバナンス）　117
企業の育成　226
企業の自主権拡大　188
企業の能力向上　191
企業買収　234
企業別労働組合　84
技術官僚（テクノクラート）　129

技術具現化　119
技術, 資本　26
技術やノウハウ　235
技術力向上　71
基礎的諸条件　15
機能の絞り込み　65
規模と実力　10
規模の経済　104
逆輸入　29
狭小な領土　149
共生共存の関係　54
業績　242
競争優位　249
競争力育成　160
巨大新興財閥　212
金融　164
金融・サービス型企業グループ　228
郭兄弟グループ　180
組合せ（モジュラー）型　243
グローバル・スタンダード　185
経営幹部の現地化　85
経営者への忠誠　182
経営スピード　248
経営ネットワーク　165
経営のプロ　215
経営利益　10
経済高成長　14
経済自由化　211
経済的自由放任主義　151
経済ナショナリズム　168
血縁関係　166
権威主義（開発）体制　43, 169
現金回収サイクル　183
現地化　55
現地人材登用　55
現地生産　201, 250
現地法人　9, 103, 106
公営企業体　131
合議制　231
高級官僚の天下り　210

索　引

工業化　225
工業化過程　42
工業基盤　186
工業団地の開発と建設　166
公共部門　209
工作機械　68
郷鎮企業　188, 196
高度経済成長期　75
後発のメリット　207
高品質（高機能）　62
コーポレート・ガバナンス　185
小型低価格車　200
国営・公企業　44, 173, 175
国益優先　236
国際感覚　243
国際競争力　241
国際競争力ランキング　151
国内産業保護・育成　23
国内産業保護政策　205
国内市場の狭小性　110
国内民間大企業　173
国有企業　44, 187
　　──の株式化　190
コスト削減（コスト・ダウン）　67, 99
コスト・パフォーマンス　119
国家主導開発システム　111
国家的な枠組み　233
コピー的な改造　195
雇用なき成長　209
コングロマリット化　179
コングロマリット（複合）型企業（グループ）
　　135, 156

さ　行

サービス業　155
最低賃金制度　52
財閥オーナー　116
財閥改革　115
財閥（型）企業　112, 230
サプライヤー　89

差別化の工夫　194
サムスン　121
産業高度化　47
産業財　67
産業自由化政策　114
産業政策　160
産業ロボット　69
三洋電機　198
事業交換　121, 248
事業部制　195
　　──の分社化　87
資源・原材料の浪費　24
試行錯誤　201
市場開拓　104
市場経済の相性　43
市場調査　64
市場としての磁場　33
自助努力型　177
施振栄　143
慈善事業財団　216
下請部品メーカー　100
実績主義　192
自動化率　71
自動車部品の相互補完システム　101
資本の純輸出国　127
社会の公器　82
社会保障制度　35
借款　92
重化学工業化　47, 110
重工業　187
重工業優先政策　188
終身雇用　83
集団所有制企業　196
自由貿易協定（FTA）　8
自由貿易・対外開放　243
儒教文化　228
熟練節約的　119
主要商品・サービス　11
省エネルギー　81
小工業　212

259

少子高齢化　108
消費革命　204
商標の所有権　216
情報開示　238
情報産業育成　160
女子労働者　133
所有と経営　181, 230
指令性計画　188
白物家電業界　198
シンガポール政府　159
人件費上昇　69
人口移動　189
新興国　61
　　──の中間層　249
　　──や発展途上国の市場　120, 127
新興国市場　124
新興国市場戦略のジレンマ　60-61, 62
新興市場投資　128
新興ブミプトラ・コングロマリット　178
人材育成　132, 161
人事政策　238
新竹科学工業園区　131
垂直統合型のビジネスモデル　123
垂直貿易　30
水平分業　246
水平貿易　30
スマイル・カーブ　24
擦り合せ（インテグラル）型　243
成果主義　120
政策金融　112
生産移転　102
生産拠点の中国へのシフト　139
生産効率　71, 253
生産設備　22
生産ネットワーク　34
政治的強制　234
政治的要因　40
政治と経済との癒着　45
政治癒着　177
政治リスク　49

製造コスト　252
製造能力の蓄積　191
製品市場　7
製品多角化　195
製品のライフサイクル　16
製品輸出　250
西部開発地域　59
政府系企業　162
政府との密接な関係　183
世界金融危機　12, 106
世界総生産　3
世界の工場　5, 23, 57
世界の市場　5, 57
世界の成長センター　31
石油ショック　76
セット・メーカー　100
狭い国内販路・市場　48
先進国企業の買収　202, 237
先進国と高級感　63
専門経営機関　217
専門経営者　126
創業者　231
創業者一族　113, 181
相互依存　15
相互協力　158
総帥　231
組織的市場　87
ソフトウェアのコスト比率　245

　　　　　た　行

対ASEAN直接投資　96
第1次産業　20
対インドODA　220
対外開放政策　49
対外投資　179
大国主義　34
対中国投資　158
対中ビジネスモデル　144
第2次産業　20
対日輸入　28

索　引

対米輸出　28
太平洋IT三角貿易　33
太平洋トライアングル　26
台湾経済　129
台湾積体電路製造（TSMC）　142
台湾プラスチックグループ　141
多エネ技術体系　95
多国籍企業　160, 241
タタ財閥　215
タタ・スチール（TISCO）　218
多能工　80
多能工養成　253
多品種少量生産　79
WTO（世界貿易機関）　21, 49, 189
地域経営本部　162
地域連携　36
知識・技能集約型産業　159
知識基盤経済　19
チャイナ・プラス・ワン　51, 54
中間層　57, 70, 204
中間層市場　58
中間組織　78, 86
中継貿易港　149
中国市場　156
中国人社員の幹部登用　70
中国裾野産業　247
中国特需　103
中国の国内市場　103
中国のプレゼンス　31
中国本土企業の買収や提携　156
中国モノの貿易総額　32
中国リスク　50
中小企業　135
中小下請け企業の海外進出　97
長期相対取引　78
長江実業グループ　155
朝鮮戦争　4, 90
朝鮮特需ブーム　90
張忠謀　142
直接所有　115

直接投資　21, 103
鄭夢九　123
賃金アップ　106
強い機動力　158
TPP（環太平洋経済連携協定）　38, 41
低コスト追求（生産体制）　21, 146
低賃金労働力　145
適正品質（機能）　65
鉄鋼業　211
投資元年　93
投資の動機　235
同族経営の決断力　232
同族所有　137
東南アジア　169
土着化・現地化　170
土着民族　176
特許出願件数　250
徒弟訓練　132
トヨタ生産方式　79, 88
取引関係　86

な　行

内部要因　14
ニクソン・ショック　93
二重構造　134
日米とNIEsの三角関係　94
日中韓FTA　40
日中関係　50
日本型生産システム　80
日本型の生産ネットワーク　89
日本企業　8, 219
日本経済　75
日本的経営　76
　　――の三種の神器　83
日本の雇用制度慣行　84
日本の黒字　27
日本の製造業企業　103
日本への逆輸出　97
ネットワーク状　182
年功序列制度　83

農民工　196, 202
能力主義　118

は　行

ハイアール　197
賠償　92
ハイテク産業　47, 131
破壊的イノベーション　60
破壊的技術　60
パソコン製販　198
半製品　22
反日運動（反日デモ・反日暴動）　53, 94, 107
販売代理店　63
販売ネットワーク　193
販売網　66
非関税分野　39
現代自動車　123
ピラミッド構造　58
貧困層　208
品質管理　192
品質第一主義　100
ファウンドリー・サービス　247
封鎖的な所有関係　231
付加価値の高い仕事　159
複合社会　168
富士康　147
物品・サービスの貿易協定　39
不動産　164
不動産業　152, 154
不必要な機能　64
部品調達　67
部品調達網　148
ブミプトラ政策　180, 184
ブミプトラ中小部品企業　178
富裕層　62
プラザ合意　95, 108, 171
文化の差異　52
ヘッドクオーター　117
ベトナム戦争　4
貿易相手　7

貿易総額　7
法務リスク　50
豊隆グループ　163
ホテル　164
香港経済　154
香港のインフラ整備　154
香港の製造業　152
本田宗一郎　77
鴻海精密工業　146

ま　行

松下幸之助　77
マレー人優遇政策　175
未熟な発展段階　232
南アジア　91
民営化基本方針　176
民営企業　134
民族系メーカー　200
Made in Asia　255
Made in USA　255
Made for Asia　255
メインバンク　82
綿紡績業　211
モジュール化　245
持ちつ持たれつの関係　254
モノづくり　81

や　行

優遇政策　45
ユーザーの特徴　64
優秀な人材　207
有力政治家とのコネクション　229
輸出型製造業　22
輸出拠点　8
輸出志向工業化（政策）　5, 130, 46
輸出主導型　139
輸出の戦略的重要性　15
ユニークな結合関係　153
輸入代替工業化政策　46, 169
四大財閥　121

索　引

ら　行

リーマン・ショック　56
利益源泉　9
利益最大化　252
李嘉誠　155
離職率　71
リスク分散　236
領土問題　41

両面作戦　190
冷戦構造　37
レノボ　199
連結最終損益　242
労働集約型産業　144
労働集約的な産業　35
ローカル企業　66
ローカル商品生産　213

《著者紹介》

陳　晋（ちん・しん）
　　　東京大学大学院経済学研究科企業・市場専攻博士課程修了，経済学博士。
現　職　立命館大学経営学部教授。
　　　アメリカ・ペンシルベニア大学ウォートン・スクール客員研究員，マサチューセッツ工科大学（MIT）国際自動車研究プロジェクト（IMVP）兼任研究員，中国清華大学21世紀発展研究院客員研究員，沖縄大学人文学部教授，イギリス・オックスフォード大学サイド・スクール客員研究員などを経て2008年に現職。2013年9月から客員研究員としてアメリカ・カリフォルニア大学バークレー校に滞在。
主　著　『中国乗用車企業の成長戦略』信山社，2000年（国際ビジネス研究学会賞受賞）
　　　『中国製造業の競争力』信山社，2007年
共編著　『中国市場ビジネス戦略』信山社，2012年
共　著　『日本市場経済与流通』経済科学出版社（北京），1997年
　　　 The Dragon Millennium : Chinese Business in the Coming World Economy, 2000, Quorum Books
　　　 Intangibles in Competition and Cooperation, 2001, PALGRAVE
　　　『中国自動車産業の発展と技術移転』柘植書房新社，2001年
　　　『中国製造業のアーキテクチャ分析』東洋経済新報社，2005年
　　　『ビジネスの発見と創造：企業・社会の発展と経営学』ミネルヴァ書房，2012年

　　　　　　　　　　アジア経営論
　　　　　　　　──ダイナミックな市場環境と企業戦略──

2014年9月30日　初版第1刷発行　　　　　　　〈検印省略〉

定価はカバーに表示しています

著　者　陳　　　　晋
発行者　杉　田　啓　三
印刷者　江　戸　宏　介

発行所　株式会社　ミネルヴァ書房
607-8494 京都市山科区日ノ岡堤谷町1
電話代表 (075)581-5191
振替口座 01020-0-8076

© 陳晋, 2014　　　　共同印刷工業・藤沢製本
ISBN978-4-623-07061-9
Printed in Japan

東アジアの企業経営
――――――中川涼司・高久保豊編著　A5判308頁　本体2800円

●多様化するビジネスモデル　従来の研究成果を批判的に検証しつつ，最新の状況と研究を踏まえて新たな問題提起を行う。

現代中国経済論
――――――加藤弘之・上原一慶編著　A5判340頁　本体3200円

世界経済の変化を考慮し，グローバリゼーション下での中国経済の現状を体系的に学ぶ概説書。

はじめの一歩　経営学〔第2版〕
――――――守屋貴司・近藤宏一編著　A5判256頁　本体2400円

●入門へのウォーミングアップ　経営学がいかに面白く，身近で大切なものであるかを知ってもらうことを目指した入門書。

ベイシック経営学Q&A〔第3版〕
――――――総合基礎経営学委員会編　A5判314頁　本体2500円

経営学の基礎をQ&A方式で網羅。各課題の重要論点を，的確に把握できるよう編集された画期的テキスト。

日中合弁企業のマネジメント
――――――俞成華著　A5判260頁　本体6500円

●技術・資金・人的資源　日本語と中国語を駆使した聞き取り調査により，段階的・包括的に全容を捉える。

――――――ミネルヴァ書房――――――
http://www.minervashobo.co.jp/